돈되는 실전
라이브
커머스

On Air

황윤정 지음

BM (주)도서출판 **성안당**

돈되는 실전
라이브 커머스

2021. 10. 7. 1판 1쇄 인쇄
2021. 10. 14. 1판 1쇄 발행

지은이 | 황윤정
펴낸이 | 이종춘
펴낸곳 | BM ㈜도서출판 **성안당**
주소 | 04032 서울시 마포구 양화로 127 첨단빌딩 3층(출판기획 R&D 센터)
　　　 10881 경기도 파주시 문발로 112 파주 출판 문화도시(제작 및 물류)
전화 | 02) 3142-0036
　　　 031) 950-6300
팩스 | 031) 955-0510
등록 | 1973. 2. 1. 제406-2005-000046호
출판사 홈페이지 | www.cyber.co.kr
ISBN | 978-89-315-5776-3 (13320)
정가 | 22,000원

이 책을 만든 사람들
책임 | 최옥현
진행 | 조혜란
편집 · 진행 | 앤미디어
교정 · 교열 | 앤미디어
본문 · 표지 디자인 | 앤미디어, 박원석
홍보 | 김계향, 유미나, 서세원
국제부 | 이선민, 조혜란, 권수경
마케팅 | 구본철, 차정욱, 나진호, 이동후, 강호묵
마케팅 지원 | 장상범, 박지연
제작 | 김유석

www.cyber.co.kr ★★★
성안당 Web 사이트

■ 도서 A/S 안내

성안당에서 발행하는 모든 도서는 저자와 출판사, 그리고 독자가 함께 만들어 나갑니다.
좋은 책을 펴내기 위해 많은 노력을 기울이고 있습니다. 혹시라도 내용상의 오류나 오탈자 등이 발견되면 "좋은 책은 나라의 보배"로서 우리 모두가 함께 만들어 간다는 마음으로 연락주시기 바랍니다. 수정 보완하여 더 나은 책이 되도록 최선을 다하겠습니다.
성안당은 늘 독자 여러분들의 소중한 의견을 기다리고 있습니다. 좋은 의견을 보내주시는 분께는 성안당 쇼핑몰의 포인트(3,000포인트)를 적립해 드립니다.
잘못 만들어진 책이나 부록 등이 파손된 경우에는 교환해 드립니다.

라이브 방송에서 성공
셀러가 되기 위한 전략

돈되는 실전
라이브
커머스

소상공인을 위한 비대면 시대의
라이브 커머스 도전기!

　여러분은 현재 어떤 채널에서 주로 소비를 하고 계신지요? 저는 라이브 커머스 방송을 보는 재미에 쏙 빠졌습니다. 라이브 방송을 줄여서 '라방' 이라고 부르는데요. 무엇보다 라방의 생생함, 라방 만의 혜택은 소비자들의 눈길을 충분히 이끌고 있습니다.

저는 본래 TV홈쇼핑 보는 것을 좋아했습니다. 쇼호스트의 정감어린 설명과 알찬 정보, 재밌는 상황전달까지 그야말로 유용했기 때문입니다. 금요일 불금부터 주말, 스트레스를 풀기위해 TV홈쇼핑을 보면서 주문도 열심히 했지요.

그런데 어느 날, 스마트폰에서 만나본 라이브 커머스는 TV홈쇼핑을 그대로 모바일로 옮겨 어떤 라이브 방송은 유튜브의 정보 영상을 보듯이, 또 어떤 라이브 방송은 재밌는 유머 코너를 보듯이 다가왔고 시청자로서 색다른 흥미를 유발시켜 주었습니다. 또한 앞서 언급한 대로 생생한 현장 정보도 전달이 되고 맛깔나는 쇼호스트의 설명과 라방만의 혜택이 저를 단골로 이끌었습니다. 매일 자고 일어나서도 스마트폰을 끼고 사는 일상에서 어떤 때는 유튜브를 보는 것처럼 라이브 커머스 방송을 보게 되었습니다.

그동안 TV홈쇼핑은 볼거리, 즐길 거리 등 많은 장점을 가진 매체였지만 중소제조업체 및 유통업체에게는 메인 TV채널의 시청 시간 확보 문제와 높은 수수료 등으로 접근에 한계가 있었던 반면에 라이브 커머스는 셀러 누구나, 쇼호스트가 되고 싶은 크리에이터 누구에게나 저렴한 수수료로 이용할 수 있는 활짝 열린 시장이었습니다.

저도 라이브 커머스를 직접 시청하며 그동안 만나왔던 소상공인, 중소기업들의 제품들이 생각나고 도전 의지가 생겼습니다. 뜻만 있으면 누구나 판매자가, 쇼호스트가 될 수 있는 라이브 커머스이기에 용기가 생겼습니다. 늘 창업 교육 현장에서 많은 예비 창업자와 만나고 소상공인, 중소기업 관계자들을 만나면서 그분들이 가장 고민하는 것이 온라인 판로 구축과 홍보였는데요. 라방은 이 두 가지 영역을 효과적으로 도울 수 있는 최적의 매체였기 때문입니다.

이 책을 통해 라이브 커머스를 하려면 어떤 방법들이 있는지, 라이브 방송을 하려면 어떤 준비 장비가 필요한지, 라이브 커머스 플랫폼별로의 특징은 무엇인지, 라이브 방송을 해보려면 쇼호스트로서 어떤 준비가 필요한지 등을 중점적으로 다루었습니다. 이 모든 질문이 제가 직접 쇼호스트가 된다면 어떻게 해야 할지에 대해 생각해보고 취재를 하였고, 정리를 한 부분입니다. 또한 판매자로서 라이브 커머스를 활용한다면 소비자에게 제품을 잘 팔 수 있는 노하우를 생각하고 연구해야 하기에 관련 정보를 담았습니다.

비대면 시대, 온라인에서의 상품 판매는 분명 동영상을 위주로 한 라이브 커머스가 대세가 될 것입니다. 여러분의 상품을, 여러분이 직접 라방으로 고객과 소통하며 판매해보세요. 도전만으로 새로운 기회가 만들어질 것입니다. 저도, 독자 여러분도 모두 함께 파이팅입니다!

저자 황윤정

Preview 미리보기

라이브 커머스란 무엇인지, 라이브 커머스를 진행할 수 있는 다양한 플랫폼은 어떤 것이 있는지 알아보고 라이브 커머스의 진행을 위한 쇼호스트의 자세를 배워 봅니다.

라이브 커머스를 시작하기 위해 플랫폼 입점 신청부터 라이브 방송 설정 방법을 배운 다음 라이브 진행에 필요한 현장 스튜디오 준비 및 사전 리허설, 필요한 방송 장비까지 전반적인 과정을 알아봅니다.

Contents 목차

Part 3 나만의 라이브 커머스 채널 도전하기

Contents 목차

Part 4 성공 셀러가 되기 위한 전략

Part 5 가장 기본이 되는 온라인 홍보 채널

Contents 목차

Part 6 정부의 창업 지원 사업

Part **1**

라이브 커머스 알아보기

국내 온라인 쇼핑 시장 규모

여러분은 일주일에 몇 번이나 온라인 쇼핑을 즐기시나요? 통계청에서 분기별로 발표하는 국내 온라인 쇼핑 시장은 2020년 무려 15조가 넘는 것으로 조사되었습니다. 이 중 모바일 쇼핑은 10조가 넘는 규모를 차지하여 68% 정도가 스마트폰으로 구매하고 있는 상황입니다. 현재 우리의 모습을 대변하고 있지요.

소비자가 구매하는 소매 유통을 생각해 보면 백화점, 대형 마트, 전통 시장, 편의점, TV홈쇼핑, 인터넷 쇼핑몰 등으로 나누어 볼 수 있는데요. 여러분들이 구매하는 장소와 상품들을 가만히 생각해 보면 위에 열거된 모든 소매 업태를 이용하고 있을 겁니다.

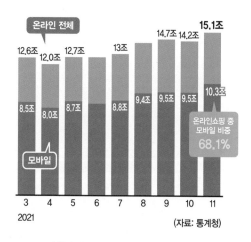

▲ 2021년 온라인 쇼핑 거래액 규모 추이

물론 현재는 많은 분이 온라인 쇼핑을 주로 이용하고 있다고 생각할지 모르지만 매년 두 자릿수 성장을 해 온 온라인 쇼핑몰도 사실 전체 소매 업태에서는 약 25% 정도를 차지하는 비중을 보여 왔습니다.

하지만 코로나19로 촉발된 비대면 거래 방식은 우리의 일상을 모두 바꾸어 버렸는데요. 최근 유통업태별 매출 구성비에 대한 산업통상자원부 자료를 살펴보면 무려 온라인 쇼핑 거래가 모든 업태 시장에서 50%에 달하는 것으로 나와 엄청난 성장을 견인한 것을 알 수 있습니다. 거의 모든 소비자가 온라인으로 구매하고 있으며, 실제 소비하고 있는 구매 상품의 50%는 온라인으로 구매한다는 의미입니다. 실제로 2015년 7대 3이던 오프라인과 온라인 매출 비중의 격차는 2018년 6대 4로 좁혀지더니 2020년에는 5대 5로 같아진 상황입니다.

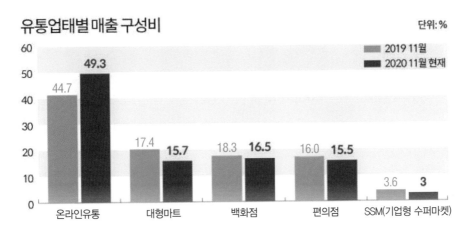

▲ 유통업태별 매출 규모_산업통상자원부

시장 차이가 커진 만큼 e커머스 업체들의 거래액 규모도 자연스레 대폭 확대되었습니다. 산업자원부의 조사 자료를 보면 e커머스 업체 중 거래액 기준으로 업계 1위는 네이버였고 네이버의 2019년 거래액은 20조 9,249억 원으로 추정되며, 쿠팡은 17조 771억 원, 옥션과 지마켓 운영사인 이베이 코리아는 16조 9,772억 원, 11번가는 9조 8,000억 원으로 조사되었습니다. 참고로 e커머스 업계 거래액은 통계청에서 발표하는 자료와는 수치 차이가 있으나 통계청 조사는 개인 구매에 대한 자료만을 조사한 것이라 전자상거래 전체 규모와는 차이가 납니다.

국내 e커머스 업계 거래액 규모

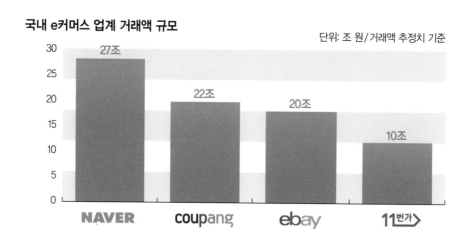

▲ 2020년 국내 e커머스 업계 거래액 규모_교보증권

개인적으로 2002년도 국내에 처음 출간된 쇼핑몰 창업 책을 집필한 저자이면서 책을 통해 쇼핑몰 창업에 도전했었던 그 시절부터 꾸준히 온라인 쇼핑몰 시장을 지켜봐 왔지만 이 정도로 급격히 성장한 상황이 좀 놀랍기만 합니다. 여전히 온라인 쇼핑몰 창업은 관심이 높은 시장임에 틀림없다는 증거이기도 합니다.

라이브 커머스

어느 날부터 스마트폰은 제 일상의 장난감이면서 가장 친한 친구가 되었습니다. 여유가 생기는 시간이면 여지없이 스마트폰을 쳐다봤으니까요. 개인적으로 아이쇼핑을 취미로 여기는 제게는 스마트폰으로 쇼핑 상품들을 살펴보는 게 늘 재미있었습니다. 그런데 마침 제 시야에 들어온 커머스 시장의 핫 트렌드가 있는데요. 바로 라이브 커머스입니다.

'라이브 커머스'란 라이브 스트리밍(Live Streaming)과 커머스(Commerce)의 합성어로, 웹, 애플리케이션 등의 플랫폼을 통해 실시간 동영상 스트리밍으로 상품을 소개하고 판매하는 온라인 채널입니다. 저같이 아이쇼핑을 즐기는 분들도 많아서인지 아주 빠른 속도로 시장이 상승하고 있습니다. 코로나19로 집콕족이 늘면서 스마트폰으로 즐기는 동영상 쇼핑이 대중적으로 되어 간다고도 보여집니다. 한 증권사에서 발표한 자료를 보면 2021년 약 3조 원에 달하는 라이브 커머스가 2023년에는 10조 원으로 성장할 것이라는 발표가 있습니다.

▲ 국내 라이브 커머스 시장 규모_교보증권 리서치센터

라이브 커머스는 생방송처럼 실시간으로 현장에서 쇼호스트가 제품을 설명하고 판매한다는 점에서 TV홈쇼핑과 유사하지만, TV 채널이 아닌 모바일상으로 용량이나 참여에 제한 없이 누구나 쉽게 채널을 열고 방송을 진행할 수 있는 특징이 있습니다. TV홈쇼핑처럼 소비자들은 채팅 창을 통해 양방향 소통을 하면서 제품에 대해 궁금한 것을 물어보고 방송 페이지에서 직접 쇼핑몰의 상품을 결제할 수 있습니다.

전통적인 e커머스(e-commerce)인 온라인 쇼핑몰은 고객과의 소통에서 주로 게시판을 통한 질문 및 답변으로 이루어졌다면, 라이브 커머스는 실시간 채팅을 통한 소통이라 그야말로 쌍방향 커뮤니케이션을 구현한 방식입니다.

저도 인터넷 쇼핑몰을 운영했었지만 고객들과 얼굴을 보면서 대화를 나눈 적은 당연히 없었고 상품 사진과 설명을 이미지로 올리는 것으로 모든 제품 설명은 끝이었는데, 라이브 커머스는 기존 e커머스의 단점을 한순간에 보완하는 신개념 유통인 셈입니다.

▲ 네이버 쇼핑라이브

또 라이브커머스가 많은 유통업자에게 환영을 받는 이유는 무엇보다 비용 절감에 있습니다. TV홈쇼핑에 한번 기업의 제품을 소개해 보고 싶어도 시간대 및 촬영 비용, 높은 수수료 등이 발목을 잡기 때문에 쉽게 도전할 수가 없는데요. 반면 라이브 커머스는 모바일로 송출이 되기 때문에 TV홈쇼핑처럼 송출 수수료 자

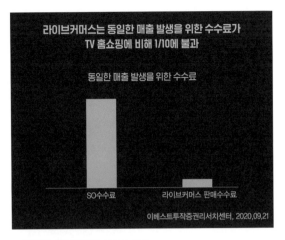

▲ 동일한 매출 발생을 위한 수수료

체가 없고 제작비도 간단한 장비로 가능하여 진입 장벽이 낮습니다. 플랫폼에 입점한다면 플랫폼 이용 비용에 대한 부분만 지급하면 됩니다. 한 증권사에서는 라이브 커머스가 동일 매출 발생을 감안할 때 수수료 차이가 TV홈쇼핑에 비해 1/10에 불과하다는 자료를 보여 주기도 했습니다.

라이브 커머스의 또 하나의 장점은 구매전환율이 높다는 점입니다. 실시간 구매를 유도하며 방송 중에만 주어지는 혜택이 있어서 소비자들의 호감도가 높습니다. 구매하는 과정도 쉬워서 〈구매하기〉 버튼만 누르면 평소 모바일로 쇼핑하는 것과 차이가 없습니다. 한 자료에서는 일반적인 인터넷 쇼핑몰 구매에 비해서 라이브 커머스 구매전환율이 높다는 보고도 있습니다.

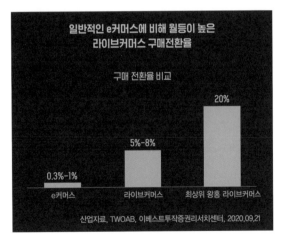

▲ 라이브 커머스 구매 전환율

	TV홈쇼핑	라이브 커머스
설명 방식	• 쇼호스트의 일방적인 설명에 치우침 • 규모가 커서 질문을 달기에는 어색함	• 실시간 영상으로 정보를 소통하기 때문에 생생하며 소비자의 소통이 자유로움 • 실시간 질의응답이 가능함
구매 방식	• 전화 주문 중심	• 영상 시청 화면에서 터치로 모바일 결제
혜택	• 섭외된 가격과 사은품 등 고정 기획	• 라이브 방송 할인가 외 즉흥적인 쿠폰 이벤트가 가능함
시간	• 방송 송출 시간의 한정된 제약	• 생생한 현장감 전달과 시공간의 제약이 없음 • 영상이 누적 재생됨
심의 규정	• 엄격한 방송 심의를 거침 • 제작 과정과 소개 자료 등 위반 사항에 대한 검열 강화됨	• 개인적인 방송이 많고 단발성이라는 측면 때문에 심의 규제로부터 자유로움
진입 장벽	• 방송 송출료부터 수수료가 높아 비교적 대형 업체만 이용	• 송출료가 별도로 없어 플랫폼에 내는 수수료 부담 밖에는 없음 • 비용도 적고 방송 장비 등의 준비도 비교적 간단함

▲ TV홈쇼핑과 라이브 커머스의 차이

　라이브 커머스 방송을 지켜 보면서 어느 순간, 저도 다시 쇼핑몰을 해 보고 싶다는 생각도 들고, 쇼호스트와 같은 진행자 역할도 해 보고 싶다는 욕심이 생겼습니다. TV 방송에 나오는 쇼호스트가 되려면 엄청난 경쟁에서 이겨야 가능한데 모바일로 시작하는 라이브 커머스는 용기만 있다면 당장 시작할 수 있는 방식이라서, 본서를 통해 저도 라이브 커머스에 도전해 보고자 하니 함께 잘 따라와 주세요.

라이브 커머스 플랫폼

라이브 커머스를 해 보고 싶다면 크게 두 가지 방법이 있습니다. 하나는 유명 포털 사이트에서 만들어서 제공하는 라이브 커머스 대행 플랫폼을 이용하는 방법이고, 또 하나는 직접 독자적인 라이브 커머스 솔루션을 이용해 플랫폼을 만드는 방법입니다. 각 방법에 대해 알아보겠습니다.

■ 라이브 커머스 대행 플랫폼 비교 분석

라이브 커머스 채널을 운영하기 위해서 가장 쉽게 접근하는 방법은 유명 포털사에서 운영하는 라이브 커머스 플랫폼에 도전하는 것인데요. 그렇다면 라이브 커머스를 하고자 하는 사람 입장에서 가장 접근이 쉬운 플랫폼은 어디일까요?

구분	포털사 대형 플랫폼	종합 쇼핑몰 플랫폼	라이브 커머스 플랫폼
종류	네이버 쇼핑라이브 카카오 쇼핑라이브	11번가 쿠팡라이브 티몬의 tvon 등	그립 소스라이브

구분	포털사 대형 플랫폼	종합 쇼핑몰 플랫폼	라이브 커머스 플랫폼
특징	메인 포털사에서 집중적으로 홍보하기 때문에 라이브 영상 시청자 수와 시청률 일정 이상 확보	전문 쇼핑몰로 이미 인지도가 있는 플랫폼이기 때문에 쇼핑 콘텐츠가 전문화되어 있다는 것이 장점	비교적 자유롭게 라이브 커머스 채널을 도전할 수 있음
진입 장벽	일정 심사나 자격 조건 만족 후 진행이 가능 아무나 시작할 수는 없음(사전 승인 형태)	방송 상품과 채널 관리는 업체 쪽에서 하기 때문에 개인 접근이 불가능(제휴 문의 형태) 단, 쿠팡라이브는 개인 크리에이터를 대상으로 진행하는 오픈 플랫폼임	입점 신청 형태 개인도 실시간 라이브 영상 송출 가능
접속 방법	PC, 모바일, 앱 송출	PC, 모바일, 앱 송출	앱 송출

▲ 라이브 커머스 플랫폼별 비교 분석

라이브 커머스 플랫폼을 고민할 때, 크게 포털사 대형 플랫폼, 종합 쇼핑몰 플랫폼, 라이브 커머스 플랫폼 이 3가지로 구분할 수 있습니다.

■ 대형 플랫폼의 라이브 커머스

네이버 쇼핑라이브, 카카오 쇼핑라이브 등이 속한다고 볼 수 있습니다. 네이버 쇼핑라이브는 네이버에 접속하는 사람이 전 국민의 70% 이상이다 보니 자연스럽게 네이버 플랫폼 안에서 자주 접하게 됩니다. 기본적으로 쇼핑라이브 내에 시청하는 시청자 수가 꽤 많은 영상들이 많습니다.

네이버 쇼핑라이브

네이버 쇼핑라이브에서는 기획라이브와 오픈라이브로 종류가 나누어져 있습니다. '기획라이브'는 별도의 제휴를 신청하고 진행하는 것이어서, 비교적 브랜드를 가지고 있는 큰 업체와 하는 라이브라고 생각하면 됩니다. 방송 진행을 위해서는 최소 3주 전에 쇼핑사업팀에 제휴 및 제안을 통해서 방송 날짜를 결정하는 형태입니다. '오픈라이브'는 스마트스토어 솔루션으로 네이버 쇼핑안에 입점하고 있는 분들에게 오픈되어 있는 라이브 메뉴라고 보면 됩니다. 이것도 네이버 쇼핑

셀러 등급 기준이 있는데요. 네이버 쇼핑라이브는 파워 등급이 되어야 신청이 가능했으나 2021년 6월부터는 '새싹' 등급도 가능해졌습니다. 참고로 쇼핑윈도에 입점한 셀러는 모두 라이브 방송이 가능합니다. 시간 예약을 통해 실시간 라이브를 진행할 수 있습니다.

등급 산정 기준 안내

판매자 등급		굿 서비스		상품등록 한도

판매자님의 거래 규모에 따라 구간별로 등급명이 표기 됩니다.
사용자들이 믿고 구매할 수 있도록 네이버 쇼핑 및 스마트스토어 판매자 정보 영역에 아이콘이 표기됩니다.

등급표기		필수조건		
등급명	아이콘 노출	판매건수	판매금액	굿서비스
플래티넘	🛡️	100,000건 이상	100억원 이상	조건 충족
프리미엄	🎖️	2,000건 이상	6억원 이상	조건 충족
빅파워	🎖️	500건 이상	4천만 이상	-
파워	🎖️	300건 이상	800만원 이상	-
새싹	-	100건 이상	200만원 이상	
씨앗	-	100건 미만	200만원 미만	

• 산정 기준: 최근 3개월 누적 데이터, 구매확정 기준(부정거래, 직원취소 및 배송비 제외)
• 등급 업데이트 주기: 매월 2일(예) 10월 등급 산정 기준: 7월~9월 총 3개월 누적 데이터(월:1일~말일)
• 플래티넘과 프리미엄은 거래규모 및 굿서비스 조건까지 충족시 부여되며, 굿서비스 조건 불충족시 빅파워로 부여됩니다.
• 새씩 및 씨앗 등급은 네이버 쇼핑 및 스마트스토어 사이트에서도 등급명 및 아이콘이 노출되지 않습니다.

▲ 네이버 쇼핑 내 셀러 등급 기준 안내

네이버 쇼핑라이브 앱 또는 스마트스토어 앱을 통해 라이브를 합니다. 참고로 네이버 쇼핑라이브를 해 보고 싶은 초기 쇼핑몰이라면 대행사를 통해서 진행하는 방법도 있습니다. 네이버 쇼핑라이브가 짧은 시간에 시청자 수가 급증한 배경을 보면 방송을 시청하는 네티즌들에게 시청만으로도 적립금을 주는 마케팅을 하면서 순 수요자가 늘었다는 반응입니다.

카카오 쇼핑라이브

늘 카카오톡을 사용하는 일상을 생각해 보면 카카오 쇼핑라이브 또한 전 국민에 게 쉽게 노출되는 라이브 플랫폼입니다. 제 주변에서는 카카오 톡딜을 단골로 이 용하는 친구가 있을 정도로 의외로 카카오에서 쇼핑도 활성화가 되어 있습니다. 카카오스토리 채널부터 카카오톡 플러스 친구와 같은 비즈니스 채널도 있기 때문 에 카카오 쇼핑도 나날이 성장하고 있습니다. 카카오 쇼핑을 전담하고 있는 카카오 커머스는 2020년 매출이 5,735억 원이며, 영업 이익이 1,595억 원으로 조사되었습니다. 2019년도 매출보다 무려 94% 성장, 영업 이익은 110% 성장한 수치라고 합니다. 이러한 카카오에서 쇼핑라이브는 네이버 쇼핑라이브보다는 아직은 초반인 모습입니다.

▲ 네이버 쇼핑라이브

▲ 카카오 쇼핑라이브

보통은 카카오톡 화면에서 하단에 있는 가방 아이콘을 클릭하면 쉽게 쇼핑 메뉴로 이동되어 쇼핑라이브 화면을 찾을 수 있습니다. 또 카카오톡에서 쇼핑하기를 선택해서 쇼핑라이브에 들어갈 수도 있고요. 한 자료를 보면 카카오 쇼핑라이브 톡 채널을 친구로 추가한 수가 2020년 11월 120만 정도라고 되어 있습니다. 카카오 쇼핑라이브에서 방송을 하기 위해서는 사전 승인 형태로 담당자와 협약을 맺어야 가능합니다. 카카오 쇼핑라이브는 네이버와 달리 가로 화면이며 DSLR과 같은 촬영 전문 장비를 사용해 송출된다고 합니다. 일반 셀러에게 오픈된 채널이 아닌 상태라서 어느 정도 브랜드와 규모가 있는 업체만 진행 가능하다고 볼 수 있습니다.

▲ 네이버 쇼핑라이브 내 도전라이브

▲ 카카오톡 하단 가방 아이콘 → 쇼핑 → 쇼핑라이브 선택 → 카카오 쇼핑라이브

카카오 쇼핑라이브 요약

- 카카오 쇼핑과 사전 협의를 통해 방송 예약
- DSLR 등 전문 촬영 장비를 활용해 가로 화면으로 방송 송출
- 카카오 채팅과 카카오 페이를 활용하는 형태라 익숙한 UI/UX를 제공

■ 종합 쇼핑몰 플랫폼의 라이브 커머스

　가장 흔하게 볼 수 있는 라이브 커머스 업체들이 해당됩니다. 전통적으로 롯데 홈쇼핑, CJ홈쇼핑에서도 기존에 방송을 하던 TV홈쇼핑 서비스뿐만 아니라 온라인 쇼핑몰 채널에서도 일찌감치 TV홈쇼핑 방송을 연결하여 같이 송출을 했었는데요. 근래 들어 개별적으로 모바일상에서 자체적인 라이브 커머스 방송 영상을 서비스하는 경우가 많아졌습니다. 소위 방송 촬영에 있어서는 전문 인력과 바이어,

풍부한 방송 연출 경험을 바탕으로 제일 먼저 라이브 커머스를 이끌어 가고 있는 회사들로 볼 수 있습니다. 다만 아쉬운 것은 아무 업체나 방송을 시도할 수 없다는 것입니다. 종합 쇼핑몰들은 입점할 때도 담당 MD와의 별도 계약을 통해 판매할 수 있기 때문에 라이브 방송도 마찬가지로 진입 장벽이 있습니다.

전통적인 오픈 마켓 플랫폼인 11번가, G마켓, 옥션과 같은 대형 오픈 마켓도 라이브 채널이 있지만 대체로 여러 홈쇼핑 회사들의 영상 제휴를 통해 관련 영상이 송출되는 형태로 운영 중입니다. 역시 개인 셀러가 접근할 수는 없는 형태입니다. 다만 이 중에서 유일하게 11번가는 'LIVE11'을 열고 자체 라이브 커머스 방송을 시작했습니다.

▲ CJ몰의 쇼크LIVE

▲ 롯데홈쇼핑의 모바일TV

평일 기준으로 매일 오전 11시, 오후 5시, 8시 이렇게 3회 고정 편성을 통해 방송을 하며, 보통 1시간 동안 진행을 합니다. 관련 내용을 찾아보니 11번가에는 라이브커머스팀이 있다고 합니다. 직접 방송을 기획하면서 신상품 브랜딩 효과도 얻고 있다고 하며, 약 매월 70건의 라이브 방송을 전담합니다. 하지만 LIVE11도 오픈 플랫폼은 아니라서 11번가 자체 프로모션으로 진행되는 채널입니다.

소셜커머스 업체 중 티몬과 쿠팡도 자체적으로 라이브 방송을 시작했습니다. 티몬은 'TVON(티비온)', 쿠팡은 '쿠팡라이브'입니다. 티몬의 경우도 자체 팀을 통해서 11번가와 같은 방식으로 라이브 영상을 제작하는 형태로 운영을 하는데요. 100만 원의 입점비를 받는 것으로 알려져 있습니다. TVON 서비스는 TVON 라이브와 TVON 셀렉트로 나눌 수 있습니다. 'TVON 라이브'는 라이브 쇼핑 전담 스태프가 기획하고 기술 스태프가 채팅 및 이벤트 대응을 담당하는 형식입니다. 진행은 전문 쇼호스트가 진행합니다. 반면 'TVON 셀렉트'의 경우는 판매자가 개인 방송으로 진행하는 형태입니다. 스마트폰만 있으면 가능하지만 진행, 채팅 및 이벤트 모두 프로세스를 판매자 쪽에서 결정하고 진행합니다. 신청 방법은 티몬 셀렉트 앱 설치 후 담당 MD에게 라이브 커머스 방송을 신청하는 형태입니다. 이도 역시 방송 상품 검수 후 편성을 확정하고 기술 스태프를 배정합니다.

▲ 티몬 TVON

모바일 플랫폼을 활용한 라이브 커머스가 2030 젊은 세대들에게는 화면은 작을지 몰라도 편의성 면에서 TV홈쇼핑보다 쉽게 다가가고, 기업의 입장에서는 TV홈쇼핑보다 훨씬 저렴한 수수료로 매출을 이끌어 낼 수 있다는 점이 장점이니 이를 적극 공략하는 형태라고 보면 됩니다. 아쉽게도 티몬도 라이브 커머스를 위한 온전한 오픈 플랫폼은 아니라는 점입니다.

전반적으로 종합 쇼핑몰 성격을 가진 메인 플랫폼들이 라이브 커머스는 시장 초기이기 때문에 다소 보수적인 입장을 보이는 것 같습니다. 라이브 방송 권한을 개인 셀러에게 오픈했을 경우, 자칫하면 저급한 영상 송출로 인해 자사가 가지고 있는 브랜드 이미지에 마이너스가 될 수 있으니 초기에는 더욱 조심하는 것이라 생각이 듭니다.

쿠팡은 좀 다른 양상으로 라이브 커머스 플랫폼을 운영하고 있습니다. 쿠팡에 접속해 보면 모바일 화면에서 첫 번째 아이콘으로 '쿠팡라이브'가 있는데요. 쿠팡은 오픈 마켓으로 변신하여 여러 셀러들이 자유롭게 입점하여 물건을 판매할 수 있는 정책을 펴고 있는 상황에서 라이브 커머스도 일단은 쿠팡크리에이터 모집을 통해서 진행하는 방식입니다. 2021년 1월부터 시도를 한 상태인데, 쿠팡라이브는 판매자가 아니더라도 라이브 방송으로만 상품을 대신 판매하는 크리에이터 제도를 운영하는 콘셉트입니다. 쿠팡은 크리에이터에게 매출액의 5%를 커미션으로 제공한다고 합니다. 시범 운영은 화장품과 같은 뷰티 아이템으로 한정했으나 점차 카테고리를 넓혀 간다고 알고 있습니다.

쿠팡라이브는 누구나 일정 요건을 갖추면 쇼호스트로 등록해 상품을 소개하고 수수료를 벌 수 있는 개방형 라이브 커머스를 지향하고 있습니다. 방법은 쿠팡 크리에이터 신청하기 사이트에 가입을 신청하면 됩니다. 다만 크리에이터 신청 후 사전 승인을 받아야 합니다. 쿠팡은 아직 쿠팡라이브가 시도된 지 얼마 되지 않아서 뷰티에 특화된 제품 중심으로 운영하지만 이후에는 일반 다른 상품군으로도 라이브 방송을 열 수 있도록 할 예정이라고 하니 라이브 커머스에 도전하고자 하는 개인 셀러 입장에서는 관심이 가는 플랫폼입니다.

쿠팡라이브 요약

• 2020년 1월부터 시범적으로 뷰티 분야 크리에이터 모집을 통해 라이브 방송 시작
• 쿠팡 크리에이터 가입하기 신청 후 사전 승인을 받으면 라이브 커머스 방송 가능
• 점차 카테고리도 넓히고 일반 개인도 가능한 오픈형 플랫폼을 구상 중

▲ 쿠팡 '쿠팡라이브' 아이콘   ▲ 쿠팡라이브

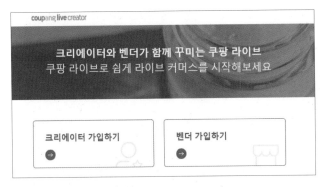

▲ 쿠팡 크리에이터 등록 신청(livecreator.coupang.com)

■ 라이브 커머스 전문 플랫폼

초기 라이브 커머스의 활성화를 이끈 라이브 커머스 전문 플랫폼으로는 대표적으로 '그립(Grip)'과 '소스라이브'가 있습니다. 먼저, '그립'은 누적 다운로드 수가 100만 이상 되는 전문 플랫폼으로, 인지도 면에서 잘 알려져 있는 곳입니다. 모바일 앱으로 서비스되고 있어서 그립 앱을 설치해야 하며, 실시간으로 많은 라이브 커머스 방송을 볼 수 있습니다.

앞에서 설명한 두 가지 플랫폼과 달리 라이브 커머스 진입에 대한 장벽을 없애서인지 그립 내에 실시간으로 돌아가고 있는 방송을 보면 매우 다양한 아이템들과 다양한 매장, 다양한 크리에이터를 만날 수 있는 것이 장점입니다. 그립 라이브 커머스에 나도 쇼호스트로, 크리에이터로 진행해 보고 싶다면 화면 중간에 있는 그리퍼 신청하기로 신청하면 되며, 누구나 참여할 수 있습니다. 신청 양식을 보면 이름, 연락처, 이메일, SNS 주소를 입력하여 바로 '그리퍼(GRIPPER)'가 되고 싶다고 신청하면 됩니다. 통상 주말 제외 최소 3일 이내로 승인 절차가 진행됩니다.

▲ 그립 첫 화면

▲ 그리퍼 신청하기 1

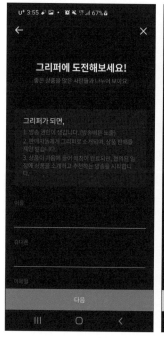

▲ 그리퍼 신청하기 2

▲ 그리퍼 신청하기 3

소스라이브도 잘 알려진 라이브 커머스 플랫폼입니다. 2021년 4월 기준으로 5만 회 이상 다운로드된 실시간 라이브 쇼핑 앱으로, 그립보다는 다운로드 수에서 적습니다. 소스라이브에 참여하려면 입점 신청을 해야 하는 형태인데요. 주로 방송되고 있는 내용을 보면 유명 백화점이나 TV홈쇼핑의 전문가들이 나오는 소위 고품격 라이브 커머스 방송들입니다. 개인도 방송을 할 수 있는 것처럼 설명 안내는 되어 있지만 실질적으로는 대형 업체들과의 제휴가 메인으로 보입니다. 다른 플랫폼과 차별화되어 있는 것은 해외 셀러들의 라이브 방송입니다. 미국에 있는 셀러가 실시간 라이브를 통해 제품 판매를 하고 있어서 시청자들에게 인기가 많습니다.

▲ 소스라이브　　　　　　　　▲ 마이페이지 → 판매자 신청 메뉴

　　유명 오프라인 유통 회사의 전문 상품을 라이브 방송으로 진행하고 있어서 라이브 방송의 시청자 수가 그립보다는 압도적으로 많습니다. 30여 개가 넘는 대형

B2B 회사들과 연결되어 있지요. 소위 백화점과 연계된 라이브 방송도 많아서 네이버와 카카오 라이브 플랫폼과는 또 다른 느낌으로, 종합 쇼핑몰 플랫폼에서 라이브만 옮겨온 듯한 인터페이스입니다.

그립이 일반인 셀러가 다양하게 판매하는 오픈 마켓의 느낌이라면, 소스라이브는 소위 오프라인의 스타필드 같은 유통 전문 쇼핑몰의 라이브 커머스 채널로 포지셔닝한 곳입니다.

▲ 판매자 신청하기 1　　　　▲ 소스메이커 신청하기

이들 라이브 커머스 플랫폼을 보면 아이 쇼핑으로 유튜브 동영상을 보는 것과 같은 즐거움이 있는데요. 저도 워낙 인터넷 쇼핑, 모바일 쇼핑을 즐겨하다 보니 그리퍼분들이 판매하는 영상이나 직접 사업자들이 자신의 제품을 매장 안에서 판매하는 영상을 보고 있다 보면 저도 모르게 주문을 하고 싶어집니다.

그립 플랫폼의 단점이라면 대형 플랫폼들에 비해 아직은 영상마다 시청자 수가 적다는 점인데요. 지속적으로 실시간 방송을 하다 보면 단골도 생기고 팬심도 생겨서 나름의 노하우도 쌓여 인기가 생길 것이라고 생각합니다. 저도 벌써 시청자가 되었으니까요. 네이버 블로그가 글로 인기를 끌고, 인스타그램이 이미지로 인기를 끌고, 유튜브가 동영상으로 인기를 끄는 대표적인 SNS 채널인 것처럼 그립과 소스라이브 같은 플랫폼은 실시간 동영상 쇼핑으로 대표적인 SNS 채널이 되는 셈입니다.

그립 및 소스라이브 요약

• 간단한 신청만으로 라이브 커머스 크리에이터가 될 수 있음
• 그립은 다양한 판매자가 다양한 방식으로 자유롭게 라이브 방송을 한다는 느낌임
• 소스라이브는 전통적인 유통 판매 업체를 통한 라이브 영상이 많아 전문적인 느낌이 강함

② 라이브 커머스 플랫폼 개발 방법

어떤 라이브 커머스 플랫폼에 입점을 해서 판매를 시작하더라도 이것은 나만의 플랫폼은 아닙니다. 여러 동일한 사업자와 함께 경쟁을 하는 구도지요. 쇼핑몰을 창업한다고 했을 때도 포털에 입점을 할 것인지 아니면 나만의 개인 쇼핑몰을 오픈할 것인지 결정을 하게 되는데요. 사실 결론은 둘 다 하는 것입니다. 그 이유는 작은 창업이기 때문에 고객 홍보 및 고객 확보를 하기 위해서는 포털에 입점하는 방법도 선택해야 하고 포털에 입점하는 것만으로는 나만의 개성을 펼치기가 어렵기 때문에, 쇼핑몰의 정체성을 가지기 위해서는 개별 브랜드 샵 오픈이 필수입니다.

라이브 커머스를 통한 창업도 앞서 살펴본 대로 종합 플랫폼에서 시작하는 것도 당연히 활용해야 하는 방법이지만 개별적인 자신만의 라이브 커머스 플랫폼을 구축하는 방법도 필요합니다. 여기서 대표적인 플랫폼들을 알아보겠습니다.

구분	소스플렉스	라이브24	몰업라이브
개요	소스라이브에서 개발한 플랫폼으로 대형 유통사(백화점, 홈쇼핑사 등)와 시스템 연동	카페24 쇼핑몰 무료 솔루션과 연동되는 앱	라이브 커머스 단독 구축 솔루션, 독자적인 플랫폼 개발이 가능
특징	메인 유통 회사와 파트너로 운영되고 있어서 개인 소호사업자나 중소기업이 접근하기에는 어려움이 있음	제일 저렴한 방식(매출 수수료 5%)으로 라이브 방송을 시도해 볼 수 있으나 카페24 솔루션과 연동되어야 한다는 점과 지난 방송 VOD 서비스를 쇼핑몰 내 보여 주기 어려움	단독으로 라이브 커머스 플랫폼을 구축할 수 있다는 점이 가장 큰 매력이나 솔루션 가격이 3천만 원이기에 소호 사업자가 접근하기 어려움

▲ 라이브 커머스 단독 구축 플랫폼별 비교 분석

■ 라이브24 활용 방법

개인 쇼핑몰 창업 시 선택하는 솔루션 중 카페24는 무료로 쇼핑몰을 창업할 수 있게 해 준다는 콘셉트로 이미 오래전부터 유명한 플랫폼입니다. 최근에 카페24는 자체적으로 만든 쇼핑몰의 상품을 라이브 커머스로 방송할 수 있도록 하는 플랫폼을 제공합니다.

자체 개발보다는 협력 업체에서 개발된 프로그램이라고 하는데요. 판매자는 쇼핑몰 관리자에서 방송 일정을 정하고 등록되어 있는 상품들 중 어떤 상품을 라이브 방송으로 진행할 건지 선택만 하면 되는 것입니다. 촬영된 녹화본을 계속 사이트 안에 노출시킬 수도 있습니다. 이 영상들이 하나의 홍보용 영상 역할을 해 주니 안 할 이유는 없지요. 게다가 자사몰에서 진행하는 라이브 커머스이기 때문에 고객과의 커뮤니케이션이 더욱 원활히 이루어져 판매 데이터나 조회 데이터를 한눈에 파악할 수도 있습니다.

▲ 카페24(cafe24.com/ecommerce/start)

'라이브24'는 카페24 쇼핑몰 전용 앱으로 개발된 솔루션입니다. 손쉽게 설치 후 30분 안에 라이브 방송이 가능하다고 하며 스마트폰으로 바로 시작할 수 있습니다. 기존 카페24의 상품들과 데이터 연동이 되며 회원도 연동됩니다. 별도의 플랫폼 개발에 대한 비용은 없으며 라이브 커머스 수수료만으로 운영 가능한 솔루션입니다.

다만 라이브 방송은 할 수 있는데 아직은 카페24 쇼핑몰 안에 지나간 방송 VOD를 계속 노출할 수 있는 페이지 생성은 자동으로 되지 않아서 별도의 디자인 세팅 작업이 필요합니다. 솔루션 사용료는 실시간 방송이 진행될 때 판매된 판매액의 5%가 수수료로 지불됩니다. 카페24를 사용하는 쇼핑몰 사업자는 카페24 관리자 모드와 라이브24 관리자 모드를 각각 사용하게 됩니다.

지금은 카페24와 연동되는 형태이지만 독자적인 소프트웨어 개발사에서 만든 솔루션이라 조만간 별도의 독립형 라이브 커머스 솔루션으로 개발될 예정이라고 합니다.

▲ 라이브24의 개발사 SGRsoft(sgrsoft.com)

▲ 라이브24

▲ 라이브24의 특징

■ 단독 독립형 라이브 커머스 플랫폼 이용 방법

두 번째는 단독 독립형 라이브 커머스 플랫폼을 이용하는 방법입니다. 아직은 라이브 커머스 시장의 초입이라 그런지 관련 동향 기사를 검색해 볼 때 많은 솔루션이 나오지는 않은 상태로 보입니다. 그리고 비교적 대형 유통 회사가 사용할 만한 솔루션들입니다. 대표적인 독립형 라이브 커머스 플랫폼으로는 소스 라이브가 자체적으로 개발한 솔루션 '소스플렉스'와 엔씨지글로벌에서 출시한 '몰업라이브' 솔루션이 있습니다.

먼저, 소스플렉스는 B2B 기업 고객 대상의 클라우드 솔루션으로, 자체적으로 제품을 유통하고자 하는 기업에게 제공하는 라이브 커머스에 특화된 종합 솔루션입니다. SaaS(Software as a Service) 형태로 자체적인 라이브 커머스 방송이 가능합니다. 기업 입장에서는 라이브 커머스 솔루션을 자체적으로 구축하려면 적지 않은 비용과 개발 기간이 필요한데 이를 아웃소싱한 것입니다. 주요 기능으로 방송을 촬영할 수 있는 스마트폰 기반의 앱과 LIVE, VOD를 관리할 수 있는 기능, 채팅, 좋아요, 게임 요소 등 다양한 소통 기능을 결합한 시청 화면, 고객 시청 데이터 분석과 대시보드 기능까지 구현되며, 자사몰 채널에 라이브 커머스 솔루션을 붙여 연동시키는 서비스입니다. 웹을 기반으로 개발되어 앱을 따로 설치하지 않아도 방송 참여가 가능하며 카카오톡으로 URL을 전송하면 시청 및 참여가 가능합니다. 이런 특징 때문에 소스플렉스는 SK, 롯데백화점과 같은 대형 고객사와 솔루션을 계약한 상태이고 조만간 중형 쇼핑몰, B2C 고객들에게도 적용할 수 있는 솔루션으로 개발을 한다는 소식입니다.

쉽게 예를 들어, 소스플렉스를 사용하고 있는 SK매직몰을 보면 '매직쇼'라는 라이브 커머스 메뉴가 있으며, 실시간 라이브 영상이 돌아가고 있는데 지나간 방송 영상도 계속 노출되고 있어서 홍보 효과가 누적되고 있습니다. 이들 영상은 소스 라이브와도 연결되어 송출되는 형태입니다. 이렇게 자사몰 사이트에서 라이브 커머스 채널을 연결한 형태로 운영 가능한 솔루션입니다.

▲ SK매직 '매직쇼'(www.skmagic.com/livecommerce/liveCommercePage)

▲ SK매직 '매직쇼'에서 영상을 선택하면 실시간 방송했던 영상이 바로 재생됨

소스플렉스 - 자사몰을 위한 라이브커머스 솔루션 제공

소스플렉스의 모바일 라이브 시청 최적화 솔루션으로 새로운 콘텐츠 커머스를 경험하세요.

롯데백화점 100Live   LIVE DEAL   SK 매직 SHOW   유샵 라이브

소스플렉스 주요 파트너

국내 주요 엔터프라이즈사들은 현재 소스플렉스를 사용하고 있습니다.

▲ 소스플렉스 안내(saucelive.net)

소스플렉스가 대기업이나 백화점과 같은 대형 회사를 위한 단독형 라이브 커머스 솔루션이었다면 중소기업 쇼핑몰을 타깃으로 한 독립형 라이브 커머스 솔루션도 출시되었습니다. 쇼핑몰 솔루션 구축 회사인 몰업에서 나온 '몰업라이브'를 소개합니다.

라이브 커머스의 트렌드가 인기를 끌면서 많은 업체들이 라이브 커머스를 준비하고 있지만 직접적으로 많은 구축 비용을 들여 구축하기가 쉽지 않습니다. 이러한 상황 속에서 쇼핑몰 솔루션 전문 기업인 몰업에서는 라이브 커머스 플랫폼을 쉽고 빠르게 론칭할 수 있는 '몰업라이브'를 막 출시한 상태입니다.

▲ 몰업라이브(mallup.co.kr)

몰업라이브는 단순히 라이브 방송을 입점 형태로 방송하는 것이 아닌 직접 플랫폼을 만들어 자체적으로 운영이 가능합니다. 주요 기능으로는 라이브 채팅 기능,

스태프 관리 기능, 라방용 쿠폰 기능, 라방용 공지 사항 관리 기능, 라방 타임세일 기능, 라방 예약 기능, VOD 관리 기능, 시간별 상품 매칭 기능, 입장 인원 관리 기능, 트래픽 관리 및 통계 기능 등 라이브 방송에 최적화된 기능을 제공한다고 합니다. 라이브 커머스 기능 외에도 미니샵 오픈 마켓 기능과 앱을 지원합니다. 이 밖에도 라방을 진행할 쇼호스트 및 셀럽을 매칭하여 연결해 주고, 자유롭게 사용이 가능한 스튜디오 공간 대여, 방송 시 홍보 및 판매를 극대화할 수 있는 마케팅 서비스까지

▲ 몰업라이브 가격대

라이브 커머스 운영을 위한 전반적인 서비스를 구축할 계획이라고 합니다.

　현재 몰업라이브 솔루션 가격은 3,000만 원으로 책정되어 있어 단순히 쇼핑몰 구축 솔루션을 생각했던 이들에게는 쉽게 접근 가능한 금액이 아닙니다. 실시간 영상을 다루다 보니 서버 비용이나 기타 프로그램 개발에 비용이 많이 들어가는 솔루션입니다. 몰업라이브에서는 몰업라이브를 통해 수억 원, 수개월이 아닌 천만 원대로 한두 달 안에 오픈할 수 있기 때문에 라이브 커머스를 계획 구상 중인 중소기업, 지자체에게는 맞춤형 서비스가 될 것입니다.

③ 라이브 커머스 쇼호스트가 되기 위한 로드맵

지금까지 다양한 방법으로 라이브 커머스 플랫폼을 찾아보았습니다. 저도 직접 라이브 커머스에 뛰어들어 크리에이터로 활동해 보고 싶어서 여러 방법들을 찾아서 정보를 정리했는데요. 저와 같이 정말 초보적인 입장에서 크리에이터를 부캐(부캐릭터/부업)로 시작하고자 한다면 결론적으로 다음과 같은 맵을 짤 수 있습니다.

처음 시도 : 그립과 쿠팡라이브
- 그립과 쿠팡라이브는 누구나 크리에이터가 되고자 하는 사람에게 열려 있는 곳이라서 지금이라도 제품 소싱을 해결하면 진입 가능함
- 먼저 그립에서 쇼호스트에 도전하고 3개월 정도 누적된 연습과 테스트를 거쳐 어느 정도 자신감을 갖게 되면 쿠팡라이브 도전
- 쿠팡라이브에서 우수 크리에이터가 되기 위한 면모를 갖추기

2차 성장을 위한 시도
- 네이버 쇼핑라이브와 카페24의 라이브24 도전하기
- 먼저 네이버 쇼핑라이브 도전하기 : 판매가 가능한 제품군을 찾거나 제휴가 가능한 업체가 연결되면 네이버 쇼핑에 입점하기, 스마트스토어에 상품을 올리고 새싹 등급이 되도록 노력하기, 새싹 등급으로 만들기까지의 시간이 단축되기를 바란다면 새싹 등급인 회사에 제안서를 내어 쇼호스트로 제품 공급받으며 세팅하기
- 다음으로 단독몰로 카페24 솔루션을 이용하여 제품을 등록하고 라이브24를 신청하여 설치한 다음 실시간 방송 시도하기

3차 성장을 위한 시도
- 단독 플랫폼으로 라이브 커머스 플랫폼 구축하기(소스플렉스, 몰업라이브)

지금까지 알아본 방법 중에서 독자분의 상황과 눈높이에 맞춰 라이브 커머스를 시도하면 되겠습니다.

4 라이브 커머스 수익 구조

쇼호스트, 크리에이터가 되어 라이브 커머스로 얻을 수 있는 수익은 매우 간단한 구조입니다.

■ 판매 제품의 수익률에 따른 마진

직접 제품을 파는 셀러로 라이브 방송을 하는 경우는 판매에 따른 수익이 제일 큰 부분을 차지할 것입니다. 업체로부터 제품을 받아서 단순히 일회성의 직접 판매 대행을 하는 쇼호스트의 경우도 회사와의 마진 계약에 따른 수익이 나올 수 있습니다. 어떤 정확한 규칙이 있는 것은 아니어서 업체와 어느 정도 선에서 수익을 공유할지 결정하면 됩니다.

■ 라이브 커머스 플랫폼 판매 수수료

제품 판매에 따른 수익 말고도 쿠팡라이브와 같은 일반적인 플랫폼에서는 라이브 방송에서 실시간으로 나오는 매출액의 5%를 쇼호스트에게 제공하는 프로그램을 운영합니다. 셀러와 동시에 수익을 버는 구조는 아니고 쇼호스트 역할만 대행하는 경우에 해당되는 수익 요소입니다. 이 또한 매출과 연계되기 때문에 판매되는 양에 따라 얻어지는 수익이 다르게 되는 구조입니다.

■ 쇼호스트의 출연료

흔히들 말하는 우수한 쇼호스트가 된다면 라이브 방송 편당 출연료가 수익이 됩니다. 보통 등급이 나누어져 있어서 최소 시간당 몇십만 원부터 몇백만 원까지 진행이 된다고 들었습니다. 우리가 알고 있는 TV홈쇼핑의 쇼호스트도 인지도 여부에 따라 억대의 비용을 받는다는 얘기가 있는 것처럼 인지도에 따른 출연료가 수익이 됩니다.

어느 정도 경험이 쌓이면 단지 라이브 방송의 수익뿐만 아니라 강의 수익, 컨설팅 수익, 출판 수익, 굿즈 판매 수익 등 다양한 경로의 수입원이 부수적으로 생길 수 있습니다.

유튜브로 평범했던 개인이 유명인이 되는 것처럼, 라이브 커머스도 유통 시장에서 1인 인플루언서를 키우는 데 발판이 되는 플랫폼이어서 도전하는 분들에게는 또 하나의 기회의 시장이 될 것이라고 생각합니다. 본서를 통해 라이브 커머스 시장에서 자신만의 기회를 찾아 보세요.

판매 제품의 수익률에 따른 마진	라이브 커머스 플랫폼 판매 수수료
쇼호스트의 출연료	기타 인지도에 따른 부수적인 수입원

Article

패션쇼에 콘서트까지 … 쇼핑라이브 변신은 무궁무진
네이버, 갤럭시 언팩도 생중계 … 누적 조회 수 145만 달성
론칭 1주년 … 누적 시청 3.5억 뷰·거래액 2,500억 원 돌파

〈뉴스토마토 2021. 8. 16.〉

론칭 1주년을 맞은 네이버 쇼핑라이브가 다양한 형태로 진화하고 있다. 단순히 좋은 상품을 좋은 조건에 판매하는 것을 넘어 패션쇼, 콘서트 등 이색 마케팅의 수단으로 주목 받고 있다.

지난 11일 밤 11시 삼성전자의 갤럭시Z 폴드3, 플립3 등의 언팩 행사가 온라인으로 진행됐다. 전 세계로 실시간 송출된 이 행사는 처음으로 네이버의 쇼핑라이브 플랫폼을 통해서도 생중계됐다.

삼성전자 브랜드 스토어가 진행한 이번 쇼핑라이브는 시작과 동시에 누적 시청 수가 100만 뷰를 돌파했다. 비슷한 시각 삼성전자의 공식 유튜브 채널의 라이브 스트리밍 동시 접속자 수가 18만여 명이었던 것과 비교해 봐도 쇼핑라이브에 모아진 관심이 매우 뜨거웠음을 확인할 수 있다. 한 시간이 조금 넘게 진행된 언팩 행사의 누적 시청 수는 140만 뷰를 넘었고 시청자가 실시간으로 누르는 누적 하트 수도 246만 개에 달했다.

⊙

네이버 쇼핑라이브를 통해 지켜본 언팩 중계는 시청자들의 흥미를 자극하기 충분했다. 삼성전자의 유튜브 채널이 댓글 창을 닫아 뒀던 것과 달리 쇼핑라이브에서는 실시간 채팅이 가능해 시청자들은 상품에 대한 기대감, 영상 시청 소감 등을 서로 공유했다.

이날의 행사 중계는 지난 1년간 급성장한 네이버 쇼핑라이브의 위상을 단적으로 보여 줬다. 네이버에 따르면 지난해 7월 30일 공식 출범한 쇼핑라이브는 지난 6월 말까지 누적 시청 3만 5,000만 뷰, 누적 거래액 2,500억 원을 돌파했다. 서비스 론칭 직후인 지난해 8월 말과 비교해 전체 판매자 수는 620%, 월 거래액은 1,300% 이상 순증했다. 2분기 말 기준 분기 매출은 전년 동기 대비 17배 성장했고 시장점유율 50% 이상의 확고한 1위 서비스로 자리매김했다.

쇼핑라이브가 거대 커머스 채널로 성장하면서 브랜드 사와의 협업도 늘고 있다. 제품 판매 목적이 아닌 고객과의 소통 채널로 쇼핑라이브를 활용하는 것이다. 지난 7월 루이비통은 방탄소년단(BTS)를 모델로 기용한 '2021 F/W시즌 남성 패션쇼'를 진행했다. 루이비통의 신상을 착장한 BTS 멤버들이 독특한 구조물을 오르내리는 사이로 마네킹처럼 멈춰 있는 다른 모델들이 들고 있는 가방, 모자, 선글라스 등이 화면에 클로즈업되며 잡혔다. 기존의 패션쇼에 대한 고정관념을 깨트린 파격적인 연출이었다.

네이버 관계자는 "네이버가 기존에 브이라이브 등을 운영하면서 우수한 라이브 스트리밍 기술을 확보한 덕에 다양한 형태의 쇼핑라이브를 진행할 수 있었다."며 "쇼핑라이브는 실시간으로 고객과 소통을 하면서 네이버 안의 마케팅 프로모션을 함께 활용할 수 있다는 장점이 있다."고 설명했다. 기존에는 오프라인 채널에서만 프라이빗하게 진행되던 각종 마케팅 정책들이 온라인에서도 구현될 수 있도록 솔루션을 제공하고 있다는 얘기다. 이 관계자는 "쇼핑라이브는 실제 구매로까지 연결이 되는 중요한 온라인 마케팅 채널로 자리 잡고 있다."며 "쇼핑라이브를 활용한 브랜드 사의 행사는 앞으로도 더 많아질 것"이라고 내다봤다.

김진양 기자 jinyangkim@etomato.com

Part **2**

라이브 커머스
시작하기

스튜디오 세팅 및 장비 구입

라이브 커머스 촬영을 본격적으로 시작하기 위해 동영상 스튜디오를 세팅한다면 어떤 장비들과 사양 조건이 필요한지 알아보겠습니다.

가장 먼저 라이브 커머스 대행사인 스튜디오빌런 회사를 방문하여 실제 라이브 커머스 방송을 하는 현장을 취재하였습니다. 현장은 네이버 쇼핑라이브 방송을 준비하고 진행하는 자리였는데요. 현장 사진을 참고로 보면 어떤 장비들을 사용하고 있는지 쉽게 파악이 됩니다. 제가 몸담고 있는 사이버 대학의 동영상 강의 촬영 시스템과 유사했습니다.

전문적으로 라이브 커머스 방송을 하는 곳에 방문 인터뷰를 했기 때문에 일반적으로 생각했던 장비보다는 고가의 장비들이 세팅되어 있었습니다. 대형 모니터 2대가 있었고 스튜디오 천장과 서 있는 조명들도 여러 대가 별도로 준비되어 있습니다. 네이버 쇼핑라이브 같은 경우는 DSLR과 같은 전문 카메라가 아닌 스마트폰으로 생중계가 되는 방식이라서 스마트폰만 있으면 됩니다.

▲ 스튜디오빌런 대행사 현장

　대형 모니터의 용도는 전문 쇼호스트가 중요하게 전달해야 하는 제품의 특징이나 멘트들을 보여 주는 역할을 합니다. 언뜻 생각하기에는 대형 모니터가 하나만 있어도 되지 않나 싶으실 텐데요. 두 개가 준비된 이유는 하나는 주요한 제품 소개 멘트와 이벤트 진행 타이밍, 이벤트 대상자 발표 등과 같은 중요 메시지를 쇼호스트에게 전달하는 역할을 합니다. 또 다른 하나는 실시간 라이브 톡 화면을 연결해 놓고 라이브 톡으로 오는 내용을 쇼호스트가 대형 모니터에서 보고 확인하며 답변을 하기 위한 용도입니다. 휴대폰으로 라이브 톡을 보려면 시력이 좋아야 하니까 큰 화면으로 보게 하는 것입니다. 저 같은 사람에게 필요한 필수 장비라고 생각이 들었습니다. 그리고 이런 대형 모니터는 노트북과 연결되어 있어서 노트북에서 입력하는 텍스트가 그대로 보입니다.

또 하나 눈길을 끄는 장비는 바로 짐벌이었습니다. 삼각대과 스마트폰 사이에 연결 고리로 스마트폰 이동을 자유롭게 도와주는 제품입니다. 짐벌을 삼각대에 연결해 놓고 고정으로 방송을 송출하다가 클로즈업해야 하는 장면에서는 짐벌을 빼서 스마트폰을 앞으로 가져가 크게 보여 줄 수 있습니다. 이때 자칫 흔들리기 쉬운 화면을 짐벌이 고정해 줍니다. 짐벌은 검색해 보면 다양한 브랜드와 다양한 가격대로 찾아볼 수 있습니다.

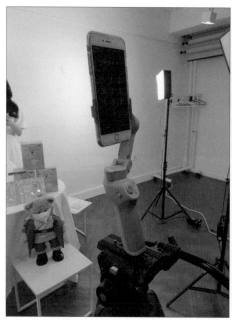

▲ 스튜디오빌런 대행사 현장

▲ 네이버 '짐벌' 검색 결과

　보통 개인이 작은 규모로 시작한다면 앞서 대행사에서 사용하는 장비들은 필요가 없습니다. 인터넷상으로 개인 유튜버 장비와 같은 키워드로 찾으면 책상에 둘 수 있는 크기의 마이크와 스마트폰 거치대, 조명이 일체화된 장비들도 있어서 간단한 준비만으로 해결이 됩니다. 집에서 사용 중인 책상이나 식탁에 깨끗한 천으로 세팅만 해 두고 개인용 조명, 마이크, 스마트폰 거치대와 같은 기본 장비를 세워 라이브 방송을 하는 것이죠.

라이브 방송 시 책상 앞에 스마트폰을 어디에 두어야 할지 고민된다면 많이 사용하는 제품으로 '탄소강 거치대'가 있습니다. 검색해 보면 쉽게 찾을 수 있고 가격도 1만 원대~3만 원대 제품들이라 비교적 저렴합니다. 아무래도 라이브 방송에서 제품을 원활히 소개하기 위해서는 스마트폰을 잡고 할 수 없기 때문에 스마트폰 거치대는 필수 제품입니다.

▲ 유쾌한생각의 크리에이터 촬영 장비

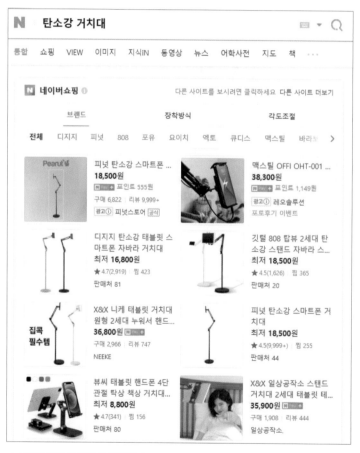

▲ 네이버 '탄소강 거치대' 검색 결과

저는 경기 북부(의정부)에 여성창업자를 돕는 플랫폼인 '여성꿈마루'에 방문한 적이 있었는데요. 마침 올해 6월에 새롭게 꾸민 동영상 스튜디오를 볼 수 있었습니다. 참고 사진으로 스튜디오 내부를 보면 라이브 방송을 하기 위해 어떤 것들이 필요한지 알 수 있습니다.

▲ 경기 북부 여성꿈마루 동영상 스튜디오 내부 사진

전체적으로 라이브 커머스 영상을 촬영하는 데에는 규모에 따라 장비 차이가 있긴 하지만 필요한 장비는 다음과 같습니다.

❶ **스마트폰**
❷ **짐벌/삼각대 혹은 탄소강 거치대** : 스마트폰 화면 촬영 시 흔들림이 없도록 촬영하기 위해 고정으로 스마트폰을 세울 때는 탄소강 거치대를 이용, 움직임이 필요한 경우라면 짐벌을 삼각대에 올려 필요시 빼서 클로즈업을 할 수 있음
❸ **조명** : 화면에 사람의 얼굴과 전체 분위기를 화사하게 만들어 주는 효과, 역광 방지, 보통 3개는 기본
❹ **마이크** : 쇼호스트의 말을 보다 잘 정확히 전달하기 위해 필요
❺ **노트북** : 채팅에 대한 답변이나 이벤트 당첨자를 안내하기 위한 용도로 필요
❻ **모니터** : 노트북과 연결하여 채팅 상황이나 중요 멘트 체크, 당첨자 안내 등의 메시지를 쇼호스트에게 전달할 수 있는 모니터 필요
❼ **추가 보조 인력** : 혼자서 방송을 할 수도 있으나 진행의 효율성을 위해서는 보조 인력이 필요, 출연자도 1인보다는 2인이 더욱 안정적이며 채팅을 담당하는 인력, 촬영을 담당하는 인력 등이 필요

인터넷에는 이미 동영상 스튜디오와 라이브 커머스를 할 수 있는 장비 추천 및 컨설팅 업체도 많이 있습니다. 인터넷에 유튜브 기본 촬영 장비와 같은 키워드로 검색을 해 보면 마이크와 조명, 삼각대, 짐벌에 대해 많은 추천 글이 있습니다. 촬영 장비 전문 회사도 많기 때문에 구입하기 전 충분히 조사 후 구입해야 합니다.

▲ 유쾌한생각(plthink.com)

제가 라이브 방송을 지켜보다 보니 눈에 띄는 준비물이 있었는데요. 일명 반짝이 명찰입니다. 인터넷에 반짝이 명찰이라고 검색하면 다양한 디자인의 명찰을 볼 수 있는데, 이와 같은 명찰로 라이브 방송에서 쇼호스트의 이름이나 판매 제품 브랜드, 셀러 브랜드 등을 제작하여 가슴에 달고 방송을 진행하면 라이브 방송을 보는 시청자를 대상으로 브랜드를 인식시키는 데 좋은 팁이 될 것이라고 생각합니다. 반짝이 명찰을 달고 있는 진행자를 본 적이 있는데 "이거다!" 싶었습니다.

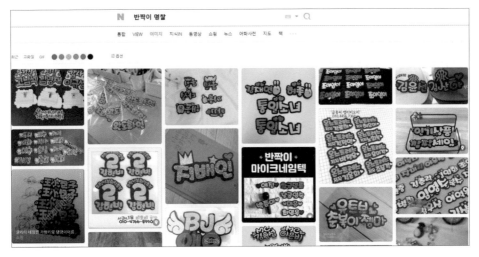

▲ 네이버 '반짝이 명찰' 검색 결과

영상 촬영 및 송출

처음 시작하는 입장에서 라이브 커머스 영상 촬영과 송출에 대해서 막연한 궁금증이 있을 것 같아서 설명해 봅니다.

먼저 송출에 대한 방법입니다. 어느 플랫폼을 이용해서 라이브 커머스 방송을 시작하느냐에 따라 해당 플랫폼의 솔루션이 다르기 때문에 방법은 다르지만, 공통적인 것은 라이브 방송을 지원하는 앱이 있고 앱의 관리자 모드 기능을 이용한다는 것입니다. 앱에는 라이브 방송 시작을 설정하고 라이브 톡을 살펴본다든지, 매출 자료를 확인하는 등의 라이브 방송 진행을 할 수 있는 기능이 있습니다.

대표적으로 네이버 쇼핑라이브와 카페24와 연결된 라이브24의 경우를 나누어서 설명하겠습니다.

1 네이버 쇼핑라이브

네이버 쇼핑라이브는 네이버 쇼핑 입점 셀러들에게 문호를 개방하고자 새싹 등급 이상인 셀러에게 라이브 방송 신청 및 운영 권한을 줍니다. 얼마 전까지만 해도 파워 등급 이상인 셀러에게만 가능했지만 문호를 더욱 낮춘 것입니다.

네이버 셀러 등급은 최근 3개월의 판매 활동 실적을 집계하여 판매 건수와 판매 금액에 따라 총 6가지 등급으로 나눕니다. 처음 시작하면 씨앗 등급이며 이후 새싹 → 파워 → 빅파워 → 프리미엄 → 플래티넘까지 올라갑니다. 플래티넘은 판매 금액이 100억 원 이상이며 판매 건수도 10만 건수 이상인 엄청난 셀러로, 대형 유통사들이 해당될 것 같습니다. 조건만 충족이 된다면 별도의 승인 절차 없이 바로 라이브 방송 송출 권한이 부여됩니다.

등급 산정 기준 안내

판매자 등급		굿 서비스	상품등록 한도

판매자님의 거래 규모에 따라 구간별로 등급명이 표기 됩니다.
사용자들이 믿고 구매할 수 있도록 네이버 쇼핑 및 스마트스토어 판매자 정보 영역에 아이콘이 표기됩니다.

등급표기		필수조건		
등급명	아이콘 노출	판매건수	판매금액	굿서비스
플래티넘	🏅	100,000건 이상	100억원 이상	조건 충족
프리미엄	🏅	2,000건 이상	6억원 이상	조건 충족
빅파워	🏅	500건 이상	4천만 이상	-
파워	🏅	300건 이상	800만원 이상	-
새싹	-	100건 이상	200만원 이상	
씨앗	-	100건 미만	200만원 미만	

- 산정기준: 최근 3개월 누적 데이터, 구매확정 기준(부정거래, 직원취소 및 배송비 제외)
- 등급 업데이트 주기: 매월 2일(예) 10월 등급 산정 기준: 7월~9월 총 3개월 누적 데이터(월:1일~말일)
- 플래티넘과 프리미엄은 거래규모 및 굿서비스 조건까지 충족시 부여되며, 굿서비스 조건 불충족시 빅파워로 부여됩니다.
- 새싹 및 씨앗 등급은 네이버 쇼핑 및 스마트스토어 사이트에서도 등급명 및 아이콘이 노출되지 않습니다.

▲ 네이버 쇼핑 셀러 등급 기준

새싹 등급은 판매 건수가 100건 이상 되고 판매 금액은 200만 원 이상인 등급입니다. 셀러 초반에 적어도 이 정도의 등급은 충족시키기 위해 다양한 마케팅 전략을 이용해 기본 매출을 올리는 데 노력을 해야 합니다. 또한 네이버 쇼핑윈도에 입점해 있는 업체들은 모두 쇼핑라이브를 진행할 수 있습니다.

먼저 네이버 쇼핑라이브 이용 방법에 대해 궁금하다면 동영상 교육을 통해 바로 알아볼 수도 있습니다. 네이버 스마트스토어를 개설하고 나서 관리자 모드에 들어가면 '교육프로그램 바로가기' 메뉴가 있는데 이 중 온라인 교육과 쇼핑라이브 교육을 클릭하면 네이버 스마트스토어 운영에 대해서 많은 도움을 받을 수 있는 동영상들이 준비되어 있습니다. 지금은 라이브 커머스에 대해 알아보고 있으니 쇼핑라이브 교육 화면을 안내해드립니다.

■ 네이버 쇼핑라이브 교육
partners.naver.com/edu-shopping-live?prm=smartedu

▲ 네이버의 쇼핑라이브 교육 동영상

그리고 네이버에서 쇼핑윈도 공식블로그를 운영하고 있는데요. 이곳을 통해서도 라이브 방송에 대해서 알 수 있으니 참고로 알아 두기 바랍니다.

■ 네이버 쇼핑윈도 공식 블로그
blog.naver.com/n_shopwindow

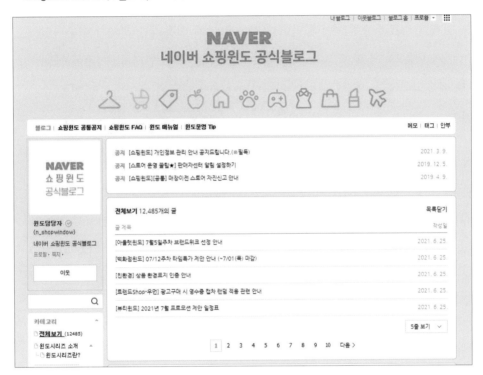

▲ 네이버 쇼핑윈도 공식 블로그

네이버 쇼핑라이브를 하기 위해서는 별도의 앱을 설치해야 합니다. 앱을 통해서만 라이브 송출이 가능하기 때문입니다. 쇼핑라이브 앱이나 스마트스토어 앱 중 하나를 스마트폰에 다운로드받아야 합니다.

그렇다면 두 가지 앱 중에서 무엇을 사용할지 고민될 것 같은데요. 큰 차이 없이 두 가지 앱 모두 라이브 방송을 진행할 수 있지만, 차이가 있다면 스마트스토어 앱은 라이브 진행만 가능하며 쇼핑라이브 앱은 지난 라이브방송 목록을 확인하거나 채팅 관리자 등록 등의 부가적인 기능 차이가 있어서 '쇼핑라이브' 앱을 사용하는 것이 좋습니다.

수수료의 기준은 결제 수단에 따른 기본 수수료에 라이브 매출 연동 수수료가 붙는 구조입니다. 라이브 매출 연동 수수료는 3%로 책정되어 있습니다. 가령, 신용카드 결제 수수료는 3.74%인데 라이브 방송을 통해 신용카드 결제가 이루어졌다면 3.74%+3%를 더해 6.74%의 수수료가 발생되는 구조입니다. 기존에 네이버 쇼핑 연동 수수료가 2%였는데요. 라이브방송이기 때문에 네이버쇼핑 연동 수수료가 아닌 별도로 3%가 책정됩니다.

라이브 방송 시간은 최소 10분 이상 최대 2시간까지 진행이 가능합니다. 2시간이 지나면 자동으로 종료가 되기 때문에 진행하면서 시간에 신경을 써야 합니다. 물론 기술적으로 종료 전에 앱에서 종료 임박 안내가 전달된다고 합니다. 통상제가 여러 라이브 방송을 참고했을 때 1시간이 가장 많았습니다. 처음 시작 시 긴장이 되고 연습이 필요한 상황이라면 30분도 괜찮은 시간이라고 볼 수 있습니다.

몇 가지 주의사항이 있는데요. 여러 번 방송하는 것은 아무 문제가 되지 않지만 동일 상품은 일 1회 방송을 권장하고 있습니다. 미성년자 구매 불가 상품이나 19세 이상 인증이 필요한 상품은 라이브 방송이 불가합니다. 또 타사 상품을 판매하기 위해 타사 제품을 별도의 링크로 연동할 때는 계정 대여로 간주하여 라이브 방송 송출 권한이 박탈될 수 있다고 합니다. 라이브 방송 권한이 주어진 스마트스토어 내 직접 등록된 상품만 라이브 방송이 가능합니다.

또 중요한 주의 사항은 스마트폰을 사용하기 때문에 라이브 도중 핸드폰이 울리거나 배터리가 부족해서 꺼지는 등의 돌발 상황이 일어나지 않도록 준비하는 것입니다. 라이브 시작 전 방해 금지 모드로 설정하거나 무음 모드를 하는 것 등이 중요한 체크 요소입니다.

자, 지금부터 네이버 쇼핑라이브 준비 과정을 화면으로 보겠습니다. 우선 새싹 등급 이상의 셀러 조건이 충족된 상태에서 쇼핑라이브 앱을 스마트폰에 설치합니다. 그 다음 스마트스토어센터 인증 과정을 거쳐 로그인을 합니다. 로그인되면 화면에는 지난 방송 리스트나 라이브 예약 상황 및 전체 목록을 볼 수 있도록 기능이 제공됩니다.

▲ 네이버 쇼핑라이브 앱 로그인 과정

이제 라이브 예약을 하면 됩니다. 예약이기 때문에 날짜와 시간을 결정한 다음 라이브 방송에서 판매할 상품을 선택하는 과정을 거칩니다. 소개할 상품을 라이브 방송에 맞춰 특가 설정을 할 수 있도록 기능이 제공됩니다. 평상시 판매할 때와 라이브 방송할 때 할인율을 다르게 설정하는데 앱에서 순서대로 과정을 진행하면 설정할 수 있습니다.

▲ 네이버 쇼핑라이브 앱 라이브 예약

이제 라이브 방송을 하기 위한 중요 설정은 마무리가 됩니다. 매우 간단하게 금방 진행할 수 있습니다. 최종 세팅이 마무리되면 쇼핑라이브 앱에서는 다음과 같은 메시지가 표시됩니다. 라이브 예약이 완료되었다는 화면이며, 예약을 수정할 수도 있고 URL을 복사하여 회사 SNS 채널이나 지인 SNS 채널에 공유하여 홍보할 수 있습니다.

▲ 네이버 쇼핑라이브 앱 라이브 예약 세팅 완료

라이브 현장을 취재하면서 여러 라이브 방송을 진행하는 분들을 뵈었습니다. 네이버 스마트스토어 운영 초기에 해당되는 셀러 입장에서 라이브 커머스는 분명 또 하나의 기회였습니다. 아무래도 신규 셀러 입장에서는 셀러 경쟁력이 약한 상태라 인지도 있는 좋은 기업의 경쟁력 있는 상품을 가져오기가 쉽지 않은데요. 그래도 라이브 커머스를 진행할 수 있고, 소싱한 기업의 제품을 브랜드 홍보까지

겸해서 제공할 수 있다는 점을 소싱 업체에 어필하면 승낙을 하는 경우가 많다고 합니다. 또한 모바일이긴 하지만 방송으로 영상이 계속 남아 있습니다. 이에 여러 브랜드 회사와도 제휴가 되어 성공한 셀러도 있었습니다.

대부분의 셀러들은 지금도 라이브 방송을 진행하고 있지만 앞으로 더 집중적으로 라이브 방송을 하겠다고 했습니다. 영상으로 판매하는 시장이 더욱 커진다는 데는 이견이 없었습니다. 라이브 방송 자체가 경쟁력이 되고 촬영한 영상이 네이버 스마트스토어 내에 기록으로 남아서 재방송에 의한 매출도 점점 늘고 있다고 합니다.

셀러 입장에서 가장 어려운 점은 어느 방송대에 제품을 판매하는 게 좋을지를 결정하는 것이라고 합니다. 전문가에게 물어봐도 고객의 시청 시간을 조언 듣기란 매우 어려운 상황인 것이죠. 역시 계속 시범적으로 방송을 해 보면서 고객과의 관계를 경험적으로 만들어 가는 시점이라 할 수 있습니다. 직접 경험해 보는 것이 중요합니다. 한 선배 셀러는 이제 막 라이브 커머스를 시작하고자 하는 후배 기업에게 해줄 조언으로 다음과 같은 이야기를 했습니다.

"아직 라이브 방송은 투자 대비 수익이 잘 나오지 않는 상태입니다. 보기엔 좋지만 결과는 기대보다 못 미치는 게 현실입니다. 라이브 방송을 한다고 해서 매출이 당장 높아지는 것은 아니지만 라이브 방송으로 좋은 상품을 공급받을 수 있는 연결 고리가 됩니다. 네이버는 앞으로도 라이브 방송을 키울 것이기 때문에 미리 선도적으로 지속적인 방송을 하면서 시장을 이끌어갈 수 있다고 생각합니다. 투자라고 생각하고 도전하시길 바랍니다."

② 카페24와 연동된 라이브24

라이브 커머스를 하기 위한 여러 플랫폼은 Part 1에서 기본적인 설명으로 다루어 봤는데요. 입점이 아닌 단독으로 라이브 커머스 방송을 할 수 있는 가장 편한 솔루션은 라이브24 앱이었습니다. 카페24라는 무료 쇼핑몰 솔루션을 가입하고 일반적으로 쇼핑몰 창업 절차에 맞게 상품 등록까지 하면 라이브 커머스 방송도 바로 세팅해서 진행할 수가 있습니다.

카페24의 관리자 모드에서 왼쪽 메뉴 중 '앱스토어'를 선택해 'LIVE24'를 검색합니다. 영어로 검색하는 게 더 잘 검색됩니다. 그림과 같이 라이브24의 온라인 계정 가입하기에서 간단히 회원가입 절차를 진행합니다.

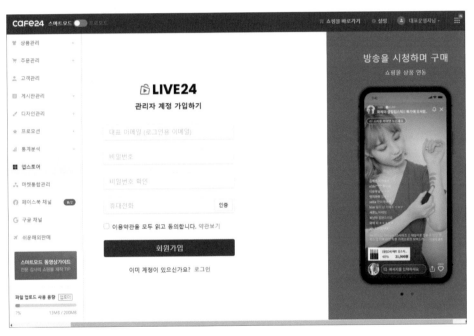

▲ 카페24 관리자 모드에서 LIVE24 앱 로그인 화면

회원가입이 끝나면 라이브24 앱을 개발한 회사가 SGRsoft라는 것을 확인하는 화면이 표시됩니다. 그리고 오른쪽에 보면 〈스튜디오 오픈〉이라는 버튼이 활성화되어 있음을 확인할 수 있습니다.

이 버튼을 클릭하면 라이브24의 관리자 모드에 접속하게 됩니다. 현재는 30일 무료 체험을 진행 중이며 이용 요금은 실시간 방송 중 발생한 매출액의 5%라는 것이 안내되어 있습니다. 기타 요금 납부 방법 안내, 스토어 설정과 프로필 설정까지 한 번에 세팅됩니다. 앱 설치는 3분 정도 시간이면 가볍게 세팅됩니다.

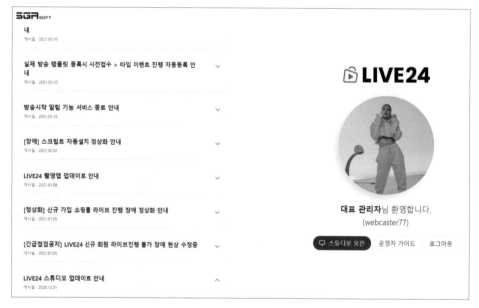

▲ LIVE24 앱 설치 후 '스튜디오 오픈' 버튼 클릭

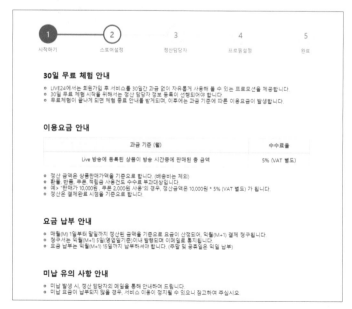

◀ LIVE24 앱 초기 세팅

▲ LIVE24 앱 관리자

기본 세팅이 되면 제일 먼저 왼쪽 메뉴 중 '스크립트 설치 V2'를 선택하여 플레이어와 스크립트가 자동 노출되는 프로그램을 다시 한번 설치해 줍니다. 이 스크립트가 설치되어 있어야 앱이 작동하게 되는 것이지요.

▲ LIVE24 앱 내 스크립트 설치

그 다음으로는 왼쪽 메뉴 중 '스튜디오'에서 '라이브 템플릿 관리'를 선택합니다. 라이브 방송을 하기 위한 템플릿, 즉 라이브 방송 예고나 안내 이미지와 방송 제목, 공지 사항, 라이브 일정 등을 세팅하고 마지막으로 방송에 내보낼 제품을 선택하는 과정으로 이루어집니다. 사실상 이 부분이 라이브 커머스 방송을 하는 시작 세팅인 셈입니다. 예를 들어, '여름 시즌을 맞아 봄 원피스 특가 세일전'이라는 방송을 한다면 '봄 원피스 오프 80% 세일'이라는 글이 들어간 이미지를 제작한 후 이미지를 등록하고, 방송 제목은 '여름 시즌을 맞아 봄 원피스 특가 세일전'으로 설정하면 됩니다. 마지막으로 라이브 방송 시간을 세팅해 놓고 세일에 들어간 봄 원피스 상품을 올려 두는 것입니다.

▲ LIVE24 앱 라이브 템플릿 추가

방송이 시작되면 쇼핑몰 메인에는 팝업 창이 표시되면서 고객들은 라이브 방송에 톡을 달거나 구매를 할 수 있게 됩니다. 별도 URL 주소가 생성되기 때문에 쇼핑몰이 가지고 있는 여러 SNS 채널에 URL 주소를 공유하여 입소문을 낼 수 있습니다. 고객들은 쇼핑몰에서 쇼핑하면서도 끊김 없이 라이브 방송을 시청할 수 있습니다.

그리고 방송 중에 채팅하는 기능이나 불량 참여자를 조치하는 등의 관리는 라이브24 관리자 모드에서 가능합니다. 해당 라이브24 앱은 iOS, 안드로이드 전용 앱으로 개발되어 있어서 어떤 기종이나 사용 가능합니다.

▲ 쇼핑몰 화면에 노출되는 라이브 방송

▲ 라이브 방송 시 라이브24 관리자 모드(채팅 관리)

간단히 도전하는 라이브 커머스는 사실상 별다른 영상 촬영에 대한 스킬이 없습니다. 라이브 커머스 현장에서 담당 PD분에게 노하우를 취재해도 큰 설명은 없었습니다. 방송 영상처럼 별도의 편집이 있는 것도 아니기 때문에 라이브로 세팅된 촬영 모습 그대로가 송출되는 것입니다. 다만 중요하게 클로즈업해야 하는 상황에서는 짐벌을 가까이 제품 앞으로 가져가 보여 주는 정도입니다.

네이버 쇼핑라이브나 쿠팡라이브 같은 플랫폼은 세로 화면으로 촬영이 되기 때문에 스마트폰을 세로로 세팅하여 진행한다는 것이 체크 사항이고 마이크 같은 경우도 소리가 잘 들어가기 위해 사람 앞으로 연결되도록 하는 사항이 포인트입니다. 한편으로 유튜브 촬영 같은 경우는 라이브 커머스와 달리 가로 와이드 화면으로 송출되는 것이 차이점입니다.

말로만 진행을 하게 되면 중요한 상품 설명과 이벤트 및 혜택들이 잘 인지가 안될 수 있어서 별도의 판넬을 만들어 중요한 설명은 보여 주면서 진행하는 것이 좋습니다. 각각 테이블에 화면이 비추어졌을 때 소품과 샘플 상품들을 배치해 놓는 등의 디스플레이를 해 두면 방송 시보다 준비된 상태로 라이브가 가능해집니다.

▲ 스튜디오빌런 대행사 현장

한 영상 촬영 감독님을 만나 동영상 촬영에 대한 노하우를 취재했는데요. 무엇보다 촬영에 앞서 기획이 중요하다고 합니다. 시나리오 및 대본이 준비되어 있어야 한다는 것입니다. 보통은 '콘티'라고도 부릅니다.

촬영에 앞서 해당 상품을 보는 소비자와 플랫폼 채널의 성격을 고민해야 합니다. 모든 사람이 좋아하는 영상이라는 것은 없기 때문에 소비자층을 좁혀서 영상에 대한 고민을 해야 합니다.

방송에서 전달할 구체적인 내용을 정하고 '영상 기획서' 같은 자료를 만들어서 스토리 라인을 짜 놓고 시작하는 것을 추천합니다.

Interview

스튜디오빌런 김민철 대표

제품 제조 및 판매를 하는 중소기업 혹은 소상공인 업체 중에서는 라이브 커머스를 진행하고 싶지만 내부 직원과 진행하는 데 어려움이 있어서 대행사를 찾는 경우가 있습니다. 또한 쇼호스트로 활동할 때 직접 채널을 운영할 수도 있지만 업체 소개가 가능한 대행사를 알아두면 기업과 연결될 수도 있는데요. 이에 제가 라이브 커머스 대행사인 스튜디오빌런 김민철 대표님을 직접 만나 인터뷰했습니다.

▲ 김민철 대표

1. 스튜디오빌런은 어떤 곳인가요?

스튜디오빌런은 2020년 창업된 라이브 커머스를 대행하는 전문 회사입니다. 저는 쇼호스트 출신으로 두 권의 책을 집필하기도 하여 방송 기획 및 진행에 있어 전문가로 활동하고 있습니다. 지금까지 300여 회차 이상 라이브 커머스를 진행했습니다. 요즘도 월 20~30회 정도는 소화하고 있는 상황입니다. 기업의 제품 아이템에 맞춰 라이브 현장을 기획하고 스튜디오 대여, 쇼호스트 섭외, 촬영 진행까지 한 번에 진행해드립니다.

▲ 스튜디오빌런 현장 사진

2. 대행사를 이용할 경우의 비용은 어느 정도일까요?

천편일률적인 가격은 아니고 어느 정도의 쇼호스트를 섭외하느냐, 기획 정도에 따라 차이는 납니다만 통상적으로 1회 라이브 커머스 진행에 300~400만 원 정도 비용이 소요됩니다. 가격 부분은 대행사마다 차이가 나는 상황이긴 하지만 점차 가격은 내려가고 있습니다. 기본적으로 스튜디오 대여 및 장비 사용료 외에도 라이브 현장을 보면 쇼호스트, PD, 시나리오 기획자, 라이브 톡을 정리하면서 진행 관리하는 인력 등 최소 5명 이상이 투입되기 때문에 그 만큼의 비용이 듭니다. 하지만 저는 TV홈쇼핑 방송에 비하면 정말 1/10도 안 되는 최소 비용으로 효과를 얻을 수 있다고 생각합니다.

3. 라이브 커머스 방송 진행 외 업체에 도움을 주는 것이 있다면?

라이브 방송을 진행할 경우, 가장 중요한 것은 노출과 시청자 수입니다. 홍보가 되어야 시청자들이 라이브 방송에 참여를 하니까요. 저희도 자체 SNS 채널을 구축하여 소위 인스타그램, 유튜브와 같은 채널에 라이브 방송 소식을 알리고 홍보를 돕습니다. 또 라이브 방송이 잘 기획되기 위해서는 업체 관계자와의 소통이 무엇보다 중요하기 때문에 아이템 기획 시 많은 논의를 하고 셀링 포인트를 준비합니다. 방송 시 소품 제작도 마케팅 메시지를 전달하기 위해 제작합니다.

4. 스튜디오빌런의 앞으로의 계획은?

라이브 커머스 시장이 시작된 지 얼마 되지 않은 초기여서 앞으로의 성장세가 높을 것으로 전망됩니다. 쇼호스트가 아닌 사업가로 시작을 했기 때문에 사업 확장을 염두에 두고 있습니다. 곧 부산에 직영점을 오픈할 계획을 세우고 있습니다. 자체적으로 라이브 커머스 교육을 진행하고 있는데 이도 보다 확장해 나갈 예정입니다.

판매 상품 조달은 어떻게 할까?

라이브 커머스 방송을 하기 위해서 가장 먼저 준비되어야 하는 것은 상품입니다. 자신이 직접 생산하거나 유통하는 상품이 있다면 상품에 대해 고민할 필요는 없지만 쇼호스트로 판매 상품을 찾아야 하는 경우에 다양한 접근 방법이 있어서 소개합니다. 한 가지 유의 사항은 상품을 사입하기 위해서 부득이한 경우는 사업자 등록을 한 상태여야 한다는 것입니다.

1 B2B 상품 대행 회사를 통해 제품 찾기

판매할 상품을 찾고자 할 경우, 여러 B2B 플랫폼 사이트를 찾아보는 방법이 있습니다. 어떤 상품이 가장 자신에게 맞는 상품일지 여러 종합 카테고리를 살펴보며 찾아보는 것입니다. 시즌에 잘 어울릴 상품이나, 접근하고자 하는 고객층이 좋아할 만한 아이템을 찾아보고 사입합니다. 사용도 해 보고 테스트도 해 보면서 경쟁력 있는 제품을 찾습니다. 제조사나 도매상을 연결하여 판매 제품군 리스트를 만들어 보는 것도 하나의 방법입니다. 주부라면 생활용품, 유아용품 등이 주요한 상품이 될 수 있고 건강식품, 실버용품이나 아이디어 상품들도 재미난 상품들이 될 수 있습니다.

다만 이런 종합적인 B2B 도매 사이트에서는 정말 다양한 상품들과 거래상이 상품을 등록하고 판매하고 있어서 상품의 질이나 경쟁력은 직접 사서 체험하는 것이 중요합니다. 라이브 커머스에서는 실시간으로 상품을 보여 주며 신뢰를 팔아야 하기 때문에 제품의 경쟁력은 매우 중요합니다.

◀ 도매꾹
(domeggook.com)

◀ 온채널
(onch3.co.kr)

② B2B 앱에서 제품 찾기

라이브 커머스 방송에서 가장 인기 있는 대중적인 상품이라면 역시 의류라는 생각이 드는데요. 동대문 패션 도매 시장의 핫한 신상품들을 검색하고 사입할 수 있는 B2B 플랫폼이 있습니다. 바로 신상마켓입니다. 신상마켓에 가입된 도매 매장도 2만 개가 넘고 소매상은 22만 개라고 합니다. 매일 업로드되는 신상 의류들이 수만 개라고 하니 의류에 관심이 있고 사입하고자 한다면 알아볼만한 곳입니다.

주문하면 신상마켓에서 묶음 배송으로 여러 매장들의 상품을 다 사입하여 보내줍니다. 이미 제품 사진도 올라가 있기 때문에 신상마켓에서 제공하는 상품 사진을 가지고 미리 등록하여 판매도 가능합니다. 또한 그동안의 관행으로 볼 때 세금계산서와 같은 증빙 자료가 해결된다는 점도 소매상 입장에서는 매우 긍정적인 요소로 생각됩니다.

▲ 신상마켓(sinsangmarket.kr)

③ 직접 사용한 제품의 제조사 선택하기

가장 좋은 상품 소싱 방법은 평소 좋아하고 타인에게 적극 추천할 수 있는 상품을 선정하여 제조사 및 유통 업체를 찾아보는 방법입니다. 보통 화장품이나 여러 기성 제품에는 제조사나 수입원, 유통 판매원 같은 표시가 있습니다. 초기 셀러 조건이나 초보 쇼호스트에게는 유통 회사 접촉이 어렵고 거래 성사가 안 될 확률도 높지만 미리 포기하지 말고 적극적으로 대시해 보는 자세도 중요합니다. 직접 운영하는 SNS 채널이 있거나 라이브 커머스 판매에 대한 제안서를 작성하여 제품을 선택해 볼 수 있습니다.

또 한 가지 방법으로 쿠팡 라이브에서는 누구나 쿠팡 크리에이터로 도전을 할 수 있고 쿠팡이 직매입하는 제품을 1회에 한해 크리에이터에게 무료로 보내준다고 합니다. 쿠팡에서는 크리에이터가 자사의 물건을 적극 홍보해 주고 판매되는 매출의 5%를 크리에이터 수익으로 공유합니다.

▲ 저자가 먹는 서경죽염
뒷면에 제조원, 판매원이 표시되어 있음

④ 자신의 SNS 채널로 기업 소개받기

라이브 커머스의 쇼호스트가 되어 비즈니스를 하고자 한다면 가장 필요한 것이 자신을 알릴 수 있는 SNS 채널입니다. 네이버 블로그, 인스타그램, 유튜브와 같은 채널을 구축하고 쇼호스트, 크리에이터로서의 자신의 매력을 적극 어필할 필요가 있습니다.

셀럽 혹은 인플루언서와 같은 팬덤이 이미 형성된 분들은 상품 소싱을 고민할 필요도 없이 많은 유통 업체에서 제품을 전달해 줍니다. 초기여서 시작이 어렵더라도 자신을 어필할 수 있는 채널을 구축하고 꾸준히 제품 홍보가 연결되는 글이나 영상을 업로드하다 보면 점차 자신감도 늘고 제품 소싱이 가능해질 것입니다. 적극적으로 기업의 제품 소개를 받는 코너를 만들어서 꾸준히 홍보할 필요가 있습니다.

저는 작지만 네이버 블로그를 운영하고 있는데요. 라이브 커머스를 하게 되는 경우, 제가 쇼호스트 역할을 하고 소상공인 및 중소기업의 제품 소개를 받아 방송을 해 보고 싶습니다. 네이버 블로그 내에 메인 화면에 코너를 만들어서 기업 제안을 적극적으로 받아 볼 예정입니다.

▲ 황윤정 저자의 개인 블로그(blog.naver.com/webcaster)

⑤ 라이브 커머스 대행사에 프로필 제출하기

스스로 끼가 있다고 자부하며 보다 적극적으로 쇼호스트에 도전하고자 하는 분들은 라이브 커머스 대행사에 프로필을 제출하는 것도 하나의 방법입니다. 대부분 모델협회나 홈쇼핑 쇼호스트 아카데미와 같은 곳에서 일정 교육을 받은 분들에게 더 기회가 많이 제공되는 것으로 보이는데요. 직접 상품을 소싱하는 것이 아직은 부담스럽고 쇼호스트로만 시작하고 싶다면 라이브 커머스 대행사에 프로필을 제출하고 찾아가는 마케팅을 하면 됩니다. 현재 라이브 커머스 대행사가 많이 생겨나고 있고 쇼호스트의 섭외 비용도 천차만별이라고 합니다. 경력에 따라 비용이 책정되기 때문에 경력이 적으면 적은 대로 비용을 적게 받으면서도 도전 가능합니다.

▲ 네이버 '라이브 커머스 대행사' 검색 결과

쇼호스트의 자세

라이브 커머스는 일반인들에게도 쇼호스트가 될 수 있는 기회를 활짝 열어 준 플랫폼 시장이라 그야말로 도전하는 자에게 기회의 땅인 셈입니다. 실제 라이브 방송을 하면서 갖추어야 할 자세에 대해 살펴보겠습니다.

▣ 1,000명의 팬을 확보하는 마음으로 시작하기

세계 최초의 과학기술문화전문잡지 《와이어드》의 공동 창간자인 캐빈 캘리는 "당신이 1,000명의 진정한 팬을 가지면 생계 유지가 가능한 수입을 어느 정도 보장 받을 수 있으니 계속해서 좋은 상품을 일관성 있게 만들 힘이 생긴다. 그러니 1,000명의 팬부터 확보하라, 그들은 당신이 반드시 소유해야 할 작은 왕국이다" 라고 했다고 합니다. 인터넷 비즈니스의 시작은 미미할지라도 일정 유효 숫자에 도달하면 네트워크 효과가 있어서 분명 힘이 되어 줍니다. 저도 10여 년 전에 인터넷 쇼핑몰 창업을 했을 때 작은 규모였지만 회원 수 1,000명을 넘기며 단골들과의 커뮤니티가 즐거운 추억이 되었던 기억이 있습니다. 시작이 반이라는 생각을 가지고 동일한 시간에 꾸준히 반복적으로 노출한다면 분명 단골이 생기고 팬덤이 생길 것입니다.

② 큐카드 만들기

앞서 영상 송출에 대한 부분에서도 언급했지만 사실 라이브 커머스 방송은 대본 없이 자연스럽게 즉흥적으로 진행되기에 대본을 만드는 것은 의미가 없습니다. 하지만 경험 있는 쇼호스트분에게 조언을 들었을 때 전반적인 흐름을 기억할 수 있는 큐카드를 만들어 두면 어떤 상황에 부닥치더라도 다시 흐름을 짚어서 마무리할 수 있는 방법이 된다고 합니다.

보통 중요한 행사를 진행할 때 MC들이 손에 자그마한 종이를 들고 있는 경우를 보게 되는데 그와 같은 용도라고 보면 됩니다. 1시간 라이브 방송동안 순서를 어떻게 진행할지 기승전결을 적어 둔 작은 종이입니다. 다만, 라이브 커머스 현장에 가면 대형 모니터에 보조 진행을 돕는 분들이 어느 정도 진행 순서를 적어 놓고 확인할 수 있게 돕는 경우도 있어서 상황에 맞게 준비하면 되겠습니다.

큐카드 내용 예시

- 오프닝 / 인사
- 상품 소개 / 라이브 방송 혜택 안내
- 상품 구성 소개 / 포장 상태 설명 / 크기 비교
- 제품의 특징 강조
- 제품을 활용할 수 있는 여러 방법 / 사용하는 용도
- 제품 사용 방법 안내
- 타사와의 차별화 설명 : 가령 가격 비교 등
- 다시 한번 제품 구성과 가격 강조

❸ 예상 질문 만들기

쇼호스트로서 반드시 해야 할 일은 먼저 해당 제품을 경험해 봐야 한다는 것입니다. 먹는 제품이라면 꼭 먹어 보고, 입는 제품이라면 입어 보고 사용해 봐야 소비자에게 경험 후기를 바탕으로 전달이 가능합니다. 제품에 관심을 가지고 소비자가 궁금해할 제품의 요소들을 질문으로 만들어 이를 통해 설득하는 것입니다.

비교가 가능한 경쟁 제품을 조사해 보고 스펙이나 가격을 비교하여 해당 제품의 특징과 장점이 잘 드러나도록 작성합니다.

❹ 상품 특징을 3가지로 요약 전달하기

쇼호스트가 되어 상품 설명을 해야 한다고 생각하면 막연해질 수 있습니다. 이럴 땐 어렵게 생각하지 말고 먼저 제품의 핵심 정보를 파악하고, 다른 제품과의 차별된 정보를 찾아 숙지하고, 고객을 설득시킬 수 있는 접점을 찾는 순서로 내용을 짭니다. 상품과는 동떨어진 장황한 스토리를 늘어 놓거나 주변 이야기로 시선을 분산시키지 않고 제품에 집중하며 자세한 설명을 하는 겁니다. 방송을 준비하기 전 이 세 가지 포인트를 잘 기억하고 진행하길 바랍니다.

> 가장 중요한 상품의 장점 → 경쟁 상품과 비교한 차별화 포인트 → 타깃 고객들이 가장 좋아할 만한 포인트

❺ 주변 지인의 후기 모으기

혼자 경험한 것으로는 설득력이 떨어질 수 있으니 주변 지인들의 후기를 모아 정보를 만들어 두는 것도 좋습니다. 제품을 사용해 본 다른 이들의 평가를 모으면 어떤 상황에서 제품이 빛날 수 있는지에 대해 알 수 있고 이를 바탕으로 라이브 방송에서 더 풍부한 이야기 소재를 만들어 낼 수 있습니다.

⑥ 처칠 스피치 방법(PREP) 참고하기

쇼호스트는 무엇보다도 말로 설명을 잘해야 하는데요. 이때 참고를 많이 하는 스피치 방법이 바로 윈스턴 처칠의 스피치라고 합니다. 처칠의 말하기 방법은 약자를 따서 PREP 4단계라고 불립니다. 어떤 주장에 대해 논지를 설명해 나갈 때도 흔히 사용하는 효과적인 방법으로 소개가 되어 있습니다.

> **P** : POINT의 약자로 말의 주제나 주장을 의미합니다. 제품의 특징을 설명하면서 소비자를 설득하고자 하는 주제를 머릿속에 그려 둡니다. 즉, 설명하고 싶은 핵심을 전달하는 것입니다.
> 튀김 요리는 이제 기름 없이 에어프라이어로 한 번에 끝내세요~
>
> **R** : REASON의 약자로 앞서 말한 P 주장의 이유를 설명합니다. 왜 이 제품이 필요한 것인지에 대한 이유를 준비합니다.
> 기름에 튀기는 요리, 집에서 하기 많이 불편하셨죠? 기름도 많이 사용하고 주방도 지저분해지고 시간, 비용 불편한 게 많으셨죠?
>
> **E** : EXAMPLE의 약자로 핵심을 뒷받침할 수 있는 객관적인 근거나 예시를 제시합니다. 어떤 상황에서 사용하면 좋을지 예를 들어 설명하는 부분입니다.
> 에어프라이어를 가지고 실제 요리를 간편하게 할 수 있는 종류 하나씩 보여 주기
>
> **P** : POINT의 약자로, 마무리로 다시 한번 첫 번째 언급했던 제품의 핵심을 반복하며 강조하면서 결론을 내립니다.

라이브 커머스의 쇼호스트가 된다는 것은 크리에이터로서, 인플루언서로서 자신을 키워 간다는 의미도 됩니다. TV홈쇼핑에서 만날 수 있는 유명한 쇼호스트도 팬덤이 형성되어 있듯이 거창하지는 않더라도 자신만의 색깔과 매력을 찾고 이를 어필하는 것이 중요합니다.

타고난 패션 감각으로 일명 연예인 같은 세련된 분위기를 연출하며 주도하는 쇼호스트가 되거나 옆집 언니 오빠 같은 정감 어린 말투와 친근감으로 호감을 주는 경우도 있고, 끼 많고 개그맨 같은 유쾌한 스타일로 분위기를 주도하는 분들도 있습니다. 차분함과 논리적인 색깔로 제품의 전문가로서 포지셔닝하는 분들도 있으며, 대표가 직접 나와 후한 인심으로 소비자들에게 정직함을 보여 주고 신뢰를 얻는 분들도 계십니다.

자신이 가진 강점을 라이브 커머스 현장에서 나타내 보일 수 있도록 색깔을 찾길 바랍니다.

7 쇼호스트의 인성

끝으로 라이브 커머스는 여과 없이 생방송으로 쇼호스트의 모든 것이 드러나는 현장입니다. 평소 말투, 어휘, 제스처, 상품에 대한 상식, 애정 등 자신의 색깔이 그대로 드러나는 현장이고 특히 고객들과 실시간 톡으로 대화를 나누며 임기응변해야 하기 때문에 더욱 그렇습니다. 많은 라이브 커머스 관계자 분들이 하나같이 쇼호스트의 조건으로 인성을 뽑는 데는 이유가 있어 보입니다.

방송이라는 생각을 가지고 얼굴을 비추기 때문에 모든 환경에 예의를 갖추고 소비자들과 진정성 있게 관계를 맺는 것이 중요한 포인트입니다. 그리고 제품을 제대로 홍보하기 위해서는 무엇보다 제품에 대한 쇼호스트의 체험이 중요하며 말을 잘하는 것에 그치지 않고 자료 조사와 같은 개인적인 노력이 더해서 보통 1시간 진행 시간을 충분히 이끌어 갈 수 있는 능력이 중요합니다. 스스로가 재밌고 알차게 라이브 커머스를 진행한다는 생각이 들도록 열정 있게 노력하면 됩니다.

'라방'도 색다르게…e커머스, 콘텐츠 차별화 각양각색

〈디지털데일리 2021. 8. 9.〉

"전 이제 말 안 할게요. 1분 ASMR 가겠습니다."

티몬은 이달 초부터 자체 라이브커머스 플랫폼 '티비온(TVON)'에서 식품 정규 라이브 방송 〈한그릇 뚝딱〉을 시작했다. 일반적인 라이브커머스와 다른 점은 시청자 댓글 바탕으로 진행되는 방송 형식으로 소비자와 소통을 강화했다는 것. 식품이 등장하면 쇼호스트는 말없이 ASMR(자율감각쾌락반응) 시식을 진행하고 이후 댓글로 시청자들 질문에 답하며 방송을 이어간다. 푸짐한 음식을 한 상 차려 두고 카메라 앞에서 쇼호스트가 시식, 댓글 창으로 소통하는 모습은 마치 유튜브 '먹방' 영상을 보고 있는 듯한 느낌을 준다.

관련 업계에 따르면 소비자 주목을 끌기 위해 라이브커머스 방송에 새로운 포맷을 시도하는 현상이 증가했다. 초반 라이브커머스는 소비자들과 실시간 소통이 가능하다는 차별성은 있었지만 방송 구성 자체는 TV홈쇼핑 형식을 그대로 가져오는 데 그쳤다. 전문 쇼호스트가 등장해 판매 상품에 대한 정보를 자세히 설명하는 데 치중해 있던 것.

그러나 라이브커머스 방송이 범람하면서 기업들은 차별화된 콘텐츠를 고민하게 됐다. 특히 라이브커머스 방송을 시청하는 주 시청자가 MZ세대여서 고정 시청자층을 확보하기 위해선 재미 요소를 극대화해야 한다. 라이브커머스 플랫폼이 쇼호스트로 코미디언들을 출연시키고 예능형 포맷에 열을 올리는 이유도 이러한 배경이다.

이안나 기자 anna@ddaily.co.kr

Part **3**

나만의 라이브 커머스
채널 도전하기

그립

이번에는 실제 라이브 커머스 방송을 하는 저의 모습을 보여드리려고 합니다. 책에 글로만 쓸 수도 있지만 제가 직접 도전해 봐야 저같이 쇼호스트에 도전하고 싶으나 막상 걱정되는 분들에게 더욱 실질적인 도움을 드릴 수 있겠지요.

현재 라이브 커머스 플랫폼 중에서 가장 쉽게 도전할 수 있는 플랫폼은 바로 '그립(Grip)'입니다. 누구나 상품을 가지고 있으면 시작해 볼 수 있는 플랫폼이니까요. 스마트폰에 그립 앱을 다운로드받고 회원가입 과정을 거치면 홈 화면을 보게 되는데요. 홈 화면에서는 현재 라이브되고 있는 방송들이 주로 보입니다. 재밌는 것은 정말 다양한 장소에서 다양한 분들이 라이브 방송을 하고 있다는 것입니다.

▲ 그립의 모바일 앱 홈 화면

쇼핑몰 플랫폼으로 생각하면 오픈 마켓 같은 분위기입니다. 반면 네이버 쇼핑 라이브와는 전혀 다른 느낌의 라이브 방송들을 볼 수 있는데요. 고정적인 시간에 계속 편하게 방송하면서 단골들이 지속적인 시청을 하는 분위기입니다. 깔끔한 진행과 단정한 분위기는 아닐지 몰라도 사람 냄새가 진하게 난다고 표현할 수 있을 것 같습니다. 직접 그립 앱에 접속해 보면 그 분위기를 이해하실 겁니다.

그립에서만 볼 수 있는 재미있는 라이브 방송이 있는데요. 보통은 라이브 방송 시 판매되는 상품을 미리 등록해 놓고 하나하나 설명하면서 해당 상품을 주문하는 방식을 상상합니다. 그립에선 심심치 않게 상품을 구매하는 것이 아니라 쿠폰을 주문하는 형태의 방송이 있습니다.

판매자는 많은 상품을 짧은 시간에 판매하다 보니 일일이 상품을 등록할 수가 없어서 기본 가격대를 5,000원, 1만 원과 같이 쿠폰 형태로 상품을 등록하고 구체적인 상품 구매는 화면 캡처로 증빙하면 판매자가 그 내역을 확인하고 제품을 보내 주는 방식입니다.

실제로 방송을 참여해서 보고 있으면 약 200벌이 넘어 보이는 옷을 계속 짧게 보여 주면서 상품 가격에 맞춰 상품을 구매 유도합니다. 판매하고자 하는 상품이 많을 경우, 매우 효율적인 판매 방법이면서 재미가 있습니다.

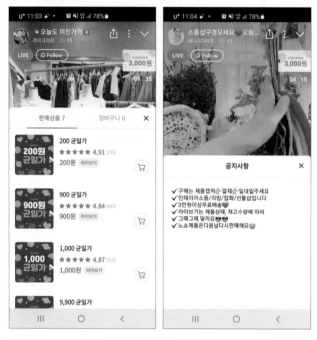

▲ 상품 쿠폰 판매 화면   ▲ 상품 인증 공지사항 안내

또 어떤 방송은 실시간 게임 형태로 진행합니다. 가령, 옷을 약 500여 벌 정도 준비해 두고 한 벌씩 코드를 정하여 선착순 구매 게임을 하는 겁니다. 판매자는 '이 A 코드 상품, 이제 곧 선착순 시작합니다'라고 말을 하면 해당 제품을 선착순 으로 구매하고 싶은 분들이 손을 드는 게임입니다. 그리고 선정이 되면 옵션에서 코드를 확인하고 장바구니에 담아 결제하면 되는 것이지요. 개인적으로 워낙 특

이한 방송 스타일이어서 현장에서 수많은 옷을 계속 보여 주면서 판매하는 판매자의 노하우에 감동 받았습니다.

▲ 게임식 진행으로 흥미 유도

이렇듯 그립은 네이버 쇼핑라이브와 카카오 쇼핑라이브와는 확실히 다른 판매자와 쇼호스트, 다른 형태의 라이브 방송을 엿볼 수 있는 곳입니다. 매일매일 그립에 한 번씩 들어가 실제 판매하고 있는 분들을 살펴보는 것도 경쟁사 벤치마킹이 됩니다.

저도 그립에서 판매하기 위해 라이브 방송을 시도했습니다. 상품은 '메디실리'라는 실리콘 재질로 만들어진 브래지어인데요. 특허를 가지고 있습니다. 해당 제품을 개발하고 판매하는 대표님과 함께 그립에서 채널을 열고 1시간 라이브 커머스 방송을 했습니다. 그 과정을 설명드리겠습니다.

❶ 그립 입점 신청하기

먼저, 그립에서 라이브 방송을 하기 위해서는 입점 신청을 해야 합니다. 그립 앱을 다운로드받고 일반적인 회원가입 절차와 동일하게 이루어지니 어렵진 않습니다.

그립 입점 신청

입점 신청   정보 입력

내용 확인   동의 체크   내용 입력

② 그립 라이브 예고 설정

실제로 라이브 방송을 하기 전 예고 설정을 하는 것이 필요합니다. 어떤 주제로 라이브 방송을 할 것인지, 날짜와 시간, 제목과 관련 제품의 이미지를 넣는 과정입니다.

그립 라이브 예고 설정

마이페이지   라이브 예고

등록 확인   날짜 시간 제목 이미지 넣기

이렇게 라이브 방송 예고를 하고 나면 라이브 예고 화면에서 볼 수 있는데요. 라이브 방송이 실제로 많기 때문에 예고편 모두가 화면에 노출되는 것은 아니고 랜덤 형태로 화면에 노출된다고 합니다. 확실히 노출되어 있으면 방문자가 더 많이 들어온다고 합니다. 이왕이면 관심이 가는 주제와 멘트로 작성하고 상품 이미지도 눈길을 끌 수 있도록 작업하는 게 제일 중요하겠지요. 소비자가 이 방송은 꼭 보고 싶다는 생각을 가질 수 있도록 말이죠.

▲ 예고 편성 확인 화면

③ 라이브 방송 설정 및 진행

이제 라이브 방송을 하기 위해 화면 하단에 〈+〉 버튼을 터치해 라이브 방송의 이미지, 해시태그 등을 설정할 수 있습니다. 상단에는 라이브, 녹화, 테스트 3개의 기능 탭이 있습니다. 즉, 탭 이동을 통해 라이브 방송을 할 때 녹화를 세팅할 수도 있고 테스트로 해당 라이브 방송을 해 볼 수 있는 것입니다.

참고로 그립은 판매 수수료가 '10%'이며, 그리퍼라고 해서 전문 쇼호스트에게 제품을 맡기고 판매하게 되면 그리퍼에게도 '10%'의 수수료를 지불해야 합니다.

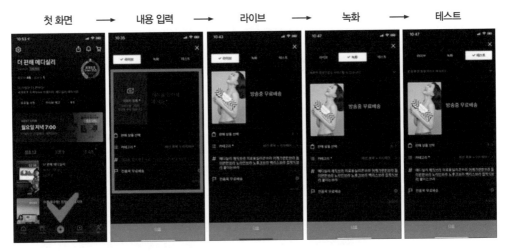

▲ 그립 라이브 방송 라이브, 녹화, 테스트 설정

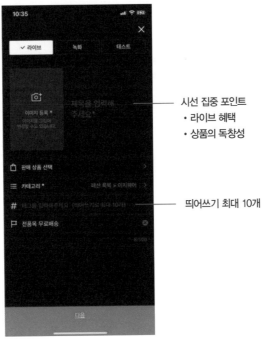

▲ 그립 라이브 방송 라이브 설정

이렇게 설정을 마무리하고 나면 본격적으로 현장 스튜디오를 준비합니다. 스튜디오에 기본적으로 조명과 탁자들이 있었습니다. 메디실리 대표님께서 판매를 위한 기본적인 세팅을 해 오셔서 쉽게 라이브 방송 세팅을 완성했습니다.

다음 사진은 현장에서 탁자 위에 테이블보를 깔고 상품을 디스플레이한 모습입니다. 실리콘 브래지어는 일상생활에서도 붙이는 스타일로 활용할 수 있는데, 아무래도 여름철 휴가 시즌에 더 유용할 수 있는 휴대용 브래지어 제품이기도 해서 시원한 느낌을 주기 위해 조화들로 디스플레이를 해 봤습니다.

▲ 라이브 방송 스튜디오 탁자 세팅

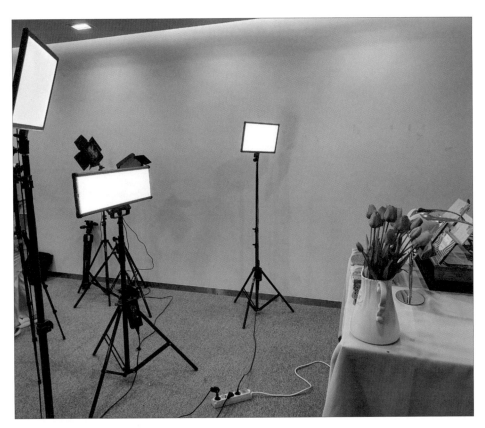

▲ 라이브 방송 스튜디오 조명 세팅

현장에는 키 큰 조명 세트들이 있어서 3개 정도 세팅했고요. 탄소강 거치대가 있어서 스마트폰을 설치해 둔 상태로 시작했습니다.

이번 방송에서는 메디실리에 대한 개발 과정, 특허와 같은 증명 자료, 실제 제품을 착용해 본 고객들의 후기를 모아서 파워포인트 자료를 만들었고 이를 대형 모니터에 띄운 다음 설명을 하기로 계획했습니다. 그래서 출연 쇼호스트 뒤로 모니터를 배치하여 준비를 마쳤습니다. 이렇게 준비하고 바로 라이브 방송 시작을 눌렀고 5초 뒤에 라이브가 시작되었습니다.

▲ 라이브 방송 화면

　판매 상품은 3가지였고 시청자 수는 1시간 동안 100명이 되지 않은 상태였지만 다른 날보다 여러 개가 팔렸습니다. 무엇보다 대표님이 저와 함께 하는 경험이 새로웠고 무엇을 더 보충해서 다음 방송에 준비해야 할지를 알게 된 시간이었다고 하셨습니다.

4 라이브 방송 후 느낀 점

- 쇼호스트 1인보다는 2인 체제가 더 안정적: 혼자 1시간을 이끌어갈 수는 있지만 내용 구성이 탄탄하지 않으면 다소 지루하게 느껴질 수 있음. 액티브한 진행을 위해서는 2인 체제가 더 안정적임
- 중요한 메시지는 판넬을 별도로 준비하여 방송 중 안내하는 것이 중요함
- 스마트폰을 고정해 놓기보다 짐벌을 사용하여 클로즈업하며 송출하는 것이 효과적임
- 시청자가 들어오는 타이밍이 다르기 때문에 제품 구성과 가격에 대한 설명은 한 번만 하는 것이 아니라 계속 반복적 안내가 필요함

- 방송 충성도를 높이기 위해 혜택을 추가하는 것이 매우 필요하며, 이벤트도 많이 할 수록 좋음

방송 후 대표님에게는 제품의 수가 많지 않아서 동일 상품으로 반복 설명을 하게 될 경우, 자칫 지루함을 줄 수 있으므로 사은품을 다양하게 마련하고 사은품을 바꾸어 가며 판매하면 어떻겠냐는 아이디어를 냈습니다. 그리고 브랜드를 계속 노출시킬 수 있는 반짝이 명찰도 만드는 것이 좋겠다는 이야기도 전달했습니다.

현재 대표님은 매출보다도 브랜드 홍보를 위해 라이브 방송을 하고 계신 상태이며, 혼자서 매주 그립을 통해 방송을 진행하고 있습니다. 저와의 방송을 통해 향후 방송부터는 보다 적극적으로 볼거리, 즐길 거리를 만들어서 많은 시청자의 눈길을 사로잡아 보겠다고 하셨습니다.

네이버 쇼핑라이브

라이브 커머스 방송을 생각하면 가장 먼저 떠오르고 대중적인 플랫폼이 네이버에서 운영하는 쇼핑라이브인데요. 무엇보다 압도적인 시청자 수를 확보할 수 있다는 점이 매력적이고 한번 방송한 동영상 VOD가 지속적인 재방송 역할로 노출되고, 부수적인 수익을 창출할 수 있다는 점에서 누구나 진입해야 할 시장입니다.

저도 네이버 쇼핑라이브에서 라이브 방송을 하는 현장을 취재하고 실제 쇼호스트로 출연하면서 경험을 하였습니다. 하나하나 그 경험을 설명드리겠습니다.

1 프레시멘토의 라이브 방송

가장 먼저 소개할 라이브 방송 경험은 프레시멘토의 라이브 현장입니다. '프레시멘토'는 네이버 스마트스토어의 등급이 프리미엄 등급입니다. 프리미엄 등급은 최근 3개월간 스토어 매출이 6억 원 이상이고 판매 건수는 2,000건이 넘는 스토어에게 주어집니다. 그야말로 빅셀러입니다.

프레시멘토는 산지 농가들의 상품을 소비자와 연결해 주는 중개 사이트입니다. 취급하고 있는 제품도 농산물, 수산물, 축산물, 가공식품 등 거의 모든 식품군을 다루고 있는 스토어입니다.

저는 지난 5월 어느 토요일 오후에 프레시멘토에서 진행하는 베이커스 쿠키 방송전을 볼 수 있었습니다. 현재 지난 방송은 삭제되어 볼 수는 없는 상태지만 현장의 느낌을 간단히 사진으로 전달해드리겠습니다.

셀러 등급이 높고 유명한 회사이기 때문에 베이커스 쿠키 방송전은 네이버와 함께 사전 논의를 거친 기획전으로 진행되었습니다. 별도로 쇼핑윈도 서비스상에서 기획전을 제안할 수 있기 때문에 채택된 것으로 보입니다.

쿠키는 프레시멘토에 입점해 있는 제품으로, 협력사 제품을 가지고 라이브 방송이 진행되었습니다. 프레시멘토는 자체적으로 방송팀이 구성되어 있어서 대행사를 통한 방송은 아니었습니다.

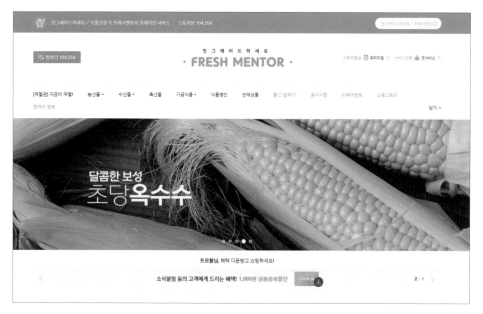

▲ 프레시멘토(smartstore.naver.com/freshmentor)

▲ 프레시멘토 라이브 방송 시 판매한 쿠기(현재 스토어 내 없음)

　주말 저녁 시간에 얼마나 많은 시청자가 라이브 방송을 볼 것인지 지켜보는 저도 긴장이 되었었는데요. 어느새 5천 명이 넘게 시청을 하더니 1시간이 지난 후반부에는 1만 명이 넘게 시청했습니다. 쇼호스트의 진행보다는 제품의 만족도가 높았던 분위기였고 역시 제품이 좋으면 잘 된다는 법칙이 신뢰를 얻는 순간이었지요.

　무사히 방송을 마치고 나서 매출이 얼마나 나왔는지 궁금하여 담당자분에게 여쭈었더니 1시간 라이브 방송에 1,000만 원 정도의 매출이 나왔다고 합니다.

　제가 라이브 방송 시장을 취재하면서 받은 느낌은 아직 라이브 방송에서의 매출은 그리 기대할 바가 못 된다는 분위기였습니다. 그래서 브랜드 홍보 차원에서 접근하는 업체들이 많았는데 이날 매출은 제 예상 밖을 벗어나 다시 한번 라이브 커머스에 기대를 하게 되는 사례가 되었습니다.

▲ 프레시멘토 라이브 방송 화면

이날 현장의 모습을 사진으로 보여드리겠습니다. 쿠키를 디스플레이한 식탁과 대형 모니터, 아이패드 및 노트북 연결, 짐벌 역할을 하는 움직이는 삼각대 등이 함께 라이브 커머스 장비로 사용되고 있었습니다.

특히 움직이는 삼각대가 신기해서 담당자분에게 장비 이름을 여쭤봤더니 '모노 포드'라고 알려 주셨습니다. 네이버에서 '모노포드'를 검색하면 많은 영상 자료와 판매처를 알 수 있는데, 짐벌로 화면을 클로즈업해도 되고 아예 삼각대로 짐벌 역할을 대신하는 방법도 있습니다.

프레시멘토의 담당 PD님도 화면 영상의 질이나 쇼호스트의 능숙한 진행보다는 제품이 판매에 더 중요하다는 이야기를 해 주셨습니다. 상품이 좋으면 그 상품의 장점을 알아보고 소비자가 구매한다는 것입니다.

▲ 네이버 '모노포드' 검색 결과

▲ 프레시멘토 라이브 방송 디스플레이

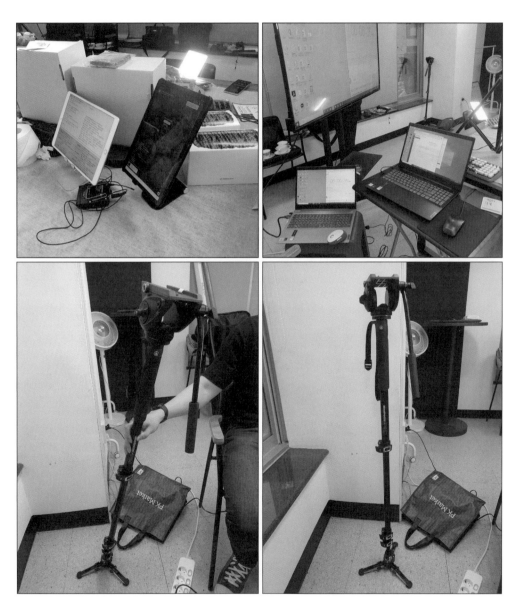

▲ 프레시멘토 라이브 방송 현장 장비

프레시멘토는 2020년 여름에 라이브 방송을 시작했고 외주 업체 대행을 통해 라이브 방송을 하다가 2021년 들어서 자체 영상팀을 만들어 주 1회~주 3회 정도 주기적인 고정 방송을 진행하고 있다고 합니다. 특히 프레시멘토는 네이버 전통시장 장보기 서비스인 '우리동네 커머스'라는 코너를 대행하고 있어 전통시장 현장으로 가서 라이브 방송을 송출하는 서비스를 하고 있습니다.

아직은 라이브 방송을 한 시간이 그렇게 길지 않아서 어떤 시간에 어떤 상품이 잘 팔릴지 자체적으로 데이터를 분석하는 것이 쉽지 않으며 기획전 같은 경우는 네이버 측에서 시간대를 조정하여 알려 주는 형태라고 합니다.

시청자를 확보하기 위해 자체 채널인 인스타그램과 페이스북에 홍보하고 있으며 이번 베이커스 쿠키는 SNS상에서 입소문이 나 있는 상품이라 반응이 좋았던 것 같다고 하셨습니다.

또한 네이버 쇼핑라이브의 경우, 원칙적으로 스마트폰 영상으로 진행하는 형태였으나 네이버에서 DSLR 영상 촬영 방식을 허용한 상태여서 스마트폰보다 더 나은 화질로 영상 제작이 가능해졌다고 합니다. 취재를 허락해 준 프레시멘토 관계자분들에게 감사의 마음을 전합니다.

2 네이버 쇼핑라이브 직접 진행하기

이번엔 제가 직접 쇼호스트 역할을 해 본 네이버 쇼핑라이브 현장을 소개해드리겠습니다. 저는 창업컨설턴트, 경영컨설턴트로서 소상공인들의 제품 및 기업 소개, 기업 홍보도 함께 돕는 쇼호스트로 활동해 보고 싶은데요. 제 쇼호스트 역할의 이름도 제 블로그의 닉네임과 같이 '라이브 멘토'라고 지었습니다. 라이브에서 만나는 현장 멘토의 의미를 담은 이름입니다. 현직 교수라는 닉네임으로 라이브 방송이나 교육을 하는 것에는 어색함이 있는 것 같아서 편안한 브랜드로 만들어 봤습니다.

▲ 황윤정 저자의 닉네임 라이브 멘토

새롭게 지은 '라이브 멘토 황윤정'이라는 이름으로 처음 네이버 쇼핑라이브를 도전했습니다. 제품은 '농가먹자'라는 농산물 중개쇼핑몰에서 선별한 '콩단백쉐이크'였습니다. 오랜 인연으로 농가먹자 대표님을 알고 있었는데요. 농가를 만나 강의도 하시고 농산물 상품도 중개하여 판매하며 체험 농장 설계 서비스도 제공하는 다목적의 회사입니다. 이번 라이브 방송에서는 4남매라는 회사의 '콩단백쉐이크' 상품을 첫 번째 라이브 커머스 방송 상품으로 선정하고 제게 기회를 주셔서 준비했습니다.

이날 첫 도전에서 앞서 도전했던 그립에서의 라이브 방송과 큰 차이점은 상품의 대표가 아닌 저와 같은 역할을 하는 쇼호스트분이 한 분 더 계셔서 두 사람이 함께 진행했다는 점입니다. 같이 진행하신 분은 스토리셀러라는 닉네임으로 그날 방송을 진행하셨어요. 재밌는 건 저와 그분 모두 오프라인에서 강의한 경력은 많으나 라이브 커머스 방송은 처음인 초보라는 것이었습니다.

본서를 보고 있는 독자분들도 저와 같은 입장에서 도전하실 거라고 보고 제가 현장에서 느낀 점, 그리고 라이브 커머스를 하기 위한 세팅 작업을 하나하나 설명드리겠습니다.

■ 사전 리허설 과정

라이브 방송의 시작 시간은 오후 3시였습니다. 하지만 점심부터 만나서 스튜디오 세팅을 살펴보고 사전 리허설을 하는 시간을 가졌습니다. 이 과정은 반드시 필요합니다. 라이브 방송이 3시라고 해서 그 시간에 바로 시작하는 것이 아니라 생방송을 하기 위해서 사전에 미리 상황을 조율하는 시간이 필요한 겁니다. 최소한 1~2시간 정도는 여유를 두고 준비하는 게 좋습니다.

그날의 스튜디오 현장 사진을 보여드립니다. 가정에서 가족들이 먹는 셰이크였기 때문에 스튜디오는 부엌 분위기로 꾸민 공간을 섭외하였습니다. 식탁에 놓을 재료들은 미리 배달하여 보관했다가 현장에서 꺼내어 디스플레이했습니다. 화면에 어떤 구도로 어떻게 제품을 보여 줄 것인가 화면 구도도 고민해야 합니다.

▲ 식탁에 상품 디스플레이

그다음 방송 연출과 송출을 맡으신 담당 PD님과 함께 진행에 대한 이야기를 나누었습니다. 생각보다 네이버 쇼핑라이브에 나오는 화면의 세로가 작기 때문에 두 쇼호스트가 붙어서 진행해야 하는 상황이었습니다. 솔직히 생각보다 비좁다는 느낌을 받았습니다.

사전 리허설 현장에서는 실제 모바일 스마트폰상으로 나오는 모습을 쇼호스트가 확인할 수 있도록 모니터가 준비되어 있고 모니터에는 노트북이 연결되어 있습니다.

쇼호스트 앞에 놓은 모니터에는 쇼핑라이브 앱의 웹 관리자 모드가 띄워져 있는데요. 카메라로 비춘 라이브 송출 화면을 확인할 수 있고 채팅 창을 통해 실시간 올라오는 톡을 확인할 수 있습니다. 라이브를 하면서 열심히 확인해야 하는 내용입니다. 또한 방송 내에서 보여 주어야 할 판넬까지 준비했습니다. 말로 제품에 대한 소개를 계속하겠지만 정말 중요한 것은 다시 그림으로, 자료로 보여 주는 것이 더 효과적이니까요.

▲ 쇼핑라이브 관리툴 – 라이브 관리

▲ 쇼핑라이브 관리툴 – 라이브 톡 관리자 모드

사전 리허설에서 잠깐이라도 한 번 시작과 함께 멘트를 맞춰 보는 시간을 갖습니다. 같이 진행하는 쇼호스트분은 이번 방송에서 처음 뵙는 분이기 때문에 서로 시작을 어떤 멘트로 할지, 각자 인사를 어떻게 할지 등을 논의했습니다.

담당 PD는 진행 중간중간에 시간을 체크해 주거나 중요한 멘트 등은 따로 안내해 준다는 설명을 해 줍니다. 전체적으로 라이브 방송을 어떻게 진행할 것인지 서로 이야기 나눕니다.

▲ 담당 PD와 라이브 방송 현장 체크

◀ 라이브상으로
올라오는 톡을
관리하시는 분

◀ 라이브 방송 시
준비한 패널

■ 실제 라이브 방송 과정

이날 현장에서는 스마트폰 화면도 삼각대에 연결하여 실시간으로 확인하긴 했지만 DSLR 카메라로 송출했습니다. 본래 네이버 쇼핑은 취지가 누구나 쉽게 라이브 방송을 할 수 있도록 지원하는 플랫폼이기에 전문 장비로 볼 수 있는 DSLR 카메라는 허용하지 않았는데요. 최근 들어 소비자의 우수한 화질에 대한 욕구도 높아지고 전문 대행사도 많아지면서 결국 DSLR 카메라를 이용한 라이브 커머스 영상 촬영 및 송출이 가능해졌습니다.

저도 이날 스마트폰이 아닌 DSLR 카메라를 통해 영상을 송출하는 방법에 대해 자세하게 담당 PD님과 이야기를 나누었습니다. 이런 경우를 위한 프로그램으로 '프리즘 라이브 스튜디오' 소프트웨어를 사용한다고 하셨는데요. 프리즘 라이브 스튜디오 홈페이지에 접속하면 모바일 버전과 PC 버전을 각각 설치하여 간편하게 편집과 대표적인 여러 채널에 송출하는 방법을 알 수 있습니다.

▲ DSLR 카메라(출처 : 네이버)

네이버에서 '프리즘 라이브 스튜디오'를 검색하면 스마트폰에서도 PC에서도 매력적인 라이브 방송이 가능하게 도움을 주는 프로그램이라는 것을 한번에 알 수 있습니다. 무료로 사용할 수 있고 설치도 매우 쉽습니다.

▲ 네이버 '프리즘 라이브 스튜디오' 검색 결과

▲ 프리즘 라이브 스튜디오(prismlive.com/ko_kr/pcapp)

▲ 프리즘 라이브 스튜디오 프로그램

▲ 프리즘 라이브 스튜디오로 송출 가능한 연결 플랫폼

직접 PC상에서 프리즘 라이브 스튜디오를 설치하면 검은색의 인터페이스를 볼 수 있는데요. 그야말로 라이브 방송 시에 다양한 편집 기능을 구현할 수 있도록 도와 주는 프로그램입니다. 다양한 꾸미기 효과를 사용할 수 있고 유튜브, 트위치(Twitch), 아프리카TV, V라이브, 네이버TV 등의 계정을 연결하거나 페이스북의 RTMP를 연동하여, 여러 채널에 동시에 라이브 방송을 진행할 수 있습니다. 화면 공유 기능도 있어서 자체 편집한 화면을 라이브 방송 중 내보낼 수도 있고 텍스트 전송과 톡 기능, 인터랙티브한 이모티콘 표현 등 재미난 기능들이 많이 있습니다.

이날 네이버 쇼핑라이브에서도 프리즘 라이브 스튜디오를 통해서 라이브 방송을 송출했습니다. 지금까지와는 다른 라이브 방송에서의 특이점은 바로 해당 솔루션을 활용하여 미리 준비된 제품 소개 이미지가 방송 중에 라이브 영상과 함께 송출된다는 점이었습니다.

▲ 프리즘 라이브 스튜디오로 제품 소개 이미지 송출

라이브 방송을 하면서 상단에 제품 소개 이미지가 표시되거나 화면 전면을 이미지로 대체할 수도 있었습니다. 화면 전면에 제품 이미지가 나가는 동안에도 쇼호스트는 대화를 이어 가고 라이브 톡도 그대로 올라가는 상황입니다. 라이브 방송을 위한 별도의 프로그램을 사용하면 더 다양한 영상을 구현할 수 있습니다.

▲ 네이버 쇼핑라이브 방송 화면

단일 제품으로 1시간을 생방송할 수 있을까 걱정했었는데 다행히 큰 무리 없이 마무리했습니다. 제품이 일상에서 어떻게 쓰일 수 있는지, 제품이 가진 장점은 무엇인지, 본 방송에서의 혜택 등을 순서로 진행하면 되었습니다.

다만, 현장 라이브 방송을 하면서 주의 사항으로 쇼호스트가 2명이라면 서로의 호흡이 매우 중요하다는 것을 느꼈습니다. 서로 상품 소개에 대해 놓치는 부분이 없는지 확인하고 보완해 주어야 하며 상대방의 멘트에 적절한 리액션을 하는 일, 서로의 방송 스타일이 어울려야 한다는 점이 중요하다는 것을 알았습니다.

쿠팡라이브

쿠팡라이브는 2021년 1월 중순에 시작된 그야말로 핫한 라이브 커머스 플랫폼입니다. 쿠팡은 매일 액티브 유저 수가 1,300만에 이를 정도로 전 국민의 실사용자가 많이 접속하는 앱이라 쿠팡라이브가 시작되었을 때 많은 관심을 받았습니다.

현재 쿠팡라이브 서비스는 쿠팡 앱의 메인 첫 번째에 자리잡을 정도로 쿠팡에서는 매우 애정을 가지고 키우는 서비스라는 생각이 듭니다.

대부분의 플랫폼이 쇼핑몰 사업자에 집중하는 구조라면 쿠팡라이브는 크리에이터를 키우고 크리에이터와 함께 성장하는 그림을 그립니다. 장기적으로 크리에이터와 파트너가 되어 쿠팡의 상품을 잘 설명하고 홍보하는 데 도움을 받고자 하는 계획이지요. 저도 크리에이터 모집에 신청하고 쿠팡에 문의해 보았으나 워낙 신청자가 많아서 실제 도전하기가 쉽지 않았기에 대략 쿠팡라이브에 대한 내용을 알려드리고자 합니다.

◼ 쿠팡라이브 크리에이터 등록하기

쿠팡라이브는 라이브 크리에이터로 등록하는 과정이 있습니다. 스마트폰에서 먼저 '쿠팡라이브 크리에이터' 앱을 설치하고 쿠팡 아이디와 비밀번호로 로그인합니다. 라이브 크리에이터 가입하기 주소(livecreator.coupang.com)를 안내 받아서 웹 브라우저로 접속한 다음 '크리에이터 가입하기'를 클릭합니다.

쿠팡 크리에이터 지원 페이지로 이동되면 양식에 맞게 내용을 작성합니다. 닉네임, 사업자 유형(개인 또는 사업자)와 같은 기본적인 내용부터 쿠팡 외 타 라이브 커머스 플랫폼 방송 빈도, 최대 매출 실적, 직접 운영하는 소셜 미디어의 팔로워 수를 입력할 수 있습니다. 물론 운영하는 SNS 채널의 주소도 입력합니다.

자기 소개에는 충분히 자신을 어필할 수 있도록 입력하면 좋습니다. 직접 상품을 소개한 동영상 링크가 있다면 이를 첨부할 수도 있으며, 자신의 프로필 사진도 업로드합니다. 지원서에 필요한 내용을 모두 입력하여 제출하면 이후에 선정 통보 결과가 등록한 이메일로 전달됩니다.

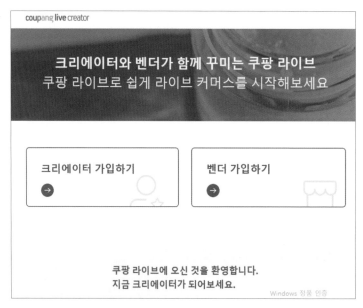

▲ 쿠팡라이브 크리에이터(livecreator.coupang.com)

▲ 쿠팡 크리에이터 지원 페이지

* 프로필 사진: 개성이 돋보이는 실물 프로필 사진으로 올려주세요 (10MB 이하)

+
사진 선택

소속: MCN 소속이신가요?

◉ 아니오
○ 예

소속된 MCN을 입력해주세요.

쿠팡 내 담당 매니저(CDM)가 있다면 이름을 적어주세요.(없다면 공란으로 두셔도 됩니다).

연락하신 컨택 담당자의 이름을 한글로 적어주세요.

신청 결과는 등록하신 이메일로 전송될 예정입니다:

we*******@naver.com

쿠팡라이브 이용 신청서(크리에이터)

1. 계약당사자	
회사	대한민국 법률에 따라 설립되어 대한민국 서울특별시 송파구 송파대로 570 타워 730(우편번호 05510)에 등록된 주소를 두고 있는 쿠팡 주식회사(이하 "쿠팡")
크리에이터(이하 "크리에이터")	황윤정
2. 크리에이터가 취급할 상품	
상품(이하 "취급 상품")	크리에이터는 회사가 사이버몰에서 판매하는 상품 중 취급할 상품을 회사가 별도로 정하여 통지한 방법으로 선택하되, 최종적으로 쿠팡이 승인한 상품을 취급하기로 합니다.
3. 수수료 및 정산 계좌	
계좌번호	회사가 크리에이터에게 대금을 정산할 계좌 등의 정보는 회사가 별도로 정한 방법에 따라 제공하기로 합니다.

크리에이터는 본 표지와 함께 이에 첨부된 쿠팡라이브 이용약관이 쿠팡라이브 이용계약(이하 "본건 계약")의 일부를 구성하는 것을 확인하였고 이에 동의합니다. 크리에이터는 이하 "계약 조건에 동의하고 서비스 가입을 신청함"에 클릭한 이후 회사가 이를 승낙하는 경우 본건 계약이 유효하게 성립한다는 사실을 확인합니다.

☑ 계약 조건에 동의하고 서비스 가입을 신청합니다. 쿠팡

이용약관

☑ 개인정보 수집 및 이용 에 동의합니다.

제출   초기화

▲ 쿠팡 크리에이터 지원 양식

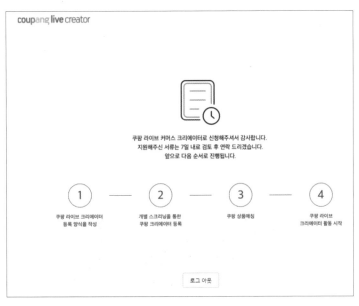

coupang live creator

쿠팡 라이브 커머스 크리에이터로 신청해주셔서 감사합니다.
지원해주신 서류는 7일 내로 검토 후 연락 드리겠습니다.
앞으로 다음 순서로 진행됩니다.

① ───── ② ───── ③ ───── ④

쿠팡 라이브 크리에이터　　개별 스크리닝을 통한　　쿠팡 상품매칭　　쿠팡 라이브
등록 양식을 작성　　　　　쿠팡 크리에이터 등록　　　　　　　　　크리에이터 활동 시작

로그 아웃

▲ 쿠팡 크리에이터 신청 완료

② 쿠팡 크리에이터 활동 환경

쿠팡 크리에이터 신청은 누구에게나 열려 있습니다. 꼭 SNS 채널을 가지고 있는 인플루언서만 도전할 수 있는 건 아니라고 합니다. 처음 시작하게 되면 새싹 등급을 받고 시작합니다.

현재 쿠팡라이브는 오픈한 지 얼마 되지 않아서 라이브할 수 있는 판매 제품군은 헬스 & 뷰티 제품군으로 한정하고 있으며, 모두 쿠팡이 직매입해서 판매하는 상품군을 대상으로 방송을 한다는 것이 특징입니다. 넓게 보면 헤어, 미용 가전, 스킨케어, 향수, 바디, 네일, 남성 화장품 등이 대상입니다.

쿠팡이 직매입하는 상품 리스트를 크리에이터에게 공유하고 그중 원하는 제품군을 선택해서 판매하는 방식입니다. 여러 번 방송하다가 구매 전환율 등 여러 지표에서 인기를 얻는 크리에이터가 되면 별도로 쿠팡라이브 팀에서 제작 지원을 해 주기도 합니다.

▲ 쿠팡라이브　　　　　　　　　　　▲ 쿠팡라이브 크리에이터 은요엘

3 쿠팡라이브 수익과 지원 프로그램

　쿠팡라이브에서 가장 메인에 노출되는 영상은 현재 라이브되고 있는 영상이고 시청자 뷰, 체류 시간, 판매 건수 등을 집계하여 순서대로 노출되는 알고리즘을 가지고 있는 상태입니다. 상위에 노출되어야 방송 시청자도 많아지고 매출도 그에 따라 상승하는 구조일 텐데요. 그렇다면 쿠팡 크리에이터가 되면 어떻게 수익을 얻을 수 있을까요?

　쿠팡 크리에이터의 수익은 실시간 방송에서 판매되는 매출액의 5%입니다. 이같은 매출 수익에 인센티브 프로그램이 특징이라고 할 수 있습니다. 현재는 시청자 수, 체류 시간, 판매 건수 등과 같은 객관적 지표로 크리에이터 순위를 매기고 있으며, 매주 순위를 매겨 주요한 상위 크리에이터에게는 추가적인 상금도 주고 있다고 합니다.

또한 쿠팡은 최근 자체적으로 쿠팡라이브 전용 스튜디오를 구축했고 라이브 방송을 하기 위한 최적의 공간을 설계하여 지원합니다. 우수 크리에이터가 된다면 이 공간도 사용할 수 있습니다.

쿠팡라이브가 2021년 1월에 시작하여 아직은 시장 초기라 네이버 쇼핑라이브와 같은 구조도 아니기 때문에 객관적 비교는 어려운 상황입니다. 하지만 역시 많은 유저를 가진 회사여서 몇 개월 되지 않았지만 벌써 성장 가능성이 있는 크리에이터가 나온다고 합니다.

뷰티 분야라고 해서 꼭 여성만 크리에이터가 되는 것은 아닙니다. 이미 남자 크리에이터도 많이 활동하고 있으니까요. 꼭 퍼포먼스를 해야 설득력이 있는 것도 아니고 차분히 제품의 특징과 장점을 잘 설명해 주고 소통을 잘해도 인기가 많습니다.

쿠팡은 제품을 파는 셀러가 직접 크리에이터가 되는 구조가 아니라 정말 순수하게 쇼호스트 역할의 크리에이터가 도전할 수 있는 채널입니다. 진입 장벽 없이 쿠팡라이브는 열려 있으며 꾸준히 하다 보면 우수 크리에이터가 되고 쿠팡의 지원을 받을 수 있는 구조입니다.

독자적인 라이브 커머스 플랫폼 구축 설정

라이브 커머스 시장이 커질수록 대형 포털에서 운영하는 라이브 커머스 플랫폼에 입점하여 판매하는 셀러나 쇼호스트분들이 많아질 것입니다. 하지만 역시 내것이 아니라는 생각에 자체적으로 라이브 커머스 플랫폼을 개발하고자 하는 분들이 계실 것 같습니다.

지자체에서도 해당 지역의 판매자를 돕는 라이브 커머스 플랫폼을 개발하고자 하거나 각각의 전문 영역이나 분야에 맞춰서 독자적인 플랫폼을 구축하고 싶은 회사가 해당되겠습니다. 가령, 식품만 전문으로 하는 라이브 커머스 플랫폼이나 의류만 전문으로 하는 라이브 커머스 플랫폼과 같이 말입니다.

저 또한 창업 교육 분야에서 일을 하다 보니 아무래도 현재의 라이브 커머스는 누구나 쉽게 도전할 수 있긴 하지만 역시나 1인 창업자, 소상공인분들에게는 더욱 라이브 커머스의 진입 장벽이 높게 느껴질 수 있습니다. 처음이라도 쉽게 시도하고 연습할 수 있는 마음으로 도전할 수 있도록 도와 주는 라이브 커머스 플랫폼이 있으면 더 좋겠다는 생각을 해 봅니다. 이런 생각을 하다 보니 인터넷 쇼핑몰을 개인 쇼핑몰로 만들 듯이 라이브 커머스 플랫폼도 독자적으로 만들 수 있는 솔루션이 있지 않을까 조사했습니다.

조사하는 과정에서 일반 쇼핑몰과 달리 라이브 커머스는 단지 한 회사의 제품이 아니라 여러 셀러의 상품이 등록될 수 있게 해 주는 오픈 마켓형의 쇼핑몰 구조가 설계되어야 하고, 실시간 라이브 방송이 송출되어야 하는 동영상 세팅과 관리 구조가 있어야 해서 쇼핑몰 솔루션과는 다르다는 것을 알게 되었습니다.

앞서 설명한 카페24와 연동되는 라이브24와 같은 솔루션 회사도 인터뷰를 했을 때 아직은 독자적인 라이브 커머스 플랫폼을 공급하는 솔루션 형태는 개발이 안 된 상태였고 대략 개발 비용에 대한 문의를 했을 때도 일반인이 상상하기에는 다소 높은 개발 비용이 든다고 했습니다. 현재 시장에서는 큰 회사들만 별도로 맞춤형 개발을 하는 프로젝트식의 구현이었습니다.

그러다 국내 최초로 라이브 커머스 솔루션을 판매하는 몰업라이브 솔루션을 찾을 수 있게 되었습니다. 해당 솔루션의 기능들을 간단히 소개해드리겠습니다. 다만 이 솔루션도 하나의 카피 가격이 3,000만 원이라 일반 소호가 접근할 수 있는 구축비는 아니었습니다. 대신에 전문적으로 라이브 커머스 플랫폼 개발을 염두에 두고 있는 회사가 있다면 관심을 가질 수 있는 솔루션입니다.

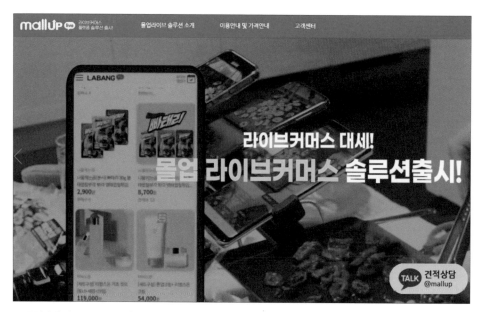

▲ 몰업라이브(live.mallup.co.kr)

몰업라이브 커머스 플랫폼은 라이브 커머스 구현 기능, 크리에이터 커머스 구현 기능, 오픈 마켓 솔루션 기능을 모두 합쳐서 만들 수 있는 솔루션입니다.

라이브 방송을 통해 상품을 직접 판매하고자 하는 셀러가 운영 가능하며 쇼호스트가 상품을 받아 방송을 하고 판매 수익의 일부를 쿠팡라이브와 같은 구조로 공유할 수 있는 기능도 만들어져 있습니다. 라이브 방송 주소를 인스타그램이나 유튜브에 올려서 노출 홍보할 수 있는 기능도 있어서 유용하게 활용 가능합니다.

몰업라이브 운영을 보면 판매자 가입 신청 → 승인 → 라이브 방송 예고 등록 → 라이브 방송 준비 → 방송 상품 선택 → 쿠폰 설정 → 방송 시작이라는 흐름에 맞춰 라이브 방송 시작이 가능합니다.

기본적인 기능만을 안내해드리지만 몰업라이브로 만들어 시뮬레이션되고 있는 '라방TV' 사이트에 접속하면 실제 구현되고 있는 기능들을 살펴볼 수 있습니다.

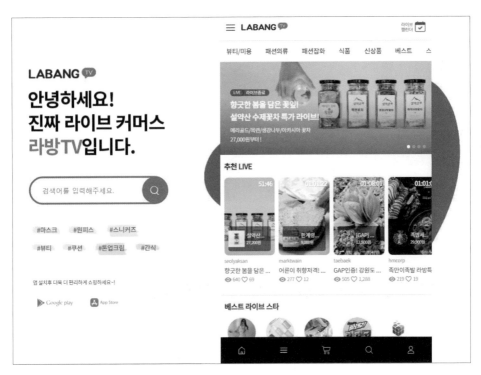

▲ 라방TV(labang.tv)

이 솔루션은 라이브 방송을 단독으로 구축할 수 있게 해 주고 구축하고자 하는 용도에 맞춰서 커스터마이징하면 되겠습니다.

구축에 따른 비용은 물론 회사와의 별도 계약에 따라 진행될 텐데요. 몰업라이브의 정희찬 대표는 국내에서 커머스 솔루션 개발을 전문으로 하기도 하였고 중국 라이브 커머스 시장에서 활동한 경험이 있어 단독 솔루션을 개발하는 데 용이했다는 소감을 전했습니다.

라이브 커머스에 관심이 있다면 이렇게 다양한 플랫폼으로 도전할 수 있고 마음만 있으면 시작할 수 있습니다.

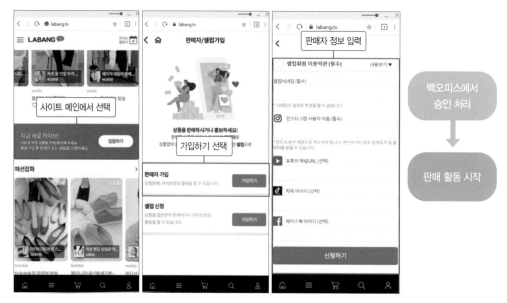

▲ 몰업라이브 판매자 가입 신청

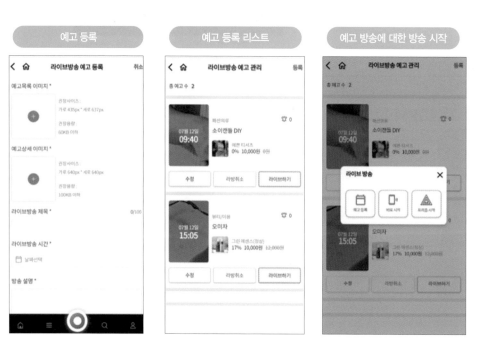

▲ 몰업라이브 라이브 방송 예고 등록

라방 준비중	방송상품 선택	라방용 쿠폰 생성

라이브 방송 제목

카메라 방향 전환

방송 섬네일 설정

방송 음소거 설정

공지사항 등록

라이브 방송 상품 등록

라이브 방송용 쿠폰

필터

기타 메뉴 : 공유하기,
알림 보내기 등

▲ 몰업라이브 라이브 방송 설정

Part **4**

성공 셀러가 되기 위한 전략

직접 셀러여야 완전한
라이브 커머스

1 즐거워할 수 있는 일에 도전하기

본서는 내용적 측면에서 새로운 직업군을 언급한다면 쇼호스트, 크리에이터, 커머스 크리에이터, 쇼핑몰 셀러 등과 같은 용어로 직업을 표현할 수 있습니다. 자신의 재능을 가지고 1인 기업을 일구는 사람들이 해당됩니다. 1인 기업도 1인 창업이라는 말로 표현할 수 있는데요. 콘텐츠를 기반으로 한 1인 창업을 1인 지식 서비스 기업이라고도 합니다.

나 홀로 창업을 시작하는 사람에게 가장 먼저 고려해야 할 조건이 있다면 무엇일까요? 그것은 바로 이 일을 즐거워해야 한다는 것입니다. 누가 시켜서 하는 일이 아니라 도전하고 싶어서 선택하는 것이니까요.

창업자는 '불확실한 상황에서 기꺼이 위험을 감수하며 자신의 아이디어를 실현하려고 하는 사람'이라고 정의되어 있습니다. 이러한 정의에 따라 창업자는 불확실한 상황에서 기꺼이 위험을 감수하며 자신의 아이디어를 실현하려고 도전하는 사람이지요. 지금 쇼호스트로 시작한다면, 라이브 커머스 방송을 할 수 있는 상품을 위탁 받아서 바로 할지? 아니면 내 쇼핑몰을 만들어 직접 판매하면서 라이브 커머스 방송을 시작해 볼지? 하는 두 가지의 선택이 있습니다. 어떤 선택을 하든 간에 준비해야 하고 만들어 가야 하지요.

항상 창업의 상황은 불확실합니다. 지금의 계획이 그대로 실현될지도 사실 알 수 없지요. 그럼에도 자신이 즐거워하고 꼭 도전하고 싶은 꿈이 있을 때 창업이 시작되는 것입니다.

이처럼 창업가는 자신의 열정을 불태울 수 있는 일이 무엇인가에 대한 고민을 진지하게 해야 합니다. 해당 고민을 좀 더 구체적으로 하기 위해 비즈니스 모델을 그리고 창업의 절차를 계획하며 사업계획서를 써 본다면 여러분은 준비된 창업을 시작할 수 있게 됩니다.

저 또한 쇼핑몰 CEO로 10여 년 지낸 경험과 사이버 대학에서의 교수 경력을 바탕으로 늘 가까이에서 만나는 소상공인을 위한 라이브 커머스를 해 보고 싶다는 생각을 하게 되었습니다. 그래서 라이브 커머스 현장에도 방문해서 분위기를 살펴보고 어떻게 시작하면 되는지, 어떤 준비가 필요한지를 알아보았고 본서로 정보를 모아서 보여드리게 되었습니다. 이 책을 보는 여러분도 저와 같이 도전을 해 보고 싶은 생각이라고 짐작이 됩니다.

여러분 스스로 단순히 멋있어 보여서, 재밌을 것 같아서보다는 내 열정을 담을 수 있어서라는 표현이 맞을 것 같습니다. 열정이 있어야 계속 도전할 수 있으니까요.

단순히 다른 셀러의 상품을 위탁 받아 쇼호스트라는 직업을 가질 수도 있지만 이는 1인 커머스 분야 창업 비즈니스를 하는 데 있어서는 한쪽만 있는 셈입니다.

쇼호스트 + 셀러 이 두 가지 영역을 모두 커버할 수 있을 때 좀 더 완성된 모습의 창업이 될 수 있을 것입니다. 직접 쇼핑몰을 운영하면서 네이버 라이브 쇼핑을 하기 위한 새싹 등급을 만들어 놓으면 더 자유롭게 다른 업체의 상품을 소싱하여 라이브 방송을 할 수 있습니다.

② 좋은 상품을 나눈다는 마음 갖기

지금은 언제 어디서나 상품을 구할 수 있는 시대입니다. 같은 상품을 판매하는 곳들도 넘쳐나서 어디서 사야 할지 혼란스럽기만 합니다. 만두를 하나 사 먹으려고 해도 백화점 식품관, 대형 마트, 동네 슈퍼, 편의점, 재래시장, 온라인 쇼핑몰 등 너무 많은 곳이 있습니다.

한 예로 코로나로 인해 분명 오프라인 매장에서의 주문보다 온라인 주문이 대폭 늘었습니다. 이젠 오프라인 채널에서의 주문보다 온라인을 활용하는 주문 건수가 급격히 증가한 모양새입니다. 특히 TV홈쇼핑이 그대로 옮겨진 라이브 커머스의 발달도 이를 촉진시키는 하나의 채널이라고 보입니다.

지난해부터 온라인 매출을 견인하고 있는 아이템은 식품인데요. 본래 인터넷 상거래 초창기에서부터 가장 느리게 성장했던 아이템은 식품이었습니다. 유통 기한도 짧고 가격도 낮은 가격대가 많고 신선함이라는 조건 때문에 식품류는 유독 오프라인 주문이 많았습니다. 그런데 코로나로 인해 오프라인 방문이 어려워졌고 새벽 배송과 같은 물류 혁신이 일어나면서 온라인 취급 상품 중 식품류는 엄청난 성장을 견인했습니다. 매월 통계청에서 조사하는 '온라인 쇼핑 동향 조사'라는 자료를 보아도 그 사실을 알 수 있습니다.

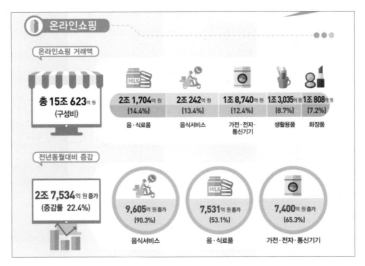

▲ 통계청 2021년 1월 온라인 쇼핑 동향 조사

상품군별 온라인쇼핑(전년 동월 대비) 증감

▲ 통계청 2021년 1월 온라인 쇼핑 동향 조사

오프라인 유통 시장에서나 온라인 유통 시장에서 독특하게 나만이 판매할 수 있는 상품은 없다고 볼 수 있습니다. 특허권으로 내가 만든 제품이라 해도 본격적인 판매 유통 단계를 구축하기 위해서는 여러 대리점을 통해 판매되도록 하거나 도소매 경로를 구축할 수 있어서 당연하게 여러 셀러들이 판매하게 되며, 경쟁사의 유사한 제품들이 속속 출시되기 때문에 경쟁은 피할 수 없습니다. 특히 지금처럼 온라인과 오프라인 경계가 나누어져 있고 융합도 되는 상황에서 더욱더 판매 채널이 다양화되고 복잡해지지요.

이처럼 판매 아이템에 있어서 누구나 판매할 수 있는 시장이라면 소비자들은 어떤 곳에서 구매하게 될까요? 여기서 중요한 포인트는 바로 셀러의 신뢰입니다. 소비자 입장에서는 좋은 상품을 소비자에게 나눈다는 생각으로 판매하는 곳, 그리고 고객이 내 가족인 듯 상품을 소개하는 곳에서 구매하리라 생각합니다.

특히 라이브 커머스는 실시간 라이브로 판매자의 신뢰가 소비자에게 전달이 되는 매체이니만큼 제품 선별과 제품에 대한 스토리텔링이 무엇보다 중요합니다. 어색하게 기획된 메시지는 방송을 하면서 그 틈이 보일 확률이 높습니다.

기존 쇼호스트도 자신이 정말 써 보고 믿고 사용할 수 있는 제품만 선정해서 판매한다는 멘트를 많이 들었습니다. 셀러가 반대로 소비자가 되어 소비자의 눈높이에서 해당 제품을 평가하고 용도를 설명해야 설득이 되는 것입니다.

온라인 커머스 시장에서는 '큐레이션 커머스'라는 신조어가 있습니다. 본래 큐레이터는 미술 분야에서 시작된 용어로 기획전 주제에 맞추어 전문가적 시각으로 전시회 작품을 선정하는 사람을 일컫는 말인데요. 커머스 시장에서도 제품을 전문가의 시각으로 선별하자는 의미가 있습니다. 너무 많은 상품이 쏟아져 나오고 있고 여러 브랜드 상품이 비교되는 상황에서 셀러가 큐레이터가 되어 상품을 선별해 주는 것입니다.

큐레이션 커머스(Curation Commerce)

큐레이터가 작품 등을 수집, 전시, 기획하듯이 특정 분야 전문가 등이 직접 제품을 골라 할인된 가격에 파는 전자 상거래. 믿을 만한 전문가가 엄선한 양질의 독창적이고 뛰어난 제품을 판매하는 전자 상거래의 형태로 정보 과잉, 상품이 너무나 많은 현대 사회에서 신뢰할 만한 전문가가 엄선하여 추천한 독창적이거나 품질이 좋거나 뛰어난 제품을 판매하는 데 초점을 두고 있다.

출처: 네이버 지식백과 IT용어사전, 한국정보통신기술협회

만약 과일을 판매하는 셀러라면, 과일에도 맛있는 과일을 선택하는 방법이 있는 것처럼 대표자가 소비자를 대신하여 어떤 과일을 고르면 되는지를 알려 주고 그 선택을 믿을 수 있게 제품 선별을 해 주어야 합니다.

특히 소비자 입장에서는 예를 들어 100통 쌓여 있는 수박 매대에서 어떤 수박을 골라야 맛있는 수박일지 정말 모르기 때문에 전문가를 믿을 수밖에 없지요. 단순히 과일을 판매한다는 생각을 가지고 쇼핑몰을 운영하는 것이 아니라 고객이 맛있는 과일을 직접 고르는 것을 어려워하기 때문에 전문가인 셀러가 좋은 과일을 선별하여 고객에게 구매하도록 추천하는 방식으로 운영해야 합니다.

소비자를 대신해 더 열심히 상품을 준비하고 좋은 상품을 나누겠다는 마음으로 셀러 창업에 도전하길 바랍니다.

3 퍼스널 브랜드 갖기

우리는 퍼스널 브랜드 시대에 살고 있습니다. 유명한 기업만 있는 것이 아니라 유명인도 많지요. 인터넷 시대가 되면서 SNS 채널을 이용하여 평범했던 이들이 단기간에 유명인이 되기도 합니다. 소위 인플루언서들이 많은 시대입니다. 개인이 자신의 브랜드를 걸고 신뢰를 파는 시대가 된 것입니다.

소비자들이 주로 구매하는 쇼핑몰은 어디일까요?

자주 가는 개인 쇼핑몰이 있나요?

이름을 아는 쇼호스트가 있나요?

온라인으로 창업을 하고자 하는 사람도 대기업 쇼핑몰을 주로 이용할 것입니다. 개인 쇼핑몰을 이용하는 분은 많지 않습니다. 정작 개인이 창업하고자 할 때, 중요한 것은 자신이 브랜드가 되어야 한다는 것입니다.

대형 쇼핑몰은 거의 모든 분야에서 많은 상품을 판매하고 있으며 질 좋은 브랜드 상품을 매우 저렴한 가격에 살 수 있는 곳입니다. 고객 서비스도 좋아서 적립금도 많이 주고 각종 이벤트 할인 쿠폰을 주기도 하지요. 이런 상황에서 개인 쇼핑몰이 성공하려면, 혹은 개인 쇼호스트가 고객의 뇌리에 남으려면 퍼스널 브랜드를 만들어야 합니다.

여기서 우리는 성공한 소호 쇼핑몰들의 전략을 살펴볼 필요가 있습니다. 제가 쇼핑몰 창업자를 만나온 지 어언 15년이 넘는 기간 동안 기억에 남는 성공 쇼핑몰 창업자들의 공통점은 바로 'I = BRAND'라는 의식을 갖고 있는 분들이었습니다.

브랜드는 다른 경쟁자의 제품과 식별을 위한 고유성을 갖는 의미입니다. 브랜드가 있는 제품과 아닌 제품은 소비자에게 주는 가치가 다릅니다. 소호 쇼핑몰을 운영한다고 해도 창업자가 자신의 쇼핑몰 이름, 쇼호스트로서 자신의 이름을 브랜드로 인식하고 있느냐 아니냐는 고객에게 어필이 다릅니다.

브랜드

브랜드는 제품의 생산자 혹은 판매자가 제품이나 서비스를 경쟁자들의 것과 차별화하기 위해 사용하는 독특한 이름이나 상징물의 결합체. 현대 들어 브랜드는 단지 다른 제품과 구별할 뿐만 아니라 제품의 성격과 특징을 쉽게 전달하고 품질에 대한 신뢰를 끌어올려 판매에 영향을 끼치는 사회, 문화적 중요성을 가지는 상징 체계가 되었다.

출처: 네이버 지식백과

▲ 톰 피터스의 퍼스널 브랜드 개념

라이브 커머스는 그야말로 셀러가 자신을 브랜드로 소비자에게 어필할 수 있는 또 하나의 방법입니다. 유튜브 시대가 되면서 많은 유튜버들의 인생이 바뀌었듯이 라이브 커머스도 비슷한 효과를 낼 수 있다고 생각합니다.

같은 제품을 파는 쇼핑몰 중에서도 창업자가 자신의 이름을 걸고 직접 상품을 보여 주고 신뢰를 어필하여 판매를 하고 있다면 소비자는 어느새 해당 쇼핑몰을 그냥 물건만 판매하는 쇼핑몰과 다르게 인식하게 됩니다. 소호 쇼핑몰은 규모 면에서 조직 면에서 대형 쇼핑몰에 비해 부족하기 때문에 창업자 스스로가 차별화 요소가 되어 신뢰를 보이지 않으면 결코 소비자의 마음을 열기가 쉽지 않습니다. 쇼호스트이면서도 자신의 이름을 신뢰로 하여 이름을 걸고 선별된 제품을 판매하겠다는 인식이 바탕이 되어 있으면 말 한마디, 자료 조사 등 그 어느 것에도 책임감으로 임하게 될 것입니다.

창업자 스스로 '나는 전문가이다', '나는 브랜드이다'라는 의식을 가지고 사업에 도전하길 바랍니다.

4 쇼핑몰로 얻을 수 있는 순기능

라이브 커머스 셀러가 된다는 것은 기본 바탕이 인터넷 판매를 한다는 것입니다. 과거 20년 전에 시작된 인터넷 창업은 소비자에게 새로운 신세계를 열어 주었는데요. 24시간 가동되며 전 세계의 소비자를 대상으로 운영될 수 있다는 것 자체가 놀라움을 주었습니다.

저는 2002년 인터넷 쇼핑몰을 창업하여 다년간 운영하면서 생각보다 해외 배송을 여러 건 진행하였습니다. 미국, 캐나다, 호주 지역으로 물건을 보냈던 기억이 납니다. 인터넷이라는 공간에서 판매한다는 것은 국경을 초월하여 언제 어디서나 주문을 받을 수 있다는 것을 말로만이 아닌 체험을 하고 나니 더 놀랍다는 생각이 들었습니다. 제가 아는 의류 쇼핑몰들의 대부분은 성장을 거듭하면서 해외로 물건을 공급하는 계약이 꽤 많은 것으로 알고 있습니다. 해외에서 한국 의류의 디자인과 품질을 온라인으로 검색, 확인하고 거래를 요청하는 것입니다.

인터넷 쇼핑몰에서는 그동안 제품 사진과 제품 설명의 중요성을 강조했습니다. 상품을 어떻게 하면 사진으로 잘 찍어서 보여 주느냐가 매출에 영향을 주었고 상품 설명을 글로 어떻게 구성하느냐가 매우 중요한 운영 요소였습니다. 하지만 유튜브 동영상 시청이 일상으로 파고들면서 쇼핑몰 상세 페이지에도 운영자가 직접 인사를 하거나 공장 현장을 보여 주는 영상을 올리는 등의 다양한 동영상 소스들이 상품 설명에 활용되고 있지요.

이제는 스마트폰의 화질이 매우 좋아지고 다양한 테마로 동영상을 만들어 주는 앱도 많이 출시되어 웬만한 영상도 어렵지 않게 일반인도 제작할 수 있습니다. 사진이나 글보다 동영상이 주는 실제감, 현장감이 소비자들에게 더 나은 설득 요소가 되었습니다.

이제 라이브 커머스 시대가 한 걸음 다가오면서 녹화된 동영상이 아니라 라이브 현장 설명이 더 효과적인 소비자 설득 매체가 된 것인데요. 물론 라이브 방송으로 상품을 설명하더라도 녹화 영상을 지속해서 시청할 수 있고 구매하기 위해서는 상품 사진과 설명 페이지를 살펴봐야 하기 때문에 그 중요성이 간과되어서는 안 됩니다.

인터넷 쇼핑몰이 가지는 순기능은 정말 많습니다. 일단 여러분은 판매 상품에 대해서 수량을 인식하지 않아도 됩니다. 판매할 수 있는 상품이 1만 개, 2만 개가 되어도 쇼핑몰 운영하는 데 큰 비용이 더 들어가지는 않으며 무제한 등록이 가능합니다.

■ 상품의 무제한 등록으로 인한 확장성

최근 쇼핑몰을 창업할 경우, 사용되는 솔루션은 네이버 스마트스토어인데요. 네이버라는 포털 내에 입점하는 형태지요. 상품 등록 수수료나 입점 수수료는 없고 단지 판매 수수료가 있을 뿐입니다. 그것도 네이버 쇼핑을 통해 쇼핑몰에 고객이 유입되었을 경우, 연동 수수료라고 해서 2%가 붙는 것뿐이지요. 얼마든지 자유롭게 상품을 등록해서 판매할 수 있으니 구매 대행을 할 수 있는 아이템이 있다면 모두 가지고 와도 됩니다. 특히 판매 방식을 라이브 커머스로 승부하고자 한다면 아이템의 분야를 상관하지 않고 경쟁력 있는 상품을 소싱하여 지속적인 라이브 방송으로 판매하면 됩니다.

■ 야간에도 주문이 일어나는 24시간 풀가동

또 온라인 공간은 24시간 불이 꺼지지 않는 상점이다 보니 새벽녘 잠들고 있는 시간에도 쇼핑몰에서는 구매가 일어납니다. 밤 11시 안에 주문하면 다음 날 아침 오전 7시 내 주문했던 상품이 배송되는 시스템을 이용해 보면 놀라울 뿐입니다. 라이브 커머스로 영상이 누적되어 돌아갈 때, 실시간 시청보다는 반응이 미진하겠지만 또 하나의 영상 채널 확보가 된다는 측면에서 24시간 주문 체제에는 더욱 효과적인 방법이 될 수 있습니다.

스마트폰을 통한 모바일 상거래 시장이 커지면서 모바일 쇼핑은 인터넷 쇼핑몰의 시간 제약이나 공간 제약을 없애 언제 어디서나 결제할 수 있게 해 줍니다. 이젠 인터넷이 연결된 PC가 없어도 침대에 누워서 쇼핑을 할 수 있는 시대입니다.

저도 일과를 마치고 집에서 편히 쉬고 있는 시간에 PC 앞이 아니라 스마트폰을 들고 누워서 라이브 커머스 방송을 보는 재미를 느끼곤 하니까요. 시청하다가 열심히 설명하는 쇼호스트분들을 보면 감사한 마음에 흥미도 생겨서 주문하곤 합니다. 제품 구매에 있어서 어디를 가지 않아도 되고 전문가의 설명을 들으며 쉽게 주문할 수 있는 모바일 쇼핑의 장점이 바꾼 일상입니다. 모바일 쇼핑으로 인해 주말이나 명절, 야간 등 PC 매출이 줄어들었던 상황이 보완되는 형태로 바뀌었습니다.

■ 자동으로 관리되는 운영 시스템

셀러 입장에서는 편리한 관리 시스템의 도움도 큰 장점입니다. 상품 등록부터 주문 관리, 회원 관리, 이벤트 관리에 이르기까지 하나하나 복잡할 수 있는 운영 시스템을 솔루션 하나로 스마트하게 해결할 수 있기 때문이지요. 네이버 스마트스토어만 해도 상품 등록을 하고 이후에 자동으로 이루어지는 주문 관리, 배송 관리, 정산 관리, 회원 관리와 같은 기능들이 그렇게 어렵지 않아서 도움을 받을 수 있는 동영상이나 책만 봐도 혼자서 충분히 사용할 수 있습니다.

▲ 스마트스토어가 제공하는 기능 메뉴

라이브 커머스에 대한 프로그램 기능도 쇼핑몰 운영 기능 외에 추가적으로 라이브 방송 이벤트 페이지를 등록하는 기능, 실시간 라이브 톡에 답변을 하는 기능, 판매하고자 세팅해 둔 상품 관리, 매출 건수 등 다양한 기능들이 제공되며 그렇게 어렵지 않게 이용할 수 있는 상황입니다.

쇼핑몰 셀러로 쇼핑몰이 주는 순기능을 활용하여 얼마든지 부업으로도, 정식 사업으로도 효율적인 운영이 가능합니다.

5 재고 부담의 최소화된 설계

셀러 입장에서는 아이템을 선정할 때 재고 부담에 대한 부분을 생각 안 할 수 없는데요. 어떤 셀러는 판매를 하고 싶다가도 배송 문제가 걸려서 머뭇거려진다는 얘기도 들었습니다. 아이템마다 조금 차이가 나긴 하지만 온라인 쇼핑몰은 주문 후 배송이라는 특징 때문에 현재 재고 부담을 가지고 있지 않아도 제품 이미지만으로 홍보하여 선주문 리스트를 만들고 후에 예약 주문을 받아 보내는 시스템도 가능합니다.

요즘 유행하고 있는 와디즈 같은 크라우드 펀딩 사이트의 경우, 자본력이 적은 스타트업 회사들이 자신의 상품들을 시장에 처음 선보이면서 시장 반응을 테스트해 보는 용도로 활용되고 있는데요. 제품을 설명하고 사전 예약 방식으로 리워드 펀딩을 받는 것입니다.

와디즈에 소비자들의 반응(펀딩)을 받기 위해 등록된 제품도 상당히 많고 다양합니다. 셀러가 되는 판매자 기업 입장에서는 펀딩 소요 날짜에 맞춰서 목표 금액을 정합니다. 소비자 반응에 따라 시간 내 초과 달성하는 일이 많습니다. 목표 금액보다 초과 달성했다는 것은 그만큼 소비자들의 관심을 받았다는 것이고 정식적으로 이 상품을 대량 생산하여 유통했을 때 성공 가능성을 예상할 수 있다는 것입니다.

한 제품을 예시로 캡처해 봤는데요. 일반 쇼핑몰 판매와는 다르게 목표 금액이 있고 펀딩 기간이 별도로 표시되어 있습니다. 100% 이상 모이면 펀딩이 성공이고, 100%로 목표 금액이 모이지 않으면 결제가 되지 않는 독특한 방식이지요. 이 때문에 주변 지인들에게 펀딩을 소개하는 별도의 홍보 활동을 하기도 합니다.

대체로 와디즈 펀딩하기를 통해 제품을 구매해 본 소비자들은 시중에서 쉽게 볼 수 없는, 신생 기업들이 제품을 기획하고 개발한 신상품들을 볼 수 있어서 호기심에 주목하고 있고요. 반대로 기업 입장에서는 신상품에 대해 시장 반응을 볼 수 있어서 많은 기업이 이용하는 플랫폼입니다. 사실 반응을 보고 제품을 생산할 수 있기 때문에 준비할 시간도 벌고 단번에 배송을 할 수 있는 계획 설계도 가능해 그야말로 시도해 볼 만한 시장이 되어 가고 있습니다.

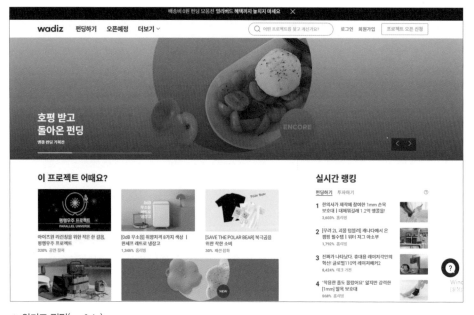

▲ 와디즈 펀딩(wadiz.kr)

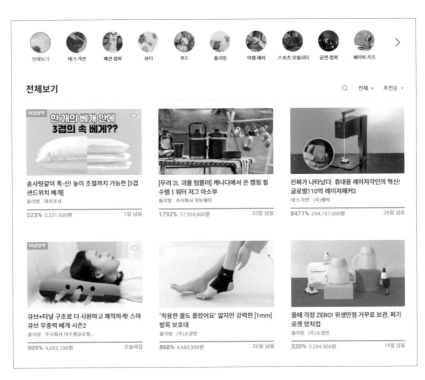

▲ 와디즈 펀딩에 올라온 제품 리스트

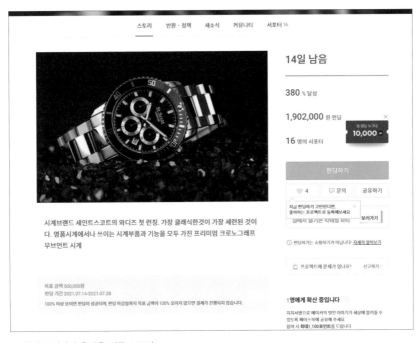

▲ 와디즈 펀딩에 올라온 제품 스토리

2000년 초반에 처음 액세서리 쇼핑몰을 창업할 때 초도 물품으로 펜던트 약 60개의 상품을 선택하고 구매했었습니다. 재밌는 건 처음 구매했던 상품을 모두 소진하기까지는 1년 정도가 걸렸고 잘 나가는 상품은 20% 정도에 불과했다는 점입니다. 잘 나가는 상품만 지속해서 더 많이 나가는 상황이었습니다. 파레토 법칙이 그대로 적용된다는 경험을 했지요. 그리고 이후 사입 시에는 별도의 제 비용이 크게 투자되지 않았다는 것이 특별했습니다. 작은 거래였지만 도매상분들과 친분을 쌓게 되었는데요. 주문 하나를 맞추기 위해 매일 종로3가 도매상에 나가게 되면서 자연스럽게 관계를 맺어 갔습니다. 점차 주문도 늘면서 더욱 친분이 생겼지요. 그러면서 신상품이 나오면 도매상분들은 제게 물건을 줄 테니 촬영해서 판매해 보라고 조언을 해 주셨습니다. 저는 오픈 첫 달 200만 원 매출이 났었는데 계속 일정 매출을 유지하면서 주문에 따른 비용으로 상품을 구매하고 신상품은 대여로 촬영하는 형태로 운영했습니다. 아마도 현재 운영되는 많은 쇼핑몰이 많은 재고를 두고 물건을 판매하는 형태라기보다는 적정 재고는 있겠지만 특히 잘 나가는 상품에 한해 도매상이나 제조사와의 관계 속에서 주문량을 전달하는 방식으로 운영되고 있을 겁니다.

▲ 인터넷 액세서리 쇼핑몰 골드리아(goldria.net)

액세서리 판매 말고도 2007년에는 과일 쇼핑몰을 운영하게 되었는데요. 이때는 지인이 과일 도매를 하고 있는 상태에서 쇼핑몰 판매 대행 형태로 운영을 해서 전혀 초도 물품에 대한 사입비가 들지 않았고, 과일을 맡겨 두는 창고가 필요하지 않아 그 외 별도의 추가 사입비가 들지 않았습니다. 도매상과의 연결 고리가 있었기 때문이지요.

제가 처음 쇼핑몰을 창업하면서 성공적으로 운영하는 셀러들을 볼 때, 자신의 사무실이 2층에 있고 지하에 공장이 있는 경우가 가장 부러웠습니다. 공장에서 제작되는 신상품과 제품 재고 파악, 반품 및 교환 작업의 수월함 등 매력적인 운영 체계였지요. 이처럼 셀러가 재고 부담을 최소화해서 운영할 수 있도록 환경을 세팅하는 것이 중요 포인트입니다.

제 경험에 의존해 쇼핑몰에서의 재고 부담을 설명했지만 많은 다른 아이템의 쇼핑몰에서도 재고 부담은 오프라인 매장과 차이를 보입니다. 오프라인 창업으로 점포 창업을 한다면 미리 판매할 상품을 전시해야 하기 때문에 기본적으로 들어가는 제품 구입비가 상당히 많은 부분을 차지하지만 온라인의 경우는 다르니까요. 온라인 쇼핑몰의 경우는 제품의 이미지만 마련되면 바로 판매가 시작되고 실제 상품의 재고가 없어도 운영할 수 있다는 점이 강점입니다. 주문이 들어온 후 상품을 매입, 배송하는 '선 주문 후 배송' 시스템이기 때문에 재고 부담이 상대적으로 적은 편입니다.

쇼핑몰 판매를 처음 시작할 때는 재고 부담을 최소화할 수 있는 소싱 전략을 세우길 바랍니다. 가령, 휴대폰이나 카트리지 같은 전자 기기나 장난감 같은 아이템도 제가 쇼핑몰 셀러들을 만났을 때 충분히 재고 부담을 안지 않고 판매할 수 있는 아이템이기도 했습니다. 대리점이나 총판과 협업만 할 수 있다면 쇼핑몰은 단지 주문 내역만 전달하면 되는 셈입니다. 오프라인 제조사나 도매 매장에서도 온라인 판매의 중요성을 알기 때문에 협업할 사업체를 찾기도 합니다. 인연이 잘 이루어진다면 좋은 파트너가 될 수 있습니다.

또 의류 쇼핑몰도 처음에 최소한으로 사입할 수 있는 방법들이 생기고 있습니다. 예를 들면, 샘플만 구매하는 방식, 이미 촬영된 상품 사진 DB를 활용한 판매도 가능한 것으로 알고 있습니다. 발품을 팔아서라도 좋은 거래처를 찾는 노력을 하면 됩니다.

상품 공급 업체를 찾을 때는 공급처의 수급 안정성이나 업장 규모도 중요한 판단 기준이 되지만 가장 중요한 거래 조건은 가격입니다. 소비자에게 판매되는 가격은 인터넷 쇼핑몰에서 가장 중요한 경쟁 요소이기 때문에 가장 마진율을 확보하고 수익률을 높이는 효율적인 유통 형태를 찾아야 합니다. 거래를 맺을 때 도매상과 맺느냐 제조사와 맺느냐는 차이가 있는데요. 각각 거래 시 장단점이 있습니다.

장점	단점
• 독점 거래 시 차별화된 상품 판매 가능 • 적극적인 판촉 지원 • 유리한 매입조건으로 높은 이윤 • 확실한 A/S	• 독점적 거래로 인한 타 업체와의 거래 제한 • 할인 판매에 대한 제재 • 상품 MD에 대한 간섭
◆ 사업의 초기에는 다양한 상품 군으로 소비자의 선택의 폭을 넓히는 것이 중요하므로 제조보다는 도매 쪽을 고려해야 함 ◆ 최근 제조업체들의 직접적 쇼핑몰 오픈 사례가 늘어감	

▲ 공급 거래처별 특징 – 제조업체

장점	단점
• 여러 업체에서 동일한 상품 매입 가능 • 업체당 다수 브랜드 공급 가능 • 소비자의 욕구에 대한 시장 상황을 빨리 파악 가능	• 판매 지원 부족 • 상품 보장 불투명 • 확실한 A/S 보장이 어려움 • 매입 조건이 제조 업체보다 불리함

◆ 사업이 성장하게 되면 시장에서의 인지도 덕분에 거래 시 유리한 입장에 있지만 경쟁이 심화되므로 후발 업체와의 차별화가 중요함
◆ 신상품 개발을 해 줄 수 있는 제조 업체와의 거래 비중을 늘리게 됨

▲ 공급 거래처별 특징 – 도매상

쉽게 생각해도 도매상보다는 제조상을 선택하는 것이 가격 면에서는 경쟁 우위가 있지만, 제조상의 경우 다양한 상품이 없을 수 있고 독점이라는 조건에 걸려 초기 인터넷 쇼핑몰 운영에 있어 어려움이 생기기도 합니다. 제 경우에는 처음엔 도매상과 거래하다가 차츰 제조 쪽에 인연이 생기곤 했는데요. 대부분의 쇼핑몰도 처음엔 도매상과 거래를 맺다가 차별화된 상품에 대한 니즈가 생기면 제조 업체와 조율하는 상황으로 발전됩니다. 각각 여러분의 상황에 맞춰 설계가 되어야하는데 창업 초기에는 여러 유통 경로상의 업체들을 찾아가 보는 열정으로 잘 맞는 업체를 찾길 바랍니다.

6 셀러의 능력은 MD

쇼핑몰의 성공은 상품화 계획을 세우는 MD(Merchandising)의 영역에서 결정됩니다.

머천다이징(MD)은 수요에 적합한 상품 또는 서비스를 적절한 시기와 장소에서 적정한 가격으로 유통하기 위한 상품화 계획입니다. 유통업 분야에서 머천다이징은 상품 매입과 판매 활동을 함께 지칭하는 개념으로 사용되지요.

머천다이징이 중요한 이유는 경쟁사가 너무 많기 때문입니다. 쇼핑몰의 수는 점점 많아지고 쇼핑몰 간의 가격 할인을 통한 생존 경쟁은 더 치열해져 가고 있습니다. 소비자는 보다 쉽게 가격 비교 사이트의 도움을 받아 상품에 대한 가격과 내용을 비교하여 구매하기 때문에 이른바 호갱 고객은 없는 시장입니다. 즉, 경쟁력 있는 머천다이징 전략을 세워야 성공을 할 수 있습니다.

쇼핑몰에서의 머천다이징(MD)은 고객이 누구인지를 정의하고 그들 고객의 욕구를 어떻게 파악하고 경쟁자 상품에 대해 어떻게 대응하고 상품을 구매 관리할 것인가를 목표로 삼습니다.

'나물투데이'라는 쇼핑몰이 있습니다. 우리가 아는 나물을 인터넷으로 파는 쇼핑몰인데요. 특이한 점은 데친 나물을 판매한다는 것입니다. 우리의 식단을 보면 나물이 없는 식단은 생각하기 어려운데요. 특히 건강을 생각한다면 나물을 먹어야 하지요. 그런데 주부 입장에서는 나물을 데치는 작업이 여간 귀찮은 일이 아닙니다. 오랫동안 부모님께서 시장에서 나물 장사를 하셨기 때문에 누구보다도 소비자의 니즈를 잘 알고 있었던 자녀분이 창업한 사례입니다. 지금은 규모를 많이 키워서 전국적으로 백화점에도 납품하는 업체로 성장했습니다. 데치는 작업을 귀찮아한 소비자의 욕구를 파악하여 새로운 시장을 개척했습니다.

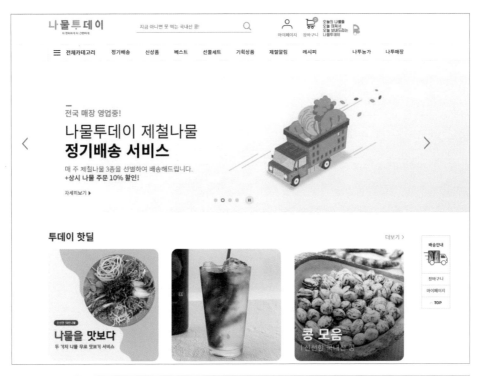

▲ 나물투데이(namultoday.com)

재밌는 것은 데치지 않은 상태에서의 상품은 가격 비교를 쉽게 할 수 있는데 데친 상태에서의 나물은 가격 비교가 어렵다는 점입니다. 인건비가 들어가기 때문에 어느 가격이 적정선인지, 저렴한 가격이 무엇인지를 선뜻 계산하기 힘듭니다. 나물투데이는 1~2인 가구, 3~4인 가구를 대상으로 매주 1회 데친 나물을 서비스하는 정기 배송 서비스도 하고 있습니다. 머천다이징 상품화 계획을 잘한 성공 사례로 소개할 수 있습니다.

쇼핑몰 창업자도 MD가 되어야 합니다. 특히 소호 창업자는 혼자서 많은 경영 프로세스를 이끌어 가기 때문에 필요한 머천다이저 능력을 갖추기 위해서는 쇼핑몰 창업자가 멀티플레이어가 되어야 합니다.

쇼핑몰 머천다이저가 하는 역할은 다음과 같습니다.

상품 매입	상품 관리	상품 개발	상점 관리	판촉 활동
신규 거래처 개발 거래 업체 관리	상품 발주 반품 관리 정산	신상품 개발 가격 전략 수립	쇼핑몰 디스플레이 상품 분류 상품 전시 상품 정보 관리	프로모션 기획 판촉 활동

▲ 쇼핑몰 머천다이저의 역할

상품 매입을 위해 신규 거래처를 발굴하고 기존 거래처를 관리하는 일에서부터 신상품 개발이라는 중요한 임무도 수행해야 합니다. 또한 상품을 발주한 다음 재고를 관리하고 정산까지 담당하는 상품 관리도 해야 합니다. 상품 수에 따라서 다소 다르며 쇼핑몰 솔루션으로 자동 관리를 해 주기도 하지만 역시 매일 체크해야 할 일입니다. 상점에 노출하기 위해 쇼핑몰에 어떻게 디스플레이를 할 것이며 상품 정보를 정리하는 일과 같은 상점 관리도 해야 합니다. 소싱한 상품을 하나하나 촬영하고 상품 페이지를 만들어 쇼핑몰에 등록하는 일련의 활동이 해당되지요. 여기에 판촉 활동까지 더해지는 프로세스 전부가 머천다이징의 영역입니다.

쇼핑몰을 운영하면서 상품 등록을 다른 분에게 부탁한 적이 있었는데 상품명을 작명하는 일부터 상품 설명을 쓰는 일이 쉬운 일이 아니라는 것을 알게 되었습니다. 하루에 1~2개 등록하게 되는 일도 있었습니다. 사진 촬영도 쉽지 않고 페이지 디자인 작업도 좋은 사진 찾아 일일이 입력하며 등록하는 일 또한 어려웠습니다. 그리고 판촉 활동을 해야 매출이 일어나기 때문에 이벤트 기획을 하거나 광고 및 홍보 활동을 추가로 기획해야 하는데 이 부분도 준비할 것이 많았지요.

인터넷 쇼핑몰을 운영한다는 것이 단순히 상품을 선택하고 등록하는 일에서 마무리되는 것이 아니라 상품 기획과 소싱, 판촉, 관리까지의 프로세스를 생각해 보면 스스로 멀티플레이어가 되어야 한다는 것을 기억해 주세요. 혹 상품 이미지 구현에 어려움이 있다면 포토샵 활용 능력을 키우거나 전문가에게 맡겨서라도 해결할 수 있는 방법을 찾아야 합니다.

☑ 고객을 제대로 아는 판매 상품

쇼핑몰에서의 상품 기획을 할 때는 먼저 고객을 분석해야 합니다. 고객을 정확히 정의하면 판매하고자 하는 상품의 가이드 라인이 정해지거든요. 만약 20대 전문직 여성이고 미혼이며 유행에 민감한 트렌드 리더로 고객을 설정했다면 그들을 위한, 그들이 좋아할 만한 의류를 고르기 위해 최신 잡지를 살펴보고 의류 시장을 나가서 지금 유행을 선도하는 의류를 고를 줄 알아야 합니다. 그리고 스타일링을 제안할 수 있는 센스가 필요하지요. 선정한 고객층은 가격보다도 디자인에 과감히 투자할 수 있는 고객층이기 때문입니다.

동영상 유튜브 시대가 열리면서 정말 없는 정보가 없을 정도로 많은 정보가 넘쳐나고 있는데요. 그중 자신의 패션 센스를 바탕으로 옷 스타일링을 제안해 주는 유튜버를 보게 됩니다. 저도 여성으로 유튜버들이 옷에 관해 설명할 때는 절로 감탄을 하게 되고 제안하는 옷 스타일로 입어 보고 싶다는 생각이 들더라고요. 고객을 알고 있고 정보를 잘 전달하는 것, 매출이 오르는 비결입니다.

심리학에서 유래한 마케팅 용어로 '페르소나'가 있습니다. 일종의 고객 아바타입니다. 회사의 고객이 어떤 사람들인지를 그려 내고 그들을 대상으로 철저히 회사의 제품과 서비스를 기획합니다. 우리 쇼핑몰의 페르소나를 정하면 그 주인공을 떠올려 보면서 기획을 합니다. 그렇게 하면 서비스의 콘셉트가 분명해지고 고객 중심의 경영을 할 수 있게 됩니다.

여러분들이 창업하고 셀러가 되어 어떤 제품을 판다고 했을 때, 제품을 구매할 고객은 어떤 사람들일까요? 여러분의 페르소나를 만들어 보세요. 참고로 가나가와 아키노리의 「마케팅의 문장」이라는 책에서 브랜드의 주인공을 찾기 위한 질문 리스트를 공유합니다.

우리 쇼핑몰 브랜드의 페르소나는?

❶ 어디에서 살까?

❷ 성별은?

❸ 직업은?

❹ 연봉은?

❺ 가족 관계는?

❻ 주로 즐기는 취미는?

❼ 평소 고민이나 불만인 것은?

❽ 꿈이나 목표는?

❾ 가지고 있는 가치관이나 철학은?

❿ 좋아하는 책 또는 영화는?

⓫ 좋아하는 방송 또는 구독하고 있는 유튜브 채널은?

⓬ 좋아하는 인물, 동경하는 셀럽은?

⓭ 평일이나 휴일의 라이프 스타일은?

⓮ 그들이 꿈꾸는 이상적인 라이프 스타일은?

⓯ 그들이 갖고 싶어 하는 것은?

⓰ 그들이 가고 싶어 하는 나라, 여행지는?

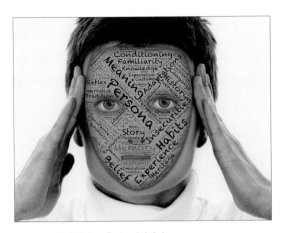

▲ 페르소나 이미지 – 출처 : 픽사베이

 페르소나 마케팅

페르소나 마케팅이란 심리학 용어인 '페르소나(Persona)'와 '마케팅(Marketing)'을 합친 말로, 소비자에게 각인될 만한 대외적 이미지를 만들어 기업 브랜드를 홍보하는 마케팅 전략이다. 본래 페르소나는 연극배우가 쓰는 탈을 가리키는 말이었으나, 심리학 용어로 확장되면서 한 개인이 본래의 성격과 관계없이 밖으로 보이고 싶어하는, 즉 '타인에게 비치는 외적 성격'을 뜻하게 됐다. 한편, 마케팅 분야에서는 기업이 표적 고객에게 전달하고 싶은 이미지를 설정하고 그에 맞는 홍보 전략을 세우는 것을 의미하는데, 효과적인 페르소나 마케팅은 기업의 가치를 올리는 동시에 일관된 이미지를 구축해 소비자의 신뢰를 얻을 수 있다.

출처: 네이버 지식백과

이렇듯 고객을 선정하고 그에 따른 상품 기획의 방향이 어느 정도 그려지면 구체적으로 판매 상품을 분류하고 구색을 맞추어서 작업해야 합니다. 고객에 맞춘 상품을 기획하는 일도 어렵지만 실제 적합한 상품을 시장에서 찾을 수 있느냐의 문제는 또 다르지요. 그것도 좋은 거래처를 통해 좋은 가격에 구할 수 있어야 하니 발품을 팔 수밖에 없습니다.

처음엔 여성들을 위한 기념일 펜던트 목걸이로 액세서리 쇼핑몰 운영을 시작했습니다. 특별한 의미의 선물로 줄 수 있는 14k 액세서리를 찾으려 한 것입니다. 1년 후부터는 쇼핑몰 고객을 '트렌디한 젊은 감각을 추구하는 남성'으로 정의하고 과거 남성들이 주로 착용하던 액세서리 이미지가 아닌 모던하고 심플하면서도 도시적인 남성 액세서리를 찾고자 했습니다. 말은 그렇게 할 수 있고 머릿속에서도 그런 이미지가 떠올랐지만 막상 도매상에서 그와 같은 제품을 찾기가 어렵다는 것을 경험했습니다. 여러분도 고객이 누구인지를 그렸다고 해도 막상 그들이 좋아할 만한 디자인의 상품과 상점을 꾸미는 일이 그렇게 쉬운 일이 아니라는 것을 알게 될 겁니다.

우리가 취급하는 판매 상품은 크게 3가지 구성입니다. 먼저 쇼핑몰의 대표 상품이라고 할 수 있는 '주력 상품'입니다. 메인 상품들이지요. 하지만 쇼핑몰을 보아도 메인만 파는 쇼핑몰은 없습니다. 메인 상품을 보조하는 상품들이 있습니다. 의류몰이라면 액세서리 같은 종류입니다. 이를 '보조 상품'이라고 합니다. 여기에 쇼핑몰에 방문한 고객이 충동적으로 쉽

게 구매할 수 있는 일명 가판대 상품을 기획합니다. 부담 없이 거래를 시작할 기회를 제공하는 상품들로 소위 '미끼 상품'입니다. 이들 3가지 상품을 구상하는 것이 필요합니다.

한 의류 쇼핑몰을 살펴보면 카테고리만 봐도 다양한 상품 선택을 위해 구성되어 있음을 알 수 있습니다. 직접 제작한 상품, 타임세일, 여름 신상, 베스트, 만원대, 77사이즈, 아울렛, 아우터, 탑, 드레스, 신발, 액세서리 등으로 구성되어 있는데요.

아우터, 탑, 드레스와 같은 기본 메인이 되는 대표 상품도 있고 신발, 액세서리와 같은 보조 상품도 있으며 만원대와 같은 미끼 상품을 잘 배치해 두고 있습니다.

▲ 그레이시크(graychic.co.kr)

8 가격 민감도를 낮추는 상품 기획 전략

판매 상품을 기획할 때 가격은 참 중요한 요소입니다. 상품의 가격은 원가와 마진을 고려해 결정하는데요. 공급 업체에서 받아 오는 공급가에 마진을 정해 판매가를 결정하는 것입니다. 그리고 실제 남은 영업 이익은 반드시 카드 수수료, 포장비, 배송료, 부가세(세금 10%) 등의 지출 비용도 반영한 최종 수익이지요.

처음엔 판매 가격을 결정하는 것이 쉽지 않았습니다. 제가 액세서리 제품의 판매가를 결정할 때도 도매상분들에게 보통 소비자가를 어떤 형태로 정하는지에 대해 알아보고 오프라인 경쟁사들의 가격, 온라인 경쟁사들의 가격, 소비자의 체감 가격 등을 고려해 결정했었습니다.

가격은 수요와 공급이 만나는 지점에서 형성되므로 소비자에게 인식되는 가격 수준에 대한 이해가 필요합니다. 우리는 소비자로서 쉽게 '이 제품은 좀 비싸네.' '여긴 좀 저렴하네.'와 같은 평가를 하지요. 보통 처음 진입할 때 가격은 경쟁사보다도 조금 더 낮은 가격에 출시하는 게 일반적입니다.

또한 가격을 결정할 때는 동일 제품, 유사 제품, 대체 제품들의 가격을 조사해 소비자의 심리 저지선을 고려한 판매 가격을 설정하는 것이 필요합니다.

쇼핑몰은 실시간 가격 비교가 되기 때문에 어떤 채널보다도 소비자들의 가격 민감도가 높습니다. 이에 가격 비교에서 보다 자유로울 수 있는 상품 기획이 중요한데요. 가격 민감도를 낮추기 위한 전략으로는 자체 제작 상품의 구성, 단일 제품이 아닌 패키지 상품의 기획이 중요하며 부가적인 서비스의 차별화, 다양한 기획전의 구성이 중요합니다.

가격 민감도를 낮추는 전략

- 자체 제작 상품의 구성
- 패키지 상품의 기획
- 부가적인 서비스의 차별화
- 다양한 기획전의 구성

쇼핑몰이 규모가 커지게 되면 흔히 자체 제작 상품을 선보이게 되는데요. 이는 다른 쇼핑몰에 없는 우리 쇼핑몰만의 상품이기 때문에 가격 비교에서 자유롭기 때문이지요. 우리만 취급한다는 것이 차별화가 되기도 하고요.

또 가격 비교를 피하는 방법으로 패키지를 만드는 방법이 있습니다. 단일 제품 비교는 쉬워도 패키지 상품일 때는 패키지에 따라 가격이 다르기 때문에 가격 비교를 하기가 어렵습니다.

'미미박스'라는 화장품 쇼핑몰이 있습니다. 지금은 규모가 매우 커진 쇼핑몰이지만 처음 시작했을 때는 1만 9,000원 박스, 2만 9,000원 박스와 같은 상품을 기획했었습니다. 테마에 맞춰, 가격에 맞춰 제품 박스를 기획했고 이는 가격 비교가 탈피된 상품이었습니다. 지금도 홈케어 풀세트, 셀프 홈케어 박스와 같은 상품을 기획하고 있습니다. 여러 상품이 들어 있고 해당 쇼핑몰 회사에서 자체적으로 만든 패키지여서 가격 비교가 어렵습니다.

▲ 미미박스(memebox.com)

부가적인 서비스의 차별화도 가격 민감도를 낮추는 전략인데요. 단지 제품만을 판매하는 것이 아니라 무상 수리 서비스라든지, 정기 배송 서비스라든지, 더욱 전문가의 부가된 서비스를 추가로 제공하는 상품군이라면 분명 가격으로는 매길 수 없는 서비스 부분이 생기는 것입니다.

'플라이북'이라는 쇼핑몰은 책을 추천해 주는 서비스로 책을 배송하지만 개인의 취향을 분석하고 이에 매칭되는 책을 보내주고 있는데요. 그냥 책을 보내 주기보다는 예쁘게 포장된 책과 카드, 정성이 들어가 있는 서비스입니다. 이러한 AI 책 추천 서비스를 이용한 고객들은 하나같이 돈을 내고 상품을 샀지만 매달 선물을 받는 것 같다는 후기가 많습니다.

나물투데이도 마찬가지입니다. 단지 나물을 파는 것이 아니라 나물을 데쳐서 보내 주는 서비스이기 때문에 가격이 달라집니다. '먼슬리 코스메틱'이라는 화장품 쇼핑몰의 맞춤형 화장품 제작 서비스도 마찬가지입니다. 단지 화장품을 파는 것이 아니라 고객의 피부에 맞춰 화장품을 제작하고 원하는 날에 배송해 주는 서비스이니 만큼 단순 화장품 가격 비교를 할 수 없습니다.

기획전을 다채롭게 진행한다면 이것 또한 가격 민감도를 낮추는 방법이 됩니다. 기획전이 많으면 풍부한 상품 제시에 만족스러움이 커지면서 개별 가격 비교를 하기 쉽지 않습니다. 유명한 대형 쇼핑몰들은 정말 기획전의 산실입니다. 벤치마킹해 보는 것도 좋습니다.

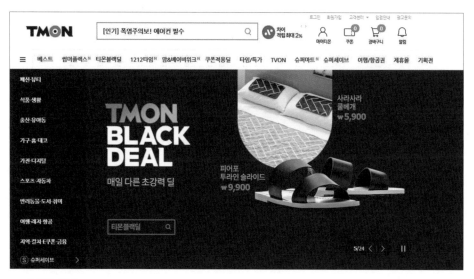

▲ 티몬의 블랙딜

상품의 가격을 책정하는 데 있어 빼놓을 수 없는 가격 할인 제도를 고민해야 합니다. 소비자는 일반적으로 웹상에서 상품을 구매할 때 가격 할인에 익숙해져 있기 때문에 가격 할인에 대비한 전략을 세워야 합니다. 워낙 많은 경쟁 쇼핑몰들이 상품을 세일하기 때문에 소비자는 정가에 사기보다 몇 퍼센트 할인된 금액에 사는 것을 당연하게 느낍니다. 솔직히 저도 가격 할인을 하지 않는 상품은 아예 보지 않게 됩니다. 할인의 종류도 다양해서 신상품 할인에서부터 정기적인 시즌별로 할인을 제공하고 특별한 행사에 할인을 제공하는 등 일련의 세일 판촉 활동은 거의 1년 내내 이루어지는 것이 일반적입니다.

가격 할인을 어떤 식으로 적용할 수 있을까요? 우선은 수량 할인을 할 수 있습니다. 1개가 아닌 2개 세트, 3개 세트를 구입하는 경우에 좀 더 추가된 할인율을 제공하는 것입니다. 또한 버전에 따른 제품 할인도 가능합니다. 제품마다 기능적 차이가 있는 상품은 그 해당 버전에 따라 다른 가격을 매기고 각각 다른 할인을 제공할 수 있습니다. 호스팅이나 도메인, 소프트웨어 같은 서비스도 수량 및 용량에 따라 다른 상품으로 나누고 할인을 적용하기도 합니다. 의류의 경우는 비슷한 디자인이라 해도 브랜드 유무 및 소재의 차이에 따라 가격 차이가 발생합니다. 그리고 시즌에 따라 할인이 들어갑니다. 혹은 신상품 할인을 하기도 하고요. 또한 비수기 할인도 가능합니다. 소위 매출이 떨어질 때를 대비한 할인 제공입니다. 이것은 쇼핑몰에서는 주말 세일, 연휴 세일과 같은 방식으로 활용됩니다.

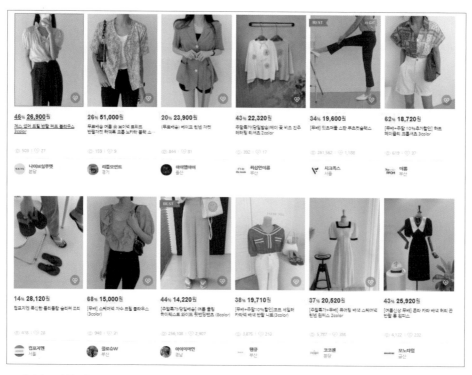

▲ 네이버 쇼핑윈도 할인전

　이렇듯 쇼핑몰에서는 여러 할인 제도를 시행할 수 있고 이는 판매가 책정에 중요한 포인트가 됩니다. 할인하는 이유가 미끼 상품으로 홍보 효과를 누리기 위해서인지, 비수기에 매출액을 유지하기 위한 것인지, 재고 관리 차원에서 시행하는 것인지 등 여러 이유가 있을 수 있습니다. 한 번 내려간 가격을 올리기란 매우 어려우므로 어느 때 가격 할인을 해야 하고 어느 가격까지 할인할 것인지 등을 소비자의 반응과 수익률에 근거하여 고민하면서 결정해야 합니다.

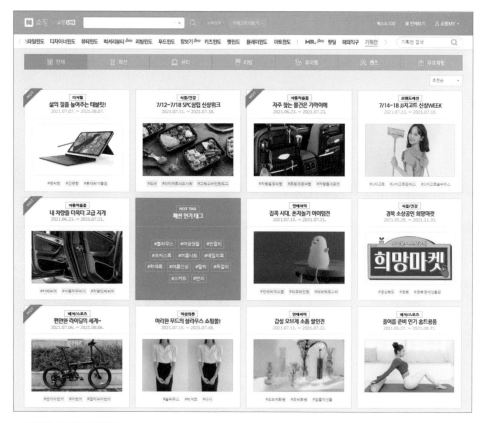

▲ 네이버 쇼핑윈도 기획전

🟦 다양한 온라인 홍보

　셀러로 쇼핑몰을 오픈하고 나면 가장 난감할 때가 매출이 없을 때입니다. 아무도 구입하지 않는 쇼핑몰 관리자 페이지를 보는 것만큼 괴로운 일도 없지요. 실제로 한 달 동안 새로 창업하는 쇼핑몰이 엄청 많고 기존에 잘 판매하는 판매자들을 생각하면 내가 판매할 수 있는 시장이 있을까 암울할 수 있습니다. 신기하게도 근 20년간 쇼핑몰 업계에 종사하다 보니 늘 시장은 변하고 쇼핑몰도 없어졌다 생겼다 하는 생물적 태생을 느끼게 됩니다. 오랫동안 유지되지 못하고 시장 트렌드를 따라가지 못하면 쇼핑몰도 금세 없어지고 맙니다. 그 자리에 새로운 진입자가 생겨서 또 판매는 이루어지는 것이지요. 그리고 온라인 시장은 계속 성장하고 있어서 전체적인 규모가 커지고 있습니다.

시장은 늘 변화하기 때문에 신규 창업자가 성공할 기회가 생기는데요. 지금의 쇼핑몰 성공에 있어 꼭 필요한 핵심 능력으로는 바로 운영자가 SNS 홍보를 알고 직접 채널을 운영하고자 준비하고 있느냐입니다.

여러분은 지금 운영하는 여러분만의 SNS 채널이 있나요? 페이스북, 인스타그램, 네이버 블로그, 카페, 유튜브 그 어떤 것이라도 좋습니다. 적어도 1개는 꼭 운영하길 바랍니다.

라이브 커머스에 관심이 있는 분들은 유튜브 채널에 대한 관심도 많을 것 같습니다. 동영상 편집을 위한 앱을 배우고 지속해서 콘텐츠를 기획하며 소통하는 연습이 되면 라이브 커머스 방송도 훨씬 쉽게 도전할 수 있습니다.

많은 창업자들이 창업하기 전에 미리 사업계획서를 작성할 것 같은데요. 사업계획서는 사업의 방향과 계획을 자세히 고민한 문서입니다. 사업계획서에서 가장 중요한 부분 중 하나가 제품 홍보와 마케팅 계획을 얼마나 세밀하게 세우는가입니다. 두리뭉실한 전략이 아닌 보다 구체적인 방법이 필요합니다.

보통 잘 설계된 쇼핑몰 사업계획서에는 운영 목표 기준을 세우는데 하루 방문자 유입률 목표, 혹은 한 달, 일 년 매출 상승 계획, 고객 모집 방안과 같은 구체적인 지표 설정과 그것을 이룰 수 있도록 액션 플래닝이 되어 있습니다. 가령, 하루 방문자를 천 명 이상 확보하기 위해 광고는 어떤 광고를 사용할 것인지부터 창업 6개월 전 SNS 채널을 운영하면서 기반을 닦아 놓는다는 계획, 제휴할 수 있는 카페나 블로그 리스트를 확보하는 계획 등도 사례가 될 수 있지요.

가장 쉽게 고객을 모을 수 있는 방법은 역시 광고를 하는 것입니다. 네이버만 해도 배너를 활용한 디스플레이 광고가 있고 고객이 입력하는 키워드를 바탕으로 한 키워드 광고가 있으며 쇼핑 메뉴에 붙는 쇼핑 검색 광고도 별도로 있고 밴드나 기타 네이버의 여러 채널과 연계된 광고들도 있습니다. 소비자에게 직접적으로 메시지 소구가 노출되기 때문에 방문자를 유입하는 가장 쉬운 방법이지만 대부분의 창업자가 광고를 부담스러워합니다. 어찌 보면 이제 막 시작한 쇼핑몰은 여러 면에서 경쟁력이 부족할 수 있기 때문에 광고의 효과가 덜 나올 수도 있고요.

그래서 지금은 광고보다는 운영자가 직접 홍보할 수 있는 채널을 얼마나 확보하느냐의 싸움이 더 중요해졌습니다. 추천에 의한 주문이 더 높은 구매율을 보이는 것도 이미 SNS 채널을 통해 간접 추천이 된 상태라 그 효과가 발휘되는 것입니다.

최근에는 홍보할 수 있는 채널이 매우 다양해져서 가장 일반적인 네이버 포털에 노출될 수 있는 블로그, 카페, 동영상, 지식인, 포스트 등의 매체 활용 외에도 페이스북 계정 관리, 인스타그램, 유튜브 등 여러 노출 매체가 활용되고 있는 현실입니다. 나아가 여러 다양한 광고들을 이용해 노출을 할 수 있고 카카오스토리, 네이버 밴드와 같은 모바일 앱을 통한 마케팅도 가능합니다.

주로 쇼핑몰들은 입점을 통한 브랜드 홍보도 계획합니다. 가령, 자체 쇼핑몰도 오픈하지만 네이버 쇼핑에 추가로 입점을 한다든지. 오픈 마켓이나 소셜 커머스에서도 판매하는 마케팅으로 시장 확대를 만들어 가는 것입니다.

쇼핑몰 홍보에 있어 직접 무엇을 해야 할지 모를 때 참고할 만한 사이트 하나를 소개합니다. '크몽'이라는 사이트는 프리랜서 마켓이라고 해서 특정 분야의 업무를 대행할 수 있는 분들이 용역을 맡기 위해 자신의 비즈니스를 홍보하는 곳입니다.

마케팅 영역을 선택해 들어가면 카테고리가 세분화되어 있는데요. SNS 마케팅, 블로그 마케팅, 쇼핑몰·스토어, 웹 트래픽, 체험단·기자단 대행, 카페 마케팅 등이 있습니다. 인터넷으로 홍보하기 위해 전략적으로 만들어진 카테고리입니다. 이를 참고해서 스스로 할 수 있는 온라인 홍보와 대행사를 통한 인터넷 홍보 등을 선택할 수 있습니다.

▲ 프리랜서 재능 마켓 크몽 – 마케팅

인터넷 홍보를 잘하기 위해서 배워야 할 것도 많고 전략을 세우는 일도 매우 신중하게 접근해야 합니다. 쇼핑몰의 존재를 알리지 않으면 아무도 모릅니다. 중요한 것은 생각에 그치는 것이 아니라 당장 SNS 채널을 하나라도 구축해서 콘셉트를 만들고 글을 적어야 한다는 것입니다. 그리고 꾸준히 운영해야 한다는 것입니다. 단지 글 한 번 올린다고 해서 입소문이 나지는 않으니까요. 창업을 하기 전 인터넷 홍보 전략에 관한 공부를 충분히 하길 권합니다.

🔟 보이지 않는 고객과의 친밀감 형성

라이브 커머스 방송 시장이 점차 확대되면서 유튜브상의 녹화된 영상과 댓글 수준의 글이 아니라 실시간 소통하는 문화가 자리를 잡게 될 겁니다. 사실 인터넷 쇼핑몰을 운영하면서도 고객 관리는 정말 중요한 부분이었습니다. 특히 보이지 않는 고객과 친밀감을 형성한다는 것이 그렇게 쉽지 않은 일이었으니까요.

쇼핑몰은 가상 상점이고 상품을 사진으로 보여 주는 정도였는데, 라이브 방송은 실시간 생방송으로 제품을 소개하고 보여 주기 때문에 훨씬 더 현장감이 있고 제품에 대한 소개가 자연스럽습니다. 고객들의 궁금증도 실시간 톡으로 해결할 수 있어서 구매 유도에 더 효과적입니다.

▲ 네이버 쇼핑라이브 내 도전라이브 채널

라이브 방송을 하면서 쇼호스트가 가장 신경 쓰는 부분이 바로 실시간 톡으로 올라오는 고객들과의 소통입니다. 어떤 분들이 시청하고 있는지는 알 수 없지만 관심을 가지고 방송을 보고 있기 때문에 인사를 나누고 닉네임을 호칭하면서 친근감을 느끼게 해 주는 것입니다.

상품을 설명하면서도 수시로 올라오는 댓글들을 신경 쓰고 대화를 나누기 위해 애를 씁니다. 닉네임을 언급해 주는 것만으로도 시청자는 보다 친근감을 느끼게 되고 소통한다는 생각이 들게 됩니다. 뭔가 나를 알아준다는 느낌을 받게 되지요.

그립이라는 라이브 커머스에서 방송을 하는 분들은 그립은 찐팬들이 있다는 표현을 사용합니다. 방송하면서 계속 방문하고 만나게 되는 시청지가 생기는 겁니다. 몇 번 닉네임을 언급하다가 알게 되면 더 반가운 마음으로 함께 라이브 방송을 하게 됩니다.

저도 라이브 방송을 하면서 실제 누군지는 모르지만 쇼호스트로서 하고 있는 얘기에 관심을 가지고 질문을 해 주는 고객이 그렇게 고마울 수가 없었습니다. 라이브 방송의 또 하나의 매력입니다.

특히 제품을 판매하는 것이기 때문에 제품 홍보에 집중하면서 믿을 수 있는 제품을 합리적인 가격에 추천할 수 있는 프로세스를 잘 만들면 고객과 더욱 친해지는 바탕이 될 것입니다.

인터넷 창업을 한다는 것은 보이지 않는 고객을 관리해야 한다는 것이고 모르는 사람과도 친숙하게 대화할 수 있도록 마인드를 바꿔야 하며 고객에 대한 보다 세심한 케어가 필요합니다.

또한 인터넷으로는 오감을 잘 전달하기 어렵습니다. 맛, 냄새 등을 전달하는 게 어려운 것이죠. 쇼호스트의 입맛과 소비자의 입맛은 다를 수 있습니다. 배송 과정에서 생긴 실수가 톡에 올라오거나 난처한 질문을 할 수도 있습니다. 쇼핑몰에서는 소비자에게 글 한 줄 쓰는 것도 신경 써서 써야 하는데 라이브 커머스 방송은 말 한마디 한마디를 조심스레 잘해야 하겠지요.

인터넷 쇼핑몰을 창업할 때 고객 응대에 대한 어려움도 충분히 인지하고 시작하면 미리 마음 대비를 했기 때문에 훨씬 수월할 거라고 생각합니다.

⑪ 주문 이후 찾아오는 난해한 상황 이해하기

제가 인터넷 쇼핑몰을 운영하면서 깊이 깨달은 점은 '주문이 끝이 아니라는 것'입니다. 시작할 때는 솔직히 주문이 오면 그저 기쁘기만 하고 그게 다인 걸로 생각하거든요. 그런데 막상 배송하고 난 뒤에도 상황들이 벌어지는 것이죠. 반품이나 교환, 수리와 같은 일들입니다. 의류는 반품률이 약 15% 정도가 된다고 하는데요. 저도 인터넷 구매 후 어울리지 않아서 반품하는 일이 있는데 소비자 입장에서도 참 귀찮고 난해한 일이지만 운영자 입장에서도 여간 짜증 나는 일이 아닙니다. 일일이 쇼핑몰 솔루션상으로도 정리를 해 주어야 하고요.

제가 첫 쇼핑몰 아이템으로 선택했던 액세서리 같은 경우, 대부분 주문 후 맞춤 제작으로 이루어지기 때문에 제작이 들어간 상태에서 주문 취소가 된다면 여간 난처한 일이 아닙니다. 그래도 몇 년 동안 운영하면서 그런 일이 생각보다 많이 없어서인지 기억이 안 날 정도네요.

사실 창업 아이템을 정하는 단계에서 반지는 아예 취급을 고려하지 않았는데요. 왠지 고객들이 본인 반지 크기를 잘 모르고 있어 안 맞아 반품하게 되는 일들이 많을 것 같아서 아예 고려하지 않았습니다. 액세서리의 경우는 줄이 끊어지거나 큐빅이 빠지는 등의 문제로 주문 후 수리를 부탁하는 경우도 많습니다. 수리는 무상으로 지원해도 왕복 배송비 등이 늘 골치가 아프더군요.

과일도 보통 도매상에서는 신선도를 유지하기 위해 냉장된 창고에 보관하는데요. 교환이나 환불이 생기는 상황이라면 과일이기 때문에 하루만 실온에서 두어도 이미 변질이 되었다고 봅니다. 그래서 반품을 받아도 이미 그 가치가 없어져서 그냥 버리게 되는 경우가 많았습니다. 아예 반품을 받지 않고 그냥 드리는 경우까지도 있었습니다. 그리고 택배 배송 중에도 손상이 될 수 있어서 좀 다루기가 쉽지 않은 제품이었습니다.

배송 사고도 생길 가능성이 있습니다. 저는 택배 사고가 나서 주문한 곳으로 물건이 가지 않고 다른 지역으로 배송이 되어 있거나 배송은 완료라고 하는데 고객은 받은 적이 없다고 하는 등 희한한 상황을 실제 겪었습니다. 특히 취급하는 제품이 선물용이어서 특정 일까지는 반드시 받아야 한다면 배송에 있어서는 더욱 신경을 써야 하지요. 선물이라서 기념일을 지켜야 하는데 제작하는 공장에서도 날짜를 어기고 심지어 배송에서도 늦게 도착하게 되면 여간 당황스러운 일이 아닙니다. 도자기나 그릇도 포장을 잘해서 보냈는데 배송 중 파손되는 경우도 있습니다.

비단 액세서리나 과일뿐만 아니라 의류도 여러 상황 변수로 구매 이후 사건이 발생됩니다. 흰옷인데 착용한 흔적이 있음에도 무조건 환불을 원하는 상황이 있을 수 있고 신발 같은 경우도 신은 흔적이 있는데 환불해 주거나 하는 일들이 생깁니다. 물론 운영자는 마음을 다치게 되지만요.

흔하진 않지만 고객 불만이 발생하여 게시판이 도배되거나 고객과 싸우게 되는 일이 생기는 등 운영을 하다 보면 여러 힘든 일이 생깁니다. 그렇다고 해서 일어나지 않은 일을 미리 걱정하여 시작을 못 하는 일이 되어서는 안 되지요. 여러 상황이 생길 수 있다는 것을 설명하고자 하는 것입니다.

주문 이후 발생할 수 있는 다양한 상황들에 대해 쇼핑몰은 무엇보다 고객 신뢰를 우선으로 해야 하기 때문에 사전에 사고를 대처하는 운영 정책과 노하우가 필요합니다.

12 경비 지출의 체계적인 관리

쇼핑몰을 운영하는 창업자가 아마도 가장 관리를 힘들어하는 부분이 세무일 것입니다. 수익을 내는 것 같은데 얼마나 수익이 나는 건지, 지출도 하고 있는데 얼마나 지출이 되고 있는지와 같이 경영 상황을 재무적으로 파악하고 있어야 하는데요. 하루하루 상품 등록과 고객 응대, 마케팅 홍보 활동들을 하다 보면 시간이 금세 지나서 세무 관리 부분은 솔직히 챙기는 게 쉽지 않습니다. 결국 돈을 벌고서도 정말 번 것인지를 모르겠다는 셀러들이 많습니다.

쇼핑몰 셀러를 하는 분 중에는 다양한 경력의 소유자들이 많습니다. 웹 비즈니스의 경력을 가진 분들도 있고 아무 관련성 없는 업에 종사했다가 셀러가 되는 분들이 있습니다. 대부분은 창업 아이템에 대해서 전문성이 있는 경우가 많은데 공통으로 세금 관리, 경리 부분을 잘 모른다는 분들이 많은 편입니다. 저도 쇼핑몰을 운영하면서 제일 머리 아팠던 것이 세금 신고 부분이었거든요. 간단히 조언을 드리면 다음과 같습니다.

요즘은 쇼핑몰 프로그램상에서 정산 관리 기능을 통해 매출 내역이 모두 보이기 때문에 관리가 쉽지만 도매나 제조 업체 즉, 거래 업체와의 사업비 지출 내역이나 광고비, 택배비, 각종 수수료 등 지출 증빙에 대한 관리 등이 필요합니다. 정리가 어려워도 가계부 적듯이 매일매일 기록하지 않으면 수익과 지출 관리가 잘못됩니다. 매일 한다는 생각으로 하는 게 좋지요.

먼저 거래처에서 구매한 물품의 영수증을 정리해야 합니다. 여러 공급처와 거래하기 때문에 공급처마다 어느 정도 물품을 구매하고 있는지에 대한 계산이 필요합니다. 이는 부가세 증빙을 할 때 필요한 세금계산서 증빙과도 연결이 됩니다. 세금계산서는 비교적 전자세금계산서가 발달되어 편리해졌다고 볼 수 있지만 도매상과 거래 시 아직도 영수증 기록이 많기 때문에 영수증 정리도 꽤 신경을 써야 하는 항목입니다.

또한 수입 및 지출에 대한 관리를 효율적으로 하기 위해 통장을 세분화하는 것이 좋습니다. 가령, 부가가치세 통장, 일반관리비 통장, 예비비 통장 등입니다. 매출의 10%는 부가세를 낸다고 생각하고 무조건 떼어서 세금을 대비하는 습관이 필요하며 이는 사업자의 수익이 아닙니다. 수입의 일부는 관리비 명목으로 자유롭게 쓸 수 있는 통장을 별도로 만드는 것이 좋습니다. 해당 통장과 카드를 연계해서 나중에 직원이 카드를 쓸 때도 어느 항목에서 결제가 얼마나 이루어지는지를 한눈에 파악하는 것이 중요하지요.

그리고 새로운 상품이 나왔을 때 상품을 구매하는 비용이나 신규 제작을 들어간다거나 하는 투자비가 필요할 때 이를 회사의 수익에서 제대로 고려해 진행할 수 있도록 해야 합니다. 특히 사업이 잘될 경우에 직원을 고용하거나 사무실을 넓히는 등의 큰 비용이 들어가는 일이 생길 때 여유 운영 자금을 고려, 미리 비축해 두지 않으면 매우 힘들어집니다. 비교적 간단해 보이는 일이지만 전에 해 오지 않았던 일들을 처리하는 과정은 익숙해지기까지 꽤 귀찮으면서 신경이 쓰입니다.

쇼핑몰의 자금 흐름을 정리해 두지 않으면 자칫 회사 자금과 개인 생활비가 구분이 안 되어 소위 관리가 안 되는 상황이 발생하니 자금 흐름에 대한 관심을 많이 가져야 합니다.

또한 온라인에서는 정산 주기라는 것이 있어서 카드 결제를 통한 결제가 매일매일 이루어진다고 해도 통장에 입금이 되는 시기가 다소 차이 날 수 있습니다. 게다가 오픈 마켓이나 소셜 커머스와 같은 대형 쇼핑몰에 입점하는 경우라면 고객의 구매 확정이 진행되어야 입금되거나 자체적인 정산 주기가 다르기 때문에 매출에 대한 흐름을 잘 알고 있어야 하지요. 당연한 거지만 매출에서 원가나 제반 비용을 빼고 수익이 어느 정도 되고 있는지에 대한 파악도 매우 중요합니다.

대개의 쇼핑몰 초보 창업자들은 제품 가격을 산정하는 일부터 얼마의 수익이 되고 있는지를 파악하는 일들을 매우 어려워하며 손을 놓는 일도 보게 되는데요. 창업 초기에는 경리담당자를 둘 수 없기 때문에 우선 대표 스스로 비용의 흐름을 정리할 줄 알아야 합니다. 정리하는 것 자체도 매일 시간을 내야 하기 때문에 어렵지만 최소한의 일 만큼은 해야 합니다. 저는 개인적으로 초기에는 세무사의 도움을 받아 좀 더 편하게 효율적인 방법을 찾는 것도 중요하다고 생각합니다.

▲ 경리나라(serp.co.kr)

최근에는 온라인상으로 기장 업무를 쉽게 할 수 있는 플랫폼 사이트도 생겨서 비교적 혼자서 세금 신고까지도 어렵지 않게 할 수 있습니다.

🔢 자신에게 맞는 창업비 설계

인터넷 쇼핑몰 창업을 막상 시작하기 위해 준비하려고 하면 무엇부터 해야 할지 고민될 수 있습니다. 어떤 상품으로 판매를 해야 할지, 판매 준비는 어떻게 해야 할지 말이죠. 여기서 창업 자금 계획에 대한 조언을 드릴까 합니다.

자신에게 맞는 쇼핑몰 창업의 규모는 어느 정도인가부터 설계를 시작해서 창업 후 성공의 기대를 조절하는 작업입니다. 이렇게 말씀드리는 이유는 대부분의 경우, 투자금에 비해 다소 높은 기대를 하여 쉽게 폐업하는 경우를 많이 봐 왔기 때문입니다.

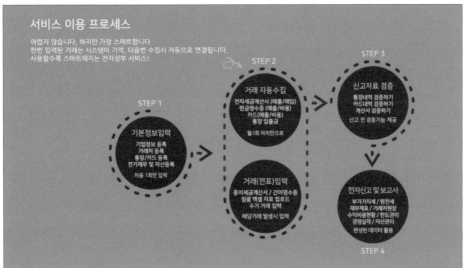

▲ 성공하세요.com : 온라인으로 장부 관리가 가능한 서비스

인터넷 쇼핑몰의 가장 큰 장점으로는 초기 창업 비용이 적은 편이라는 점을 꼽습니다. 과거 인터넷 쇼핑몰 창업 초기에는 100만 원이 안 되는 비용으로도 얼마든지 성공 사례들이 나타났습니다. 하지만 지금은 초기 창업 비용이 적을 것이라는 장점에 대해 이의를 제기하는 분들도 있는데요. 대부분 마케팅 비용 때문에 그렇습니다. 쇼핑몰 창업도 준비 자금이 많이 든다는 것이지요.

제가 만난 창업가들은 작은 자본금으로 시작하는 경우가 많습니다. 실제로 창업을 하는 아이템이 정해져 있고 공급 방식이 결정되어 있다면 구축을 위한 비용은 간단합니다. 도메인을 구입하고 쇼핑몰 솔루션을 이용해 무료로 상품을 등록하는 것입니다. 상품 사진도 스마트폰으로 찍고 올리면 끝입니다.

하지만 사업 확장을 기획하고 키우려고 하다 보면 상품 수도 많아지고 더 좋은 콘텐츠를 개발해야 하기 때문에 자금이 더 필요해지고 경쟁사들과의 싸움에서 마케팅을 하려다 보니 자금이 계속 필요해지는 상황을 겪습니다. 결국 적은 자본으로 성공할 수 없다는 말이 나옵니다. 특히 초기에 방문자를 만들기 위해서는 네이버에 입점하더라도 광고를 진행하게 되고 이벤트 상품을 만들어 수익이 나지 않더라도 판매를 진행하는 소위 마케팅비를 소진하는 적자 판매를 할 수도 있지요.

'크몽'이라는 프리랜서 마켓으로 유명한 사이트에서는 인터넷 마케팅 대행에 대한 여러 서비스가 이미 넘치도록 등록되어 있는데요. 블로그 및 카페 노출 대행이나 인스타그램 대행 등은 이미 많았고 최근엔 라이브 커머스 홍보를 대행해 주는 서비스도 많이 생겨났습니다. 종종 이곳의 서비스들을 보다 보면 정말 작은 것에서부터 도움 안 되는 건 없구나 하는 생각이 듭니다. 비용만 지불할 수 있다면요.

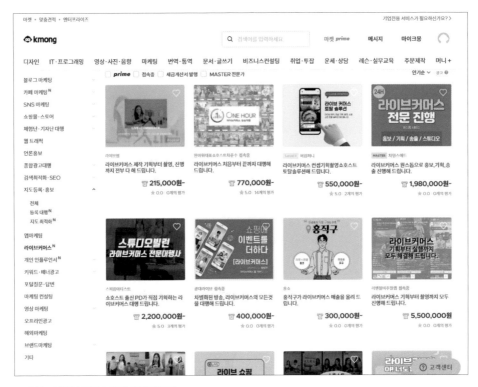

▲ 크몽 – 라이브 커머스 대행 상품 페이지

본서를 보는 대부분의 독자분들은 적은 비용으로 쇼핑몰을 오픈하고 나서 빨리 사업을 확장하기보다는 천천히 규모를 늘려 가며 어느 정도 수익화를 만들어 내는 경우를 원하실 것 같은데요. 마케팅비에 있어서도 직접 블로그를 운영하고 있거나 기타 SNS 채널을 활용하여 홍보하고 방문자를 유입하고자 하는 경우입니다. 자신만의 페이스에 따라 각자 계획을 세우면 됩니다.

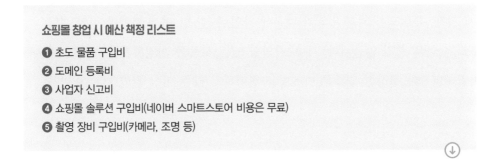

쇼핑몰 창업 시 예산 책정 리스트
❶ 초도 물품 구입비
❷ 도메인 등록비
❸ 사업자 신고비
❹ 쇼핑몰 솔루션 구입비(네이버 스마트스토어 비용은 무료)
❺ 촬영 장비 구입비(카메라, 조명 등)

⑥ 디자인 제작비

⑦ 카드 결제 시스템 세팅비(네이버 스마트스토어 비용은 무료)

⑧ 명함 제작비

⑨ 포장 재료비

⑩ 기타 광고비

*사무실 임대비, 컴퓨터, 팩스, 스캐너, 전화, 인터넷 비용 등 제외

다만, 경험적으로 창업 자금과 지출 설계에 대해 말씀드리면 사업의 성장은 어떤 시장을 선택하느냐에 따라서 많이 차이가 납니다. 시장에 투입되는 비용에도 차이가 나는 것이죠. 본서를 보고 있는 분들이 대개 소자본으로 쇼핑몰을 창업하고자 한다면, 적은 비용으로 창업하기 때문에 창업 후 성공에 대한 기대감도 계획에 맞춰 설계가 필요합니다.

어떤 창업자의 경우, 100만 원이 안 되는 비용으로 창업을 하고 이제 막 오픈만 한 상태인데 3개월이 지나도 수익이 안 나온다고 고민하다 6개월을 버티지 못하고 문을 닫는 경우를 보았습니다. 사업의 실패를 돈으로만 환산할 수는 없지만 적어도 이 정도 투입했고 특별한 상품 가격과 특별한 마케팅 채널이 있지 않다면 단기간 내 큰 기대 수익을 만들기는 어렵습니다. 하지만 기대 수익을 좀 낮게 그리고 천천히 한 분 한 분의 고객들과 소통하는 마음으로 운영한다면 차츰 조금씩 매출이 생기는 것이지요. 마음의 여유를 가지게 된다면 지속해서 사업을 유지해 나갈 수 있을 것입니다.

다시 말해, 투여되는 자본이 적기 때문에 창업 후 한 달 만에 몇백만 원의 수익을 올리는 일은 쉽지 않습니다. 매우 시의성 있는 상품을 선정했거나 가격이 매우 저렴하다거나 굉장한 입소문 마케팅을 진행하지 않는 이상 말입니다. 소비자

들은 창업한 쇼핑몰이 있는지도 잘 모르기 때문에 노출된 소비자들만 겨우 쇼핑몰에 방문해서 물건을 구매하게 되는 셈입니다.

창업 후 3개월 간의 기대 수익이 얼마라고 계획한다면, 해당 수익이 생기기 위해 어느 정도 물건을 팔아야 할지, 몇 명의 고객에게 쇼핑몰이 노출되고 신규 회원을 만들어야 할지 역으로 계산해 보길 바랍니다. 분명한 것은 꾸준히 유지하는 것이 가장 좋은 성공의 길입니다. 최소 3년은 버텨야 합니다.

참고로 중소벤처기업부 산하 공공기관인 소상공인시장진흥공단에서는 5인 미만의 작은 사업체(소상공인)를 대상으로 한 경영정책자금 지원이 있으니 한번쯤 알아보셔도 좋겠습니다.

▲ 소상공인시장진흥공단의 소상공인정책자금

제대로 소싱한
인터넷 판매 상품의 조건

1 오프라인 상품과 차별화하기

　인터넷 쇼핑몰이기 때문에 판매하는 상품의 조건을 생각하고자 합니다. 가장 중요한 고려 사항 중 하나는 바로 오프라인 상품과 차별화가 되어야 한다는 것입니다. 현재 오프라인에서 판매하고 있는 상품을 그대로 온라인으로 판매하는 것은 일반적인 선택이지만, 자금력이 되거나 생산자의 경쟁력이 있을 때 빛을 낼 수 있습니다. 단순 소매상인 소호몰 창업자에게는 그렇게 매력적인 아이템은 되지 않습니다. 오프라인에서 판매되는 상품을 판매하더라도 상품 기획이 부가되어 패키지가 다르거나 서비스가 다르게 구성하는 차별화를 만들어야 합니다.

　인터넷 창업은 진입 장벽이 낮습니다. 즉, 누구나 쉽게 쇼핑몰을 구축하고 뛰어들 수 있는 시장인 데에다 인터넷 소비자는 가격 비교 사이트를 통해 같은 상품들의 판매가도 경쟁 쇼핑몰들을 비교하며 구매할 수 있기 때문에 차별화를 가지지 않으면 대기업형 벤더나 딜러들을 이길 수 없습니다. 저도 개인 소호형 쇼핑몰에서 구매하게 되는 경우는 가격 비교에서 최저가에 살 수 있을 때 구매를 하게 되는 경우가 많습니다.

일반적인 제품을 검색해 보면 여러 사이트에 동일 상품을 다른 가격에 판매하고 있다는 것을 쉽게 확인합니다. 소비자 입장에서는 최저가에 판매하고 있는 사이트에 갈 수밖에 없는 상황이기 때문에 일반 상품의 가격만으로 비즈니스를 열기에는 차별화되었다고 보기가 어렵습니다.

여름에 별미로 자주 애용하게 되는 것 중 오미자 주스 혹은 오미자청, 말린 오미자 열매 등이 있는데요. 오미자를 네이버에서 검색하면 네이버 쇼핑란 첫 화면에 8개 상품이 표시되어 있고 '쇼핑 더보기'를 클릭하면 무려 63,280개의 상품이 등록되어 있음을 확인할 수 있습니다.

▲ 네이버 '오미자' 검색 결과

이런 상황에서 소비자는 다시 오미자청, 혹은 말린 오미자와 같은 세부적인 키워드로 검색을 하겠지요. 다시 오미자청으로 검색해 보면 네이버 쇼핑란 첫 화면에 8개 상품이 표시되어 있고 '쇼핑 더보기'를 클릭하면 8,952개의 상품이 등록되어 있음을 확인할 수 있습니다.

▲ 네이버 '오미자청' 검색 결과

여러분이 오미자를 생산하는 농가를 알고 있고 이 상품으로 판매를 하고자 한다면 일반적인 오미자 그대로 상품을 가지고 이 시장에서 어떻게 노출을 할 수 있을까요?

경쟁 상품을 많이 보고 비교해서 4인 가족 기준이 아닌 1인 가족을 대상으로 한 소용량의 오미자를 판매한다든지, 오미자와 다른 재료를 섞어 새로운 상품을 개발하여 소비자의 눈길을 잡는다든지, 선물용으로 포장 디자인을 다른 느낌으로 만든다든지, 오미자 외 다른 상품과의 콜라보 이벤트로 다른 소비 소구점을 찾아낸다든지 하는 기존 상품 그대로가 아닌 재해석하여 상품 기획을 하는 것이 중요한 차별화를 만드는 것입니다. 물론 가격의 차별화나 서비스의 차별화를 기하는 것도 하나의 방법입니다.

포인트는 오프라인 상품을 그대로 판매하지는 말자는 것이지요. 특히 소호에게는 중요한 전략입니다.

얼마 전 소상공인시장진흥공단에서 운영하는 신사업창업사관학교를 방문한 적이 있습니다. 중소벤처기업부 산하에 창업자를 위한 지원 기관이 많은데 기술형 창업을 지원하는 기관은 창업진흥원이 있고 소상공인(점포 창업, 온라인 창업)을 지원하는 기관은 소상공인시장진흥공단이 대표적으로 있습니다.

소상공인시장진흥공단에서 1년에 상하반기 2번에 걸쳐 점포 창업이나 온라인 창업을 하고자 하는 분 중, 아이템에 전문성이 있고 차별화된 비즈니스 모델이 있는 분을 전국 지역별로 선정하여 교육 4개월을 통해 좀 더 심화된 사업화 계획을 세우고 창업할 수 있도록 도와 주며 졸업 시 평가를 통해 최대 2,000만 원(대응 자금 1:1 필요) 사업비를 지원하는 프로그램이 있습니다. 이 사업이 바로 '신사업창업사관학교'입니다. 일반 교육은 1개월 동안 이루어지고 이후 3개월은 '꿈이룸'이라는 실제 오프라인 점포에서 사업 체험을 하게 됩니다.

▲ 신사업창업사관학교(https://www.sbiz.or.kr/nbs/main.do)

▲ 신사업창업사관학교 꿈이룸 인천점

제가 일부 지역을 방문했을 때 발효종을 활용한 베이커리 카페 창업자, 반려견을 위한 수제 케이크 전문점과 같은 점포형 창업 아이템부터 생활형 한복 온라인 판매, 티백을 정기 구독하는 쇼핑몰 등 온라인 창업자분들을 뵈었습니다. 많은 소비자가 늘 생활 가까이에서 소비하고 있는 제품을 나만의 방식으로 구현하여 사업화하는 분들이었습니다.

특히 티백을 정기 구독하는 서비스로 창업을 한 대표님은 외국 차를 수입하는 곳과 계약을 맺고 15일 동안 다양한 과일차를 먹을 수 있는 티박스를 별도 기획하여 판매하고 있었습니다. 과일차 한 박스는 어디서나 만날 수 있고 주문할 수 있는 상품이지만 여러 종류의 과일차를 15일 동안 다양하게 음미할 수 있도록 다시 패키징했다라는 것 자체가 오프라인에서 파는 일반 상품과는 다른 것입니다. 차별화가 된 것이죠. 오픈하자마자 매출이 늘고 교육 기간인 4개월 동안 꽤 높은 매출을 만들고 계셨습니다.

혹은 자신이 직접 개발한 상품도 차별화가 됩니다. 제가 라이브 방송을 했던 곳 중 '4남매시골된장'이라는 쇼핑몰이 있습니다. 4남매를 키우는 어머님이 대표님이신 겁니다. 전라도 익산에서 장류를 직접 담그고 있으신 데다 장독대만 해도 1,000개가 된다고 합니다. 자체 장류 생산을 하기 때문에 장류뿐만 아니라 밀키트 제품, 반찬류까지 확장하여 다양한 제품을 판매하고 있습니다. 직접 생산하고 있기 때문에 얼마든지 제품 차별화를 만들 수 있습니다.

▲ 4남매시골된장(4name.com)

　제가 기억하고 있는 쇼핑몰 중에서 개인에게 다양한 취미 생활을 제안해 주는 취미 상품 안내 쇼핑몰이 있습니다. 브랜드명은 '하비인더박스'죠. 두 여성 대표님이 시작하셨고 인터뷰했던 영상을 기억하고 있는데요. 누구나 일상 속 여유 시간에 나를 힐링하게 해 주는 취미 활동을 하고 싶지만 어떤 것이 좋을지 잘 몰라 그냥 시간만 죽이는 일들이 많지요. 이런 분들을 위해 다양한 취미 활동을 제안해 주는 상품을 소싱합니다. 사이트에 접속해 취미키트 카테고리를 선택하면 다양한 하위 취미 상품들이 기획되어 있는데 키트이기 때문에 만들기 제품들입니다.

　가령, 가죽 공예 쇼핑몰에서 가죽 공예 상품을 판매할 수도 있지만 하비인더박스에서는 개인이 취미로 만들 수 있는 가죽 공예 키트 상품으로 색깔이 입혀집니다. 오프라인 매장에서 취미샵이라는 개념의 상점을 보기 어려운데요. 온라인 쇼핑몰로 취미라는 테마를 정하고 다양한 상품들을 엮은 차별화된 케이스입니다.

▲ 하비인더박스(hobbyinthebox.co.kr)

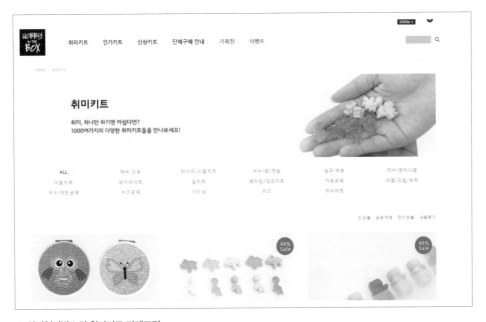

▲ 하비인더박스의 취미키트 카테고리

뭔가 내 손으로 만든 나만의 작품에 대한 핸드메이드 DIY 시장이 커지면서 이 같은 쇼핑몰도 더욱 인기를 끌고 있습니다.

정리하면 오프라인에서 쉽게 구매할 수 있고 큰 차이도 없는 상품이라면 직접 배송해 주거나 적립금, 추가 할인 혜택이 주어지는 대형 쇼핑몰에서 구매가 이루어질 겁니다. 여러분이 만드는 쇼핑몰은 대형 쇼핑몰에서 쉽게 구현하지 못하는 개인적 테마나 특정 틈새 아이템의 전문성을 바탕으로 상품 및 가격, 서비스의 차별화를 반드시 고민해야 합니다.

그리고 인터넷은 타 쇼핑몰의 운영 전략도 쉽게 벤치마킹되는 환경이기 때문에 자신이 가진 강점에 대한 차별화 전략을 더욱 고민하고 이에 대한 비즈니스 기획을 할 때 성공적인 셀러로 시작된다고 볼 수 있습니다.

② 새로운 부가가치 창출하기

앞서 언급한 차별화에 대한 조건이 새로운 부가가치를 창출하는 전제가 됩니다. 같이 함께 하는 개념으로 볼 수 있는데요. 인터넷상에는 정말 다양한 아이템의 너무 많은 쇼핑몰들이 경쟁하고 있어서 웬만한 상품과 서비스로는 고객에게 선택받기가 어렵습니다. 기술적으로도 가격 비교가 쉽지 않았던 제품들도 쉽게 검색하고 찾아낼 수 있는 기술이 더욱 발전되면서 종종 놀라움을 겪게 됩니다. 전에는 여성 의류 중에서도 상품 모델명을 알아야 가격 비교를 할 수 있었는데요. 지금은 모델명을 몰라도 스타일 사진만으로 같은 상품을 찾거나 비슷한 스타일의 다른 제품들을 쉽게 찾을 수 있습니다.

저는 특히 네이버 앱에서 '쇼핑렌즈' 기능을 자주 사용하곤 하는데요. 쇼핑 상품 중 관심 있었던 제품의 사진을 통해서 관련 정보를 찾아볼 수 있는 기능입니다.

사진만 촬영해서 가지고 있으면 모델명이나 자세한 상품에 대한 정보가 없는 상태에서도 이미지만으로 같은 상품들을 찾아 줍니다.

▲ 네이버 쇼핑렌즈 기능

점점 상품을 쉽게 찾고 비교할 수 있는 상황에서 가격 경쟁으로 성공하는 것은 절대적으로 피해야 합니다. 그렇기 때문에 가격이 아닌 다른 요소로 부가 가치를 만들 수 있어야 한다는 것입니다.

책이라는 아이템으로 창업을 생각해 보면 쉽게 서점을 생각할 수 있는데요. 대형 서점과는 다른 전문화된 동네 서점도 온라인으로 만들어질 수 있지요. 중고 서적 전문점이나 만화 전문 서점, 특정 자격증 전문 서적들을 취급하는 쇼핑몰 등입니다. 하지만 이들 서점 쇼핑몰도 가격의 틀을 벗어나지는 못하는데요.

책을 추천해 주는 '플라이북'은 개인의 상황과 기분에 맞춰 책을 추천하고, 정기적으로 매월 30일에 배송을 해 주는 구독 서비스를 운영합니다. 물론 더 다양한 서비스도 있지만 가장 제 눈길을 끈 것은 구독 서비스였습니다. 약 7,000명 이상이 매달 정기적으로 서비스를 이용하고 있다고 합니다. 책 읽기를 좋아하는 혹은 이제 시작하려는 분들에게 일반적인 베스트 셀러라는 틀 안에 가두지 않고 오랫동안 쌓인 책 서평들을 분석하는 AI 서비스로 개인에게 맞춘 추천 책을 작은 선물과 함께 보내 주는 서비스입니다. 신간, 구 서적이라는 개념도 없어서 단순히 책 가격만을 가지고 비즈니스 이용을 하는 개념이 아니기 때문에 얼마든지 부가가치가 창출될 수 있다고 생각합니다.

개인의 취향과 상황에 맞추어진 책을 추천해 주는 서점, 여러분은 어떻게 생각하시나요? 이와 같은 서비스라면 소비자 입장에서 쉽게 비교할 수 있는 경쟁 대상도 찾기가 어렵지 않을까 생각됩니다.

FLYBOOK

서비스 제휴제안 인재영입

오늘도 책과 더 가까워지다

플라이북
앱 다운로드 **181,279회**

플라이북 플러스
멤버십 회원 **7,586명**

플라이북 스크린
공공 도서관 **72곳 도입**

플라이북 오프라인
전국 **4호점 오픈**

2021년 5월 기준

2020	한국문화정보원 문화 데이터 활용 최우수상
2019	'2019 대한민국 마케팅 대상' 기업부문 최우수상
2018	대한민국 모바일 어워드 우수 모바일 선정
2017	'2017 차세대미디어대전' 과학기술정보통신부 장관상 수상
2015	대한민국 SNS 산업 대상 수상
2014	제2회 정부 3.0 문화 데이터 활용 경진대회 우수상

FLYBOOK

서비스 제휴제안 인재영입

당신의 상황과 기분, 관심사에
꼭 맞는 책을 집으로 보내드립니다.

매달 30일, 선물처럼 오는
책, 그 이상의 즐거움을 느껴보세요.

라이프 스타일　　　독서 취향

맞춤 추천　　　정기배송

29세
대학원생
무기력해요

▲ 플라이북(flybook.kr)

'술담화'라는 쇼핑몰도 있습니다. 전통주를 아이템으로, 전국의 전통주를 수집하고 큐레이션하여 소비자에게 소개해 줍니다. 특이한 것은 매달 담화박스라는 상품을 기획했는데, 이달의 전통주를 2~3개 선정하여 매달 1회 정기적으로 보내 주는 서비스입니다. 흔히 마트나 편의점에서 만날 수 있는 술이 아니라 전국 양조장에서 만들어진 사람들이 잘 모르는 전통주입니다.

어디서 살 수 있는지도 잘 모르고 쉽게 구할 수 있는 유통 경로도 적다 보니 술담화를 이용하는 고객들은 순증가하고 있습니다. 특히 월마다 전통주 소믈리에가 선정하는 전통주를 먹을 수 있다는 희소성도 있습니다. 단순히 술에 대한 가격비교가 아닌 서비스로 차별화를 하고 있기 때문에 부가 가치를 만들어 낸 케이스입니다.

▲ 술담화(sooldamhwa.com)

'먼슬리 코스메틱'은 화장품을 취급하고 있는데요. 보통 화장품 하면 유명 백화점 브랜드에서 구매하거나 로드샵에서 구매하는 것이 일반적입니다. 혹은 천연 화장품을 구매하는 경우도 많지요. 하지만 이들 상품의 공통적인 특징은 기존에 만들어진 기성 제품이라는 부분입니다. 먼슬리 코스메틱은 나만의 화장품을 추구합니다. 매달 자신의 피부 타입에 맞춰 나만의 화장품을 제조하고 만들어진 상품을 받는 것입니다. 그야말로 천연 화장품을 가장 신선한 상태로 사용할 수 있는 형태입니다.

언뜻 생각해도 레드오션으로 보이는 화장품 시장에서 신규 창업자로 새로운 비즈니스 모델을 구상하였고 화장품에 대한 구매 기준이 달라진 서비스를 만들었습니다. 이 또한 부가 가치를 만든 사례로 볼 수 있습니다.

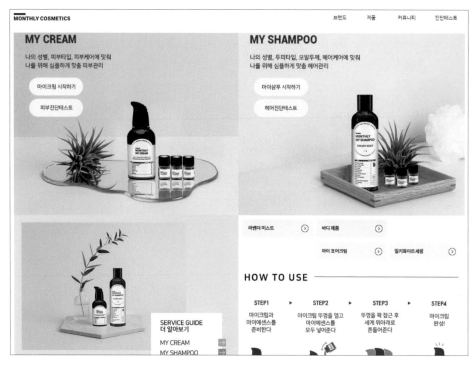

▲ 먼슬리 코스메틱(monthlycosmetics.com)

여러분이 셀러로 좋은 상품을 선택하고 기획해야 할 때, 단순히 상품을 올리는 것에서 벗어나 소비자가 원하는 서비스가 무엇이고 이를 구현하는 방법을 찾아 부가 가치를 만들어 보길 바랍니다.

❸ 사무실과 가까운 거리의 공급 업체

상품을 공급받기 위해서는 반드시 도매 – 제조와 같은 공급 업체가 필요한데요. 어떤 거래 업체를 선택하는 것이 효율적인 방법이냐는 것은 앞서 설명드렸습니다. 어느 단계의 유통 사슬을 선택하든지 간에 꼭 생각해야 할 요소로 사무실과의 지리적 거리입니다.

'가까운 곳에 있으면 성공할 확률이 높다'라는 부분은 제 쇼핑몰 경험에서 나온 것입니다. 저도 작은 쇼핑몰을 창업하여 거의 재고 없이 운영을 하다 보니 실제 제가 판매하는 제품은 도매상에 있는 형태였습니다. 최소의 재고로 효율성을 높이다 보니 거래처가 멀면 제품을 자주 사고 배송하는 일이 매우 어려웠습니다. 매일 거래처를 방문하다시피 하면서 물건을 고르고 배송을 해야 하는데 멀리 있다면?

모든 아이템에 적용되지는 않는 조건일 수 있지만 분명 중요한 쇼핑몰 창업 아이템의 요건이라고 생각되어 조언을 드립니다. 다른 말로 해석을 하면 '공급이 용이한 아이템'이어야 한다는 의미로도 말씀드릴 수 있습니다.

당연히 사업의 아이템을 선정할 때는 제품의 수급이 안정적으로 되는 거래처를 확보하는 것이 매우 중요합니다. 다만 인터넷 쇼핑몰의 경우에는 제품 수급의 안정성을 고려할 때, 공급처와의 거리도 가깝다면 금상첨화입니다.

물건을 공급하는 거래처가 매우 먼 거리에 있다면 수시로 발생하는 소비자의 문의나 상담, 그리고 주문 관리를 제대로 처리하기가 어렵습니다. 급하게 당장

구해달라는 고객의 문의도 있고 배송 사고가 날 수도 있기 때문입니다.

여러분이 어떤 아이템의 쇼핑몰을 운영하느냐에 따라서 다를 텐데요. 주문은 쇼핑몰에서 받지만 제품 배송은 제조사라든지, 산지에서 직접 보내는 방식으로 이루어진다면 이 경우는 해당 되지 않을 수 있습니다. 하지만 이것도 비교적 가까운 곳이라면 제품의 상태 점검이나 배송 상황 체크, 제품의 안정적인 수급을 파악할 때 아무래도 편리합니다.

성공한 쇼핑몰을 보면 고객의 만족도가 높은데 이는 제품의 수급이나 구입 – 배송 – 재고 관리를 잘하기 때문입니다. 만약 제품을 사입하기 위해 2시간 이상의 시간이 소요되는 거래처를 자주 방문해야 한다면 운영자의 입장에서는 시간을 많이 소비하고 체력적인 한계에도 부딪치면서 사업을 지속하기가 힘들어지는 경우가 생길 수 있습니다.

4 마진율과 재구매율이 높은 상품

쇼핑몰 창업 아이템을 선택할 때, 상품의 마진율과 재구매율이라는 두 가지 지표를 가지고 선택한다면 더 좋은 상품을 고를 수 있습니다.

먼저 쇼핑몰의 수익성은 바로 마진율에 있습니다. 대부분의 유통 제품들이 평균 30% 정도의 마진을 가진다고 하는데 30% 정도의 마진으로는 제 경험상 소호형 쇼핑몰은 원활히 운영되기가 어렵습니다. 마진율에서 각종 비용을 뺀 실제 수익은 더 적어질 것이기 때문입니다.

소호 쇼핑몰은 박리다매로 많이 파는 형태가 아니기 때문에 낮은 단가에 낮은 마진율은 오래 유지할 수 있는 기초적인 매출 형태가 되질 않습니다. 적은 자본으로 천천히 성장하는 스타일로 쇼핑몰 운영을 하는 게 일반적인 형태이기 때문에 적게 팔아도 일정 수익이 날 수 있는 단가가 높고 마진도 높은 제품이어야 더 성공률이 높습니다.

개인적인 경험을 바탕으로 조언한다면 마케팅 비용도 많이 들고 실제로 방문한 고객이 구매율로 이어지는 비율이 낮기 때문에 제품의 마진은 적어도 50% 정도는 되어야 한다고 생각합니다.

많은 쇼핑몰들은 유통 단계를 줄여서 마진을 확보하는 전략을 사용합니다. 도매 시장보다 제조 공장과의 거래를 통해 마진을 높이기도 하고 산지와의 계약을 통해 단가를 낮추기도 합니다. 지속해서 제품 원가를 낮추기 위한 고민을 하면서 상품 소싱을 해결해야 합니다.

참고로 앱스토어에 '마진계산기'라는 앱도 있으니 참고하길 바랍니다.

▲ 구글앱스토어 – 마진계산기

두 번째로 재구매율이 높은 아이템이 쇼핑몰에는 매우 중요합니다. 사실 인터넷 쇼핑몰의 최대 난점은 쇼핑몰을 고객들에게 알리기가 매우 어렵다는 점입니다. 큰 비용을 들여 광고해도, 꽤 오랜 시간 동안 SNS 채널을 활용해 홍보해도 정작 쇼핑몰에 방문하는 고객을 늘리기 어렵고 혹은 방문한다 해도 해당 고객이 제품을 구매하는 비율이 대체로 1%를 밑돌기 때문입니다.

그렇기 때문에 고객 한 명을 만들어 한 번의 구매에 그치게 하는 것이 아니라 최대한 재구매를 이끌어 내고 단골 고객이 되도록 노력해야 합니다.

저는 액세서리 아이템으로 쇼핑몰을 운영했을 때 정말 재구매율이 너무 중요하다는 것을 알게 되었습니다. 목걸이 상품을 주문한 한 고객이 또 언제 다시 쇼핑몰에 와서 재구매를 해 줄지 가늠하기가 어려웠습니다. 그래서 매번 광고를 통해 신규 고객을 유치하는 데 노력할 수밖에 없었지요.

아이템 자체가 빈번하게 구입하기보다 일회성 주문에 그치는 확률이 높다면 아무래도 신규 고객을 지속해서 유치해야 하기 때문에 마케팅 비용이 부담됩니다. 가령, 결혼에 드는 예단 제품 같은 경우, 1회 단발성 구매로 끝날 확률이 높고 돌잔치와 연결된 서비스도 한 번 돌잔치를 하면 같은 서비스를 다시 신청하는 데에는 많은 시간이 소요되니 재구매를 할지도 확실치 않습니다. 물론 지인들에게 추천하는 서비스로 이어질 수 있지만 고객 만족을 위해 더 큰 노력이 요구될 것입니다.

또 과일 쇼핑몰도 운영해 보았는데 과일은 액세서리에 비해 재구매가 활발한 아이템이었습니다. 맛있는 과일을 받았다는 만족도가 높으면 지속해서 쇼핑몰에서 과일을 믿고 주문을 하는 고객이 많았습니다. 제가 생각해도 과일은 이미지로만 선택할 수 없는 어려운 아이템입니다. 먹어 보고 신뢰가 생기는 아이템이지요. 다른 쇼핑몰로 옮기기에는 기회 비용이 나가니 믿을 수 있는 쇼핑몰을 찾으면 계속 주문할 확률이 높습니다. 그야말로 단골이 됩니다. 대체로 식품류의 아이템이 재구매율이 높습니다.

이처럼 단골 고객을 확보하면 어느 정도 매출이 유지가 됩니다. 앞서 소개한 술담화나 플라이북 같은 서비스는 매월 일정 날에 정기 구독 서비스를 통해 정기 배송을 하는 서비스를 운영합니다. 이는 지속해서 재구매하는 고객들이 이용하는 서비스 형태가 됩니다.

넷플릭스나 멜론과 같은 서비스도 매월 정기 결제하는 소비자가 많은 것처럼 정기 구독은 단골을 만드는 장점이 있습니다.

여러분의 아이템으로 지속해서 재구매하는, 재구매 주기가 짧은 아이템을 찾는다면 같은 노력으로 더 높은 성과를 만들 수 있을 것입니다.

5 배송 및 보관이 용이한 상품

인터넷 쇼핑몰이기 때문에 아이템이 되도록 배송이나 보관에 용이해야 한다는 조건이 중요합니다. 택배사의 시스템이 선진화되고 사고가 날 위험성이 줄어든다고는 하지만 여전히 배송 사고는 곧잘 일어납니다. 선물용으로 구매하는 고객이 많은 경우에 배송 사고가 나면 굉장히 난감한 경우가 연출됩니다. 배송 일정이 틀어지거나 주소지 배송이 잘못되는 경우는 그나마 운영자로 책임 소재가 적은 부분입니다.

과일의 경우, 배송 중에 제품이 터지거나 쪼개지는 경우가 생긴 적이 있습니다. 택배 박스가 심하게 구겨지는 경우도 있었습니다. 과일을 취급하는 경우 본의 아니게 배송 과정에서 상하게 되거나 유실이 되는 문제가 생길 수 있습니다. 케이크, 빵, 꽃, 유리, 도자기 등 배송이 어려운 제품보다는 취급이 용이한 제품이 아무래도 편합니다. 크기 문제도 고려할 요소입니다. 자전거, 가구와 같이 부피가 큰 제품은 공장처럼 보관 장소도 커야 하고 관리도 신경을 많이 써야 하기 때문에 되도록 크기도 작고 파손의 위험도 없는 제품이 쇼핑몰 아이템으로는 적절하다고 볼 수 있습니다.

▲ 대한통운의 여러 종류 택배 서비스

인터넷 쇼핑몰
콘텐츠의 기본 설계

▣ 경쟁 쇼핑몰 벤치마킹하기

쇼핑몰을 창업할 때 모든 요소 하나하나가 기획이 필요한데요. 디자인, 상품, 서비스 등 많은 부분이 고민스럽습니다. 이때 간단한 해결 방법은 괜찮은 쇼핑몰을 찾는 것입니다. 선배들의 쇼핑몰 기획이 가장 훌륭한 교과서가 되는 셈입니다.

벤치마킹의 이점은 다음과 같습니다.

- 풍부한 아이디어와 교훈을 얻을 수 있다.
- 고객을 더욱 이해하는 계기가 된다.
- 비즈니스 트렌드를 알 수 있다.
- 제작 준비 과정을 촉진시킨다.

그렇다면 어떤 부분을 벤치마킹해야 할까요? 쇼핑몰의 구성 요소를 크게 4가지로 나눕니다. Commerce, Contents, Community, Communication입니다.

'Commerce'는 상품의 카테고리 분류에서부터 상품의 진열 방식, 상품 정보를 제공하는 방식 등을 의미합니다. 상품을 주문하는 단계에서 쇼핑몰이 어떻게 운영되고 있는지를 살펴보는 것입니다. 실제 벤치마킹을 하면서 주문도 하고 안내 메일도 받으면서 꼼꼼히 체크하는 것이 좋습니다.

'Contents'는 상품 페이지 제작에 대한 부분입니다. 상품의 분류에 대한 고민, 상세 페이지에 담아야 하는 부분 등을 벤치마킹해 보는 것입니다. 물론 쇼핑몰 솔루션이 거의 형태가 정해져 있기 때문에 크게 차별화를 줄 수 있는 메뉴나 기능을 별도로 만들 수는 없지만 잘 나가는 쇼핑몰과 다른 몰들의 다른 점들을 찾아내면서 전략적으로 접근을 해야 합니다.

'Community'는 고객들과 대화를 나눌 수 있는 공간에 대한 벤치마킹입니다. 일반적으로 상담 게시판, 자유 게시판 등이 해당되지만 특정 아이템에 따라 매니아의 공간을 별도로 구성하기도 합니다. 라이브 커머스의 경우는 인터넷 쇼핑몰 게시판으로 나누던 대화를 라이브로 옮긴 형태로 라이브 커머스의 기획도 커뮤니티 기획에서 차별화된 영역이 될 수 있습니다.

'Communication'은 고객들에게 서비스되는 접점에서의 수단입니다. 주로 자동으로 발송되는 메일링도 해당되지요. 고객들이 회원가입을 하게 되면 가입 축하 메일이 자동 발송되는데 이런 부분의 벤치마킹 설계입니다. 혹은 주기적으로 발송하는 웹진에 대한 부분도 해당됩니다.

구분	벤치마킹 서비스 대상
Commerce	상품 카테고리 분류 상품 진열 방식 상품 정보 제공 방식 주문 프로세스

Contents	상품 상세 페이지(사용법, 주의사항 등) 코너별 상품 분류(베스트셀러, 신상품, 히트 상품) 상품 사용 후기 제공(게시판, 채팅 이용) 상품 상담
Community	자유게시판 브랜드 매니아의 공간
Communication	회원가입 메일 주문 과정 메일 뉴스레터(웹진) 발송

이처럼 하나의 쇼핑몰을 벤치마킹할 때도 여러 요소를 나누어 다각적인 분석을 할 필요가 있습니다. 그리고 하나의 조언을 더 한다면 '벤치미킹 노드'를 만들어 보길 바랍니다. 쇼핑몰을 찾아서 비교해 볼 때마다 그저 눈으로만 보는 것이 아니라 기록하는 습관을 들이는 것입니다. 물론 에버노트와 같은 메모 앱을 이용해 정보를 정리해도 좋습니다.

② 화면 설계서 만들기

라이브 커머스는 실시간 소통을 현장감 있게 전달한다는 장점이 있지만 그 여운이 짧다는 단점이 있습니다. 녹화된 방송을 보는 분들이 늘고 있지만 라이브 방송의 생명은 현장감이니 어쩔 수 없는 부분입니다. 라이브 방송으로 쇼핑몰과 상품을 알게 된 분들이 다시 한번 쇼핑몰을 방문하게 되었을 때 가장 먼저 눈에 띄는 것은 쇼핑몰 디자인이 됩니다.

쇼핑몰 디자인은 오프라인 매장의 실내 인테리어를 하는 것과 같은 개념으로 타깃한 고객의 취향에 맞춰 어떤 이미지 콘셉트로 느낌을 보여 줄 것인지에 대한 결과물입니다. 역시 중요한 것은 철저히 고객 중심의 디자인을 만들어야 한다는 점과 쇼핑몰만의 차별화된 콘셉트가 있어야 한다는 점입니다. 입점하는 형태의 쇼핑몰은 레이아웃이 정형화되어 있어서 고칠 것이 없지만 개인 쇼핑몰을 구축하는 경우에는 더욱 디자인 구성을 다르게 접근할 수 있으니 참고로 생각해 주세요.

쇼핑몰 디자인 작업은 사실상 비전문가에게는 무척이나 어려운 일입니다. 디자인을 조금이라도 공부한 창업자라면 색, 레이아웃, 기능 배치 등 모든 디자인 영역에서 강점을 가지겠지만, 디자인에 관심이 없던 창업자는 어디서부터 어떻게 접근해야 할지 막막하기만 합니다. 하지만 쉽게 따라 해 볼 수 있는 방법이 있는데요. 바로 벤치마킹입니다.

쇼핑몰 디자인 제작은 다음과 같은 순으로 이루어집니다.

❶ 벤치마킹할 사이트 선택
❷ 벤치마킹할 사이트의 레이아웃 구조 분석
❸ 화면 설계서 제작(밑그림)
❹ 디자인 제작사 선택

■ 벤치마킹할 사이트 선택

처음으로 벤치마킹할 사이트를 선택합니다. 모방은 창조의 어머니란 말이 있듯이 새로운 제작 기법이나 체계화된 쇼핑몰을 기획하기 위해서 빈 종이를 들고 고민하기보다는 잘 기획되어 있는 사이트의 벤치마킹을 하는 것이 더 좋고 빠른 방법입니다. 다만 벤치마킹의 대상을 너무 많이 설정해도 너무 적게 살펴봐도 아이디어 도출이 어려울 수 있습니다. 이에 5개 사이트 정도가 무난할 것입니다.

대체로 유사 상품을 판매하고 있거나 비즈니스 모델이 유사한 쇼핑몰, 같은 분야에서 선두를 점하고 있는 유망 쇼핑몰, 혹은 유명한 사이트 가운데 표적 고객층이 같은 사이트 중심으로 벤치마킹 대상을 설정합니다.

■ 벤치마킹할 사이트의 레이아웃 구조 분석

다음으로 벤치마킹할 사이트의 레이아웃 구조를 분석합니다. 성공한 사이트들은 쇼핑몰 메인 화면에 어떤 구성 요소를 어느 자리에 배치시키고 어떻게 표현하고 있는지를 자세하게 들여다봅니다. 인테리어 설계도를 그리는 것처럼요.

경쟁 사이트 화면을 캡처해 프린트로 출력한 다음, 자를 가지고 구성 요소별로 줄을 그어 보는 것이 좋습니다. 그렇게 몇 번을 연습하면 각 사이트별로 전화번호 위치가 어디에 있는지, 상품 배열 시 이미지의 크기나 간격은 어느 정도가 적당할지, 코너의 배치는 어느 부분이 가장 눈에 잘 보이는 곳인지 등 사이트 기획이 눈에 보일 것입니다.

각 사이트마다 장점과 단점을 분석해 나열하고 수용해야 할 것과 버려야 할 부분을 정리하면서 쇼핑몰의 겉모습을 그려 봅니다.

■ 화면 설계서 제작(밑그림)

비교 사이트의 레이아웃 분석을 마쳤다면 이제 본격적으로 내 쇼핑몰의 레이아웃을 그립니다. 워드나 PPT 양식으로 그리거나 복잡하게 느껴진다면 도화지에 그려도 좋습니다. 디자이너가 이해할 정도로만 그리면 됩니다.

쇼핑몰의 경우, 메인 화면의 비중이 80% 이상이어서 메인 화면의 레이아웃만 한 번 그려 본다고 생각하고 그리면 쉬울 것입니다. 대개 이 배치도를 화면 설계서라고 부릅니다.

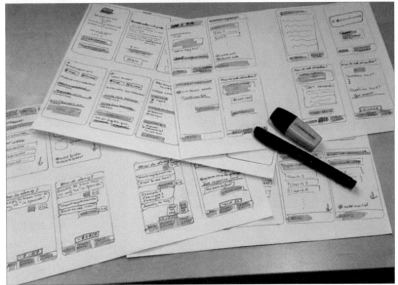

▲ 화면 설계서 이미지(출처 : 위시캣)

그림에서 알 수 있듯이 쇼핑몰 화면을 종이에 그려서 어떤 메시지로 어떤 기능들이 연결되는 것인지를 디자이너가 알 수 있도록 하는 작업입니다. 이렇게 화면 설계서를 만드는 것이 필요한 이유는 실제 쇼핑몰 디자인을 구축할 때 외부 디자인 전문가에게 맡기는 일이 많은데, 디자이너는 쇼핑몰 대표가 어떤 디자인을 원하는지를 궁금해하기 때문에 창업자의 기획 의도를 잘 전달해야 합니다. 이 작업 없이 웹디자이너를 만나면 디자이너 입장에서도 어떻게 디자인해야 할지 가이드라인이 없기 때문에 힘들게 됩니다.

창업자는 디자인 기획자로 디자이너에게 명확한 정보 공유 및 자칫하면 다시 수정해야 하는 상황을 대비해 화면 설계서 작성은 필수입니다.

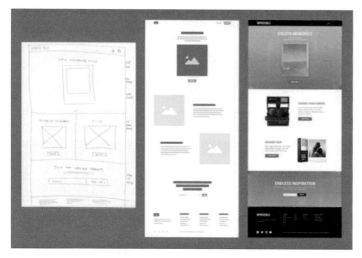

▲ 초급자가 그린 화면 설계서가 실제 디자인이 되어 가는 과정(출처 : 위시캣)

③ 지갑을 열게 하는 상품 페이지 전략

오프라인 매장에서는 소비자가 매장에 들어오면 직접 잘나가고 어울리는 제품을 설명하면서 흔들리는 소비자의 마음을 잡아 주는 영업 사원이 있습니다. 인터넷 쇼핑몰에서는 이 영업 사원의 역할을 상품 설명 페이지가 합니다.

뛰어난 영업 사원의 조건은 무엇일까요? 상품 페이지도 '상품 설명'이라는 고유의 역할을 충실히 해냈을 때 잘한 것입니다. 쇼핑몰에 있는 상품의 그 특징을 잘 뽑아내어 자세하게 제품을 직접 보여 주는 것처럼 만드는 게 중요합니다. 물론 글보다는 사진이 큰 역할을 합니다. 사진을 어떻게 찍어 표현하느냐에 따라서 말보다 빠르게 인식되니까요. 최근에는 이미지 외에도 동영상을 활용하여 실제 현장 분위기를 전달하고 풍부한 정보를 제공하고 있습니다. 여기서 어떤 전략적 포인트를 가지고 상품 페이지를 작성하면 좋을지 알아보겠습니다.

■ 상품명에 유입 키워드를 넣기

현재 라이브 커머스와 함께 가장 많이 쇼핑몰을 오픈하는 형태는 역시 네이버 스마트스토어를 활용한 네이버 쇼핑 입점입니다. 이 방법의 장점은 네이버 쇼핑 안에서 상품 노출이 가능하다는 것입니다.

상품명과 상품 페이지에 고객이 입력하는 키워드를 고려하여 이름을 짓고 설명을 적는 것이 중요합니다. 가령, 고객이 검색창에 '맛있는 사과'라는 상품을 찾는다고 하면 상품명도 '맛있는 사과'라고 적어야 검색에 노출될 수 있습니다. 맛있는 사과라는 표현을 꿀사과로 한다면 이는 검색에 100% 싱크로율이 맞는 것이 아닙니다. 물론 맛있는 사과, 꿀사과를 같이 사용해도 됩니다. 두 가지 키워드 검색을 고민한 이름이지요. 상품명뿐만 아니라 상품 상세 설명 내용에도 모두 키워드를 넣는 것이 좋습니다.

키워드를 고민할 때는 대표성을 띠는 키워드보다는 보다 세분화되고 구체적인 키워드를 찾는 것이 노출 효과가 더 높습니다. 가령, 과일이라는 키워드나 사과라는 키워드는 이미 많은 상품으로 등록되어 있습니다. 청송 사과 혹은 유기농 사과와 같은 더 세분화된 키워드가 있어야 검색에 의한 노출량이 증가합니다. 저는 과일 쇼핑몰도 운영했었는데요. 오렌지를 키워드 광고했을 때 오렌지라는 키워드는 조회 수가 높았지만 많은 경쟁 쇼핑몰과 같이 노출되어 방문자를 잡기가 어려워 보였습니다. 키워드 중 '블랙라벨 오렌지'라는 키워드를 찾았고 이를 공략했을 때 가장 저렴한 광고비로 효과를 보았던 경험이 있습니다. 오렌지 중에서 블랙라벨 오렌지가 당도가 높아 오렌지를 조금 아는 분들은 해당 키워드로 검색을 했고 경쟁 쇼핑몰도 별로 노출되지 않아 소비자의 선택을 받기 수월했습니다.

이처럼 더 구체적으로 조회수는 적더라도 고객 타기팅을 정확히 하는 키워드 중심으로 상품명과 설명을 하길 바랍니다.

제품명을 입력할 때 만약 브랜드별 세부적인 모델명이 있는 제품이라면 모델명을 넣어도 좋습니다. 특히 컴퓨터와 가전제품 모델들이 해당될 텐데요. 구체적인 모델명으로 찾는 경우도 많습니다. 상품에 대한 정보가 없을 때는 브랜드로 검색하는 경우가 많지만 구매 의사가 클수록 브랜드와 모델명을 더해서 구체적인 단어 조합으로 검색할 확률이 높아 검색 노출을 고려한다면 상품 제목에 모델명까지도 구체적으로 적는 것도 중요합니다.

▲ 네이버에서 레이저 프린터 검색 시 모델명으로 등록된 상품명

개인 쇼핑몰의 경우는 상품명을 단순히 한 줄로 적었던 것에서 벗어나 상품명 밑에 간단한 한 줄 소개 글을 넣거나, 인기, 주문 폭주 등의 아이콘을 더해 상품 제목란을 활용할 수 있는 기능들이 많이 지원되고 있습니다. '노출될 수 있는 키워드 상품명 작성' 기억하길 바랍니다.

■ 추가로 관련 상품 노출시키기

한 상품 페이지에서 한 가지 상품만 설명하는 것으로 그치지 않고 해당 상품과 연계된 부가 상품이 같이 노출되게 하는 것도 중요합니다. 혹은 해당 상품을 구매한 사람들을 연관 지어 구매한 다른 상품을 보여 주는 것입니다. 쇼핑몰 운영자들의 얘기를 들어 보면 한 상품 페이지에 관련 상품을 같이 노출시키면 매출이 5~10% 상승하는 효과가 있다고 합니다.

저도 쇼핑몰을 검색하다가 눈길이 가는 제품을 클릭했을 때 나와 비슷한 취향을 가진 사람들이 구매했다는 제품을 더 눈여겨보게 됩니다. 패션 쇼핑몰도 상의를 판매하면서 함께 코디한 바지를 상품 페이지 하단에 함께 보여 주면 세트로 구매하는 고객들이 많기 때문에 매출 상승에 큰 효과가 있다는 것입니다.

▲ 여성 의류 쇼핑몰 마이더스비(midasb.co.kr) 상품 설명

■ 구매 후기 활용하기

구매자의 후기는 매우 중요한 구매 결정 요인이며 입소문 역할을 하기 때문에 쇼핑몰 상품 페이지에서는 무엇보다 소비자 구매 후기가 잘 보이도록 해야 합니다. 쇼핑몰 솔루션상 기능적으로 구현되어 있어 디자인 구성이 쉽지는 않지만 메인 화면에서도 구매 후기를 보고 접근할 수 있도록 하는 것이 중요합니다. 비록 상품의 사진이나 설명이 부족해도 구매한 소비자들이 좋은 평가를 한다면 매출을 끌어낼 수 있습니다. 아무리 상세 설명이 잘 되어 있어도 구매 후기가 없으면 주문하기가 망설여지고 구매 후기를 통해 실제 정보를 얻으므로 구매할 때는 꼭 참고해 봅니다. 좋은 구매 후기를 얻기 위해서 다양한 이벤트를 하는 것도 매우 중요합니다.

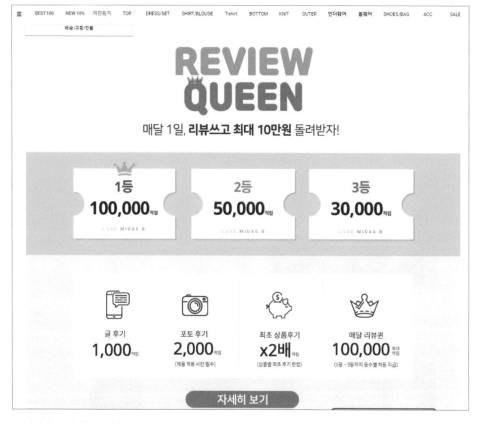

▲ 마이더스비의 상품 구매 후기 이벤트

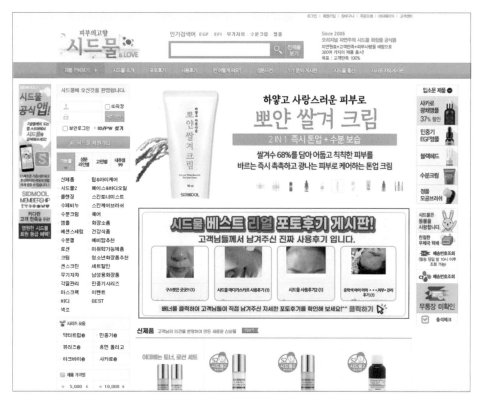

▲ 천연 화장품 쇼핑몰 시드물(sidmool.com) 상품 후기 노출 모습

■ 최적화된 상품의 진열 방식 찾기

쇼핑몰에 들어갔을 때 화면에 보이는 상품들이 여유가 있으면서도 깔끔해 보인다고 느껴진다면? 여러분은 해당 쇼핑몰에 호감을 느끼게 되지 않을까요?

상품 사진을 어떤 콘셉트로 찍느냐에 따라서도 쇼핑몰의 이미지를 다르게 만들고 상품들을 어떻게 진열하느냐에 따라서도 느낌이 아주 다릅니다. 최근 흐름을 봤을 때는 비교적 큰 이미지에 상품을 빽빽하게 배열하는 것보다는 상품과 상품 사이에 일정 여백을 두고 노출하는 방식이 많이 사용됩니다.

어떤 쇼핑몰에 들어가 보면 노출되고 있는 상품 이미지 크기가 너무 작아 보일 때가 있는데요. 되도록 한눈에 상품의 느낌을 전달할 수 있도록 큰 이미지가 좋습니다.

또한 상품 이미지도 가로냐 세로냐에 따라 전체적인 느낌이 다른데 대체로 사진 속 여백의 미를 살리는 것이 가로형 이미지이며, 상품을 도드라지게 보이는 효과는 세로형 이미지가 적당합니다. 또한 이미지가 직사각형 혹은 정사각형이냐에 따라서도 느낌이 다르지요.

▲ 세로형 상품 이미지 – 패션풀(fashion-full.com)

▲ 가로형 상품 이미지 – 쁘리엘르(prielle.co.kr)

의류 쇼핑몰 같은 경우는 모델 중심의 사진보다는 사진의 여백을 살리고 주변 환경과의 어울림을 연출하는 이미지가 강세라고 생각됩니다. 그리고 밋밋함을 줄이기 위해 가로세로 이미지를 복합적으로 보일 수 있게 배열합니다. 불규칙해 보이는 상품 배열이 어떻게 보면 트렌디하고 재미를 더해 주는 느낌입니다.

▲ 편집샵 29cm(29cm.co.kr) – 글과 사진의 설명들이 지그재그식으로 노출되어 지루함이 없이 다양함을 느끼게 함

개별 상품의 상세 설명 페이지의 전체적인 레이아웃도 중요한 포인트입니다. 상세 이미지를 여러 장 넣기 때문에 디자인을 가미한 분위기로 연출하면 소비자의 눈길을 끌 수 있습니다. 유명한 쇼핑몰들을 찾아보고 여러 사이트를 벤치마킹하면서 쇼핑몰 스타일을 만들어 보길 바랍니다.

365일 살아 있는 이벤트로 판매 촉진

인터넷 쇼핑몰은 간접적으로 고객을 만나는 구조라 좀 더 적극적으로 판매 촉진 활동인 이벤트를 진행해야 합니다. 쇼핑몰이 유기적으로 살아 움직이는 느낌을 고객에게 전달하는 방법으로 이벤트 만한 방법이 없습니다.

쇼핑몰은 항상 이벤트가 진행되어야 성공적으로 잘 운영되는 곳이라는 이미지를 줍니다. 이벤트 없는 쇼핑몰을 상상할 수 있을까요? 많은 쇼핑몰이 대표적으로 시행하는 이벤트 유형을 7가지로 정리해 보았습니다. 쇼핑몰 운영자는 쇼핑몰의 다양한 이벤트 기획을 고민해야 합니다.

1 신상품 출시 이벤트

고객은 항상 신제품에 관심을 둡니다. 재고 할인도 물론 할인율에 따라 관심을 두지만 신상품 할인이 더 눈길을 끌지요. 그렇기 때문에 쇼핑몰에서는 일정 주기별로 신제품의 업데이트가 반드시 이루어져야 합니다.

신상품을 보여 주는 것만으로도 효과는 있지만 소비자의 빠른 반응을 보고 싶을 때 신상품 출시에 따른 할인 이벤트를 할 수 있습니다. 요즘은 다품종 소량 생산을 하기 때문에 신상품을 올려서 빠른 반응을 보고 리오더를 할 제품을 선택하는 과정이 필요하거든요. 이를 해결해 주는 것이 이벤트입니다.

많은 쇼핑몰이 신상품 출시 기념 이벤트를 통해 다양한 인센티브를 제공함으로써 고객에게 신상품을 홍보하고, 상품의 판매를 촉진하게 만들고 있습니다. 즉, 신상품에 대한 고객 반응을 얻기 위해서 특정 기간에 신상품 할인 이벤트를 하는 것입니다. 대체로 의류 쇼핑몰들은 '오늘의 신상 5% 할인' 등과 같은 형식으로 이벤트를 합니다.

▲ 시크헤라(chichera.co.kr) 쇼핑몰의 런칭 기념 20% 할인 행사

대개 철 지난 제품을 판촉 제품으로 생각하는 것이 일반적이지만 역발상으로 신제품을 이벤트에 내놓음으로 소비자의 반응을 빨리 캐치하고 쇼핑몰의 이미지를 트렌디한 몰로 인식하게 돕기 때문에 신상품 출시 이벤트도 고객을 유인하는 좋은 예가 될 수 있습니다.

② 상품 선택을 이끄는 사은품 이벤트

쇼핑몰들의 경쟁이 치열해지면서 상품들이 비슷한 쇼핑몰들이 많습니다. 우연히 검색하다 보면 같은 디자인을 여러 쇼핑몰에서 함께 판매하고 있음을 알게 됩니다. 이렇게 비슷한 제품들을 취급하면서 선택받을 방법이 있다면? 저는 사은품 이벤트도 그 방법의 하나라고 생각합니다.

TV홈쇼핑을 보면 가방을 판매하면서 가방끈을 두 가지 스타일로 만들어 사은품으로 준다든지, 화장품 세트를 판매하면서 파우치를 선물로 준다든지, 의류를 판매하면서 스카프를 선물로 준다든지 하는 다양한 사은품 이벤트를 보게 됩니다. 추첨을 통해서 명품 가방을 주는 행사도 본 기억이 납니다.

대부분의 쇼핑몰에서 달마다 계절별로 이벤트를 진행하면서 사은품 이벤트를 많이 진행합니다. 특정 제품을 구매하는 고객에게만 해당되는 사은품 행사도 있고 구매 금액에 따른 사은품을 증정하는 행사도 많이 있습니다.

점점 단순 구매 금액을 대상으로 사은품을 주는 것에서 나아가 착용 후기나 댓글을 얻기 위해 사은품을 제시하는 경우

▲ 윙블링(wingbling.co.kr)의 사은품 이벤트

도 많습니다. 쇼핑몰은 무조건 상품 후기가 필요하기 때문에 좋은 후기를 올린 고객을 추첨하여 사은품을 주는 전략도 중요합니다.

③ 가장 효과 빠른 할인 이벤트

할인 이벤트는 판매 촉진 이벤트로 가장 대중적인 방법이지요. 가장 효과가 빠른 것이 할인 이벤트입니다. 가격적인 부담이 작아지기 때문에 할인 시즌을 기다리는 고객들도 많습니다.

할인 이벤트는 상품 판매액에 직접적으로 할인율을 적용해 판매하는 유형과 캐시백과 같은 포인트를 적립해 할인 효과를 제공하는 유형이 있습니다. 주로 도서 쇼핑몰에서 책을 구매할 때 포인트를 지급해 할인 효과를 주고 있습니다. 또한 각 카드사가 카드 매출 확보를 위해 별도의 추가 할인 정책을 펴기도 해 소비자 입장에서는 상품 할인도 받고 카드 할인도 받는 이중 할인 이벤트를 자주 만나게 됩니다.

이러한 할인 이벤트는 특별한 시기에 더욱 효과를 발휘할 수 있는데요. 어떤 인터넷 쇼핑몰에서는 평일보다 매출이 하락하는 주말에 매출을 유지하기 위한 방편으로 주말 할인 등과 같은 특정 이벤트를 펼치기도 합니다.

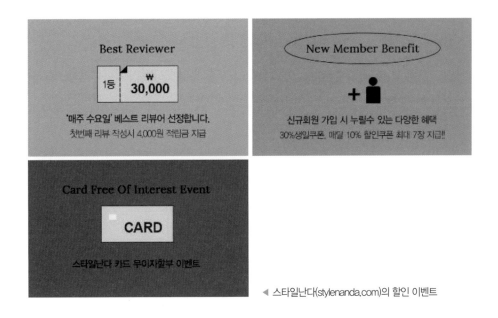

◀ 스타일난다(stylenanda.com)의 할인 이벤트

④ 상시 정기 이벤트 기획

쇼핑몰은 멈춰 있어서는 안 되기 때문에 꾸준히 진행하는 정기 이벤트를 기획하는 것도 한 방법입니다. 라이브 커머스도 일정 요일과 시간을 정해서 꾸준히 하는 것이 좋습니다. 소비자가 팬이 되어 계속 해당 시간에 들어오기도 합니다. 라이브 커머스 방송 시간마다 새로운 신상 의류들을 선보이고 주문할 수 있게 방송을 한다면 그 또한 정기적인 이벤트가 되지요.

제가 만난 쇼핑몰 중에는 매주 수요일 특가전을 해서 수요일만 되면 특정 상품을 할인하기도 합니다. 고객들은 수요일 이벤트를 기억하게 되고 그날 구매를 원했던 상품이 생기면 바로 주문으로 이어지는 효과가 있습니다. 저 같은 경우, 자주 이용하게 되는 이벤트 중 하나가 CJ오쇼핑에서 저녁 8시부터 자정까지 진행하는 특가 세일입니다. 퇴근 후 저녁 시간에 심심하다 싶을 때 오늘 특가는 어떤 것이 있을까 하는 궁금증에 들려 보게 됩니다. 제 지인은 카카오톡에서 진행하는 톡딜이라는 서비스로 주로 소비를 하고 있더라고요. 주요한 쇼핑몰마다 각 채널이 가지고 있는 이름을 지어서 상시 일정 시간에 할인하는 정기 이벤트를 하고 있으니 소호몰도 이를 적극적으로 활용할 이유가 있습니다.

티몬에서는 자사 쇼핑몰을 타임커머스라는 표현으로 콘셉트를 잡고 있습니다. 그래서 시간별 이벤트가 상시 돌아갑니다. 타임딜이라는 이벤트를 만들어서 시간별 이벤트 세일을 진행하는 것입니다. 심지어 10분 어택이라고 해서 딱 10분만 열리는 이벤트도 있습니다. 뭔가 굉장한 할인 이벤트인 것 같아서 매우 시선이 가는 이벤트입니다. 여러분 쇼핑몰만의 특색 있는 이벤트를 정기적으로 기획해서 소비자와 지속적인 소통을 해 보세요.

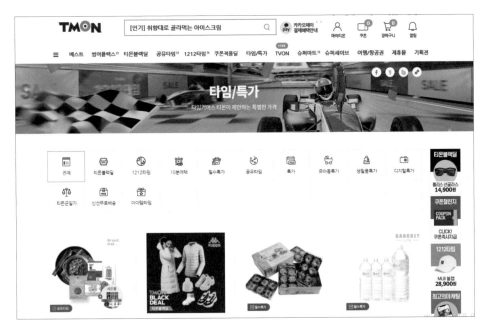

▲ 티몬의 타임커머스 이벤트

5 생생한 체험 이벤트

인터넷 쇼핑몰이라고 해서 온라인에서만 고객과 커뮤니케이션을 하는 것은 아닙니다. 오히려 디지털 세상에 아날로그적 접근이 훨씬 공감을 만들어 냅니다. 제가 액세서리 쇼핑몰을 운영했을 때도 생각보다 많은 고객이 오프라인 매장에 직접 와서 보고 구매하고 싶어 해서 조금은 난처하기도 했습니다. 농장을 운영하는 쇼핑몰에서는 체험 이벤트가 큰 역할을 합니다. 한 번이라도 만난 고객들은 그다음부터는 일반 소비자가 아니라 아는 소비자가 되어 친밀 관계가 형성되기 마련이거든요.

단지 쇼핑몰 운영자와 고객의 관계에서 하루 정도 체험 이벤트로 만나기만 해도 고객은 대표가 어떤 사람인지를 알게 되고 대표도 어떤 고객인지를 알게 되니 관계가 발전하게 됩니다. 고객과 친해질수록 쇼핑몰 홍보를 대신할 입소문 홍보

대사를 만들게 되는 셈입니다. 이런 관계를 만들어 가는 데 저는 체험 이벤트 만한 방법도 없다고 생각합니다.

여러분은 체험 이벤트에 참여한 적이 있나요? 보통은 앞서 말씀드린 대로 농장을 가진 쇼핑몰의 경우 농장 체험을 만든다든가, 핸드메이드 제품을 만드는 공방의 쇼핑몰이라면 만드는 과정을 참여하는 이벤트로 만들어 본다든가 하는 예가 있을 수 있습니다.

체험 이벤트가 꼭 오프라인으로 만나는 것만은 아니긴 합니다. 신제품이 출시되었을 때 해당 제품을 미리 체험해 보고 소비자의 후기를 받는 이벤트도 많이 이루어집니다. 상품평 이벤트, SNS 홍보 이벤트와 같이 기획해서 체험 이벤트를 진행할 수도 있습니다. 쇼핑몰 안에서 체험을 통해 고객들과의 적극적인 소통을 만들어 가길 바랍니다.

▲ 네이버 '체험 이벤트' 검색 결과

6 살뜰한 쿠폰 이벤트

소비를 알뜰하게 하려는 소비자에게 쿠폰처럼 유용하게 쓰이는 인센티브 이벤트도 없을 것입니다. 제가 지금껏 쇼핑하면서 작은 거지만 너무 요긴하게 사용했던 쿠폰은 바로 배송비 할인 쿠폰이었지요. 솔직히 인터넷 주문하면서 배송비만큼 아까운 것이 없는데요. 회원들 대상으로 월 1회 정도 배송비 할인 쿠폰을 준다면 고객들은 기꺼이 지갑을 열 수 있습니다.

온라인 쇼핑몰에서는 많은 쇼핑몰이 회원들에게 등급별 쿠폰을 발행하거나 제품의 구매 금액순으로 추가 할인 쿠폰을 발행하는 등의 다양한 방식으로 쿠폰을 지원하고 있습니다. 제품 할인과는 또 다른 쿠폰 할인이 주는 재미가 있죠. 제품 할인은 해당 제품에만 해당되는 것이지만 쿠폰 할인은 어떤 제품이나 해당되는 경우가 많으니까요. 소셜 커머스 업체라고 불리는 티몬이나 위메프와 같은 쇼핑몰에 접속하면 여러 셀러들이 등록한 상품에 쿠폰이 여러 가지가 적용되어 있어서 생각보다 많은 할인을 받을 수 있습니다. 알뜰 소비자가 늘면 늘수록 쿠폰을 챙기는 고객도 많을 겁니다. 일반적으로 쿠폰을 이용한 판매 촉진 방법은 고객에게 직접적인 인센티브를 제공함으로 반복 구매 등 다른 방법에 비해 효과가 높게 나타나는 편입니다.

쿠폰이 가장 효과를 발휘하는 경우는 제품의 브랜드 차이가 미미하고 상품의 질이 쉽게 구별되지 않을 때 제품 선택 시 주요한 영향을 미치게 됩니다. 워낙 같은 물건을 파는 쇼핑몰들이 많은 상황에서 특정 유통 업체가 주는 쿠폰이 있으면 추가로 할인을 받을 수 있기 때문에 쿠폰 있는 상품을 구매하게 되는 경우가 빈번하니까요.

장바구니 분석을 통한 쿠폰 제공도 효과적입니다. 장바구니에 담고 결제를 미루고 있는 고객들에게 장바구니에 담긴 상품을 다시 상기시키는 효과도 있고 할인을 추가로 해 주니 결제를 결심하게 되는 확률이 커집니다. 여러 종류의 쿠폰을 만들어 제공하는 것도 좋은 판매 촉진 방법입니다.

▲ 하프클럽의 장바구니 쿠폰

☑ 착한 소비를 이끄는 이벤트

소비자들은 이제 기업들의 사회적 책임을 묻고 있습니다. 기업의 제품을 사고 이익을 주는 대신에 기업이 사회를 위해 무엇을 하는가를 물어보는 것입니다. 쇼핑몰에서도 쇼핑몰만의 이익이 아니라 사회를 위해 공헌하는 이벤트를 하나의 콘셉트로 제시해도 좋다고 보입니다. 기업의 이윤을 어려운 이웃들과 함께 나누는 기업에게 소비자들의 호감이 커지기 마련입니다.

기존에는 기업이 직접 비영리 단체에 현금을 기부하는 정도의 활동이 많았다면 점차 많은 쇼핑몰이 제품의 판매와 연결시켜 판매액의 일부를 자동으로 재단에 기부하는 형태이거나 회원들과 함께하는 기부 활동으로 변화되어 갑니다.

이러한 사회 기부 활동을 온라인상에서 효과적으로 홍보화해서 성공한 모델이 있는데요. 바로 '탐스 슈즈'입니다. 고객이 탐스 신발 하나를 사면 어려운 이웃에게 또 한 켤레의 신발을 기부해 주는 회사의 콘셉트와 정체성은 많은 이들의 공감을 사고 자발적으로 참여하게 만들었습니다. 처음 탐스 슈즈 사이트에 접속했을 때 신발을 파는 사이트로 신발을 먼저 홍보하는 것이 아니라 어려운 이웃들, 특히 아이들의 사진이 눈에 보여서 그 모습이 강하게 인상에 남았습니다. 어떤 기업인지를 한 번에 느끼게 해 준 사진이었지요.

쇼핑몰의 정체성을 나눔과 기부, 사회적 책임과 같은 주제로 해서 소비자와 함께 소통하는 것도 좋은 전략이라고 생각합니다.

잘나가는 쇼핑몰의 기획 전략

라이브 커머스를 준비하면서 모든 창업자는 당연히 쇼핑몰 셀러로, 쇼핑몰 쇼호스트로 성공하기를 기대하고 있을 텐데요. 제가 그동안 만난 성공한 쇼핑몰들이 공통으로 취하고 있는 전략들을 소개하고자 합니다.

1 Concentration - 집중화 전략

성공하는 쇼핑몰들은 콘셉트가 분명합니다. 고객이 누구이고 그 고객이 이 쇼핑몰을 좋아할 수 있도록 각 운영 요소들을 맞추어 운영하는 것입니다. 모든 고객을 만족시킬 수 있는 쇼핑몰은 없습니다. 마케팅적으로 고객에게 분명한 메시지를 전달하기 위해서는 고객 타깃이 좁혀지고 분명해진 상태가 성공의 밑거름입니다.

다른 말로 쇼핑몰이 성공하기 위해서는 반드시 집중화 전략을 취해야 한다는 것입니다. 집중화는 다시 두 가지로 나눠 볼 수 있습니다. 하나는 정확한 타깃에 집중하는 방법이고 다른 하나는 제품의 전문화에 집중하는 방법으로 정리할 수 있습니다. 이 두 가지 방법 모두 전문 쇼핑몰로 입지를 굳히는 전략입니다.

Segmentation + Target + Concept

먼저 정확한 타깃에 집중한다는 것은 판매하고자 하는 상품의 고객이 누구인가를 정확히 알고 있다는 것입니다. 마케팅 전략 안에는 'STP'라는 전략이 있는데요. 시장 세분화 → 타기팅 → 포지셔닝에 대한 방법론입니다. 창업하고자 하는 시장을 나누고, 나눈 시장 중에서 타깃할 수 있는 고객들이 있는 시장을 찾고 해당 시장 고객들의 머릿속에 포지셔닝을 하기 위해 해야 할 일들의 전략적 프로세스를 일컫는 개념이지요.

정확한 타깃을 설정한다면 그야말로 마니아 쇼핑몰이 될 수 있습니다. 여러 고객층을 공략하는 것도 가능하지만 자금력이 약한 소호몰이 여러 고객층을 대상으로 상품 및 서비스를 제공하려면 그 어느 고객층도 만족시키지 못하는 결과를 초래할 수 있기 때문에 시장을 좁힐수록 성공 가능성이 높아집니다. 이에 따라 타깃도 정확히 하는 것이지요.

'키작은남자'라는 유명한 쇼핑몰이 있습니다. 남성을 타깃으로 하였고 남자 중에서도 키가 작은 170cm 이하의 남성들을 타깃으로 한 의류 쇼핑몰입니다. 남성 의류를 판매하면서 일반인을 상대로 하는 쇼핑몰은 너무 많습니다. 남성 중에서도 키가 작은 고객을 정하고 그들을 위한 제품과 코디 정보를 제공하는 것입니다. 만약 고객이 키가 작다면 옷을 고르는 데 있어서도 작아 보이는 키를 보완하는 스타일을 찾을 것이고 일반 쇼핑몰에서와는 다른 코디 정보를 얻을 것이기에 만족도가 높아질 것입니다.

최근 쇼핑몰들이 디자인은 같아도 키에 따라 고를 수 있도록 제품을 구분해서 제공하는 서비스를 선보이고 있는 것도 이 같은 수요가 있음을 알 수 있습니다.

▲ 키작은남자(smallman.co.kr)

커플을 대상으로 한 쇼핑몰도 타깃을 정확히 잡은 경우입니다. 혹은 미씨옷, 5060 마담옷도 타깃을 정확히 한 사례지요. 초기 인터넷 쇼핑몰 중에서 매출액이 컸던 사례가 임부복 쇼핑몰, 빅사이즈 쇼핑몰이었거든요. 이름만 보아도 타깃이 분명한 사례들입니다.

커플 용품 중에서도 커플 잠옷만 취급하는 쇼핑몰도 있습니다. 일반인이 누구나 구매하는 잠옷이 아니라 커플이 커플답게 꾸미고 자랑하고 싶은 잠옷을 취급하는 쇼핑몰인 셈입니다. 커플 잠옷만 파는 도매상을 찾기는 어려웠을 것으로 짐작이 되고요. 발품 팔아 특별한 센스로 커플 잠옷 상품을 제안하여 고객을 만족시키는 것입니다. 모델도 커플로 하여 커플 잠옷을 찾는 사람들이라는 타깃에 집중할 수 있기에 더 맞춤 상품을 기획할 수 있는 것입니다.

▲ 로맨틱홀릭(rohol.co.kr) 커플 잠옷

    임부복 쇼핑몰도 성공 사례가 많습니다. 사실 임신하고 나서는 옷을 입는 것부터 굉장히 신경이 많이 쓰입니다. 몸도 불편해지기 때문에 엄마의 신체를 편안히 해 주고 더불어 배 속의 아이도 편할 수 있는 디자인의 옷을 찾게 됩니다. 이때 옷도 생각보다 많이 필요해지는데요. 홈웨어뿐만 아니라 출퇴근을 고려한 옷, 그리고 잠시 입을 옷이 아니라 출산 후에도 입을 만한 옷 등 임산부들의 다양한 니즈를 알고 필요한 스타일링을 제공한다면 만족도를 높일 수 있고 매출도 올릴 수 있는 것입니다.

▲ 임부복 전문 쇼핑몰 리얼마미(realmommy.co.kr)

단일 제품군에 집중하는 전략도 성공하는 쇼핑몰로 가는 방법입니다. 전문이라는 생각이 들기 때문이지요. 앞서 나물이야기, 술담화 같은 쇼핑몰을 소개해드렸는데요. 단일 제품에 집중하고 있어서 해당 제품에서는 전문 쇼핑몰이라는 인식이 생깁니다. 소위 잡다한 상품을 여러 가지 카테고리로 판매한다고 상상할 때 소비자들은 무엇에 전문인 쇼핑몰인지를 모르게 됩니다. 창업자가 실수하게 되는 이유가 내가 취급할 수 있는 모든 상품을 모아서 펼치는 경우입니다. 무엇 하나 전문성이 보이지 않게 되는 것이지요. 다양한 상품군을 보고 주문하고자 한다면 종합 쇼핑몰에 접속하면 되는 것이지 개인 소호몰에 방문할 이유가 없는 것입니다.

재래식으로 만든 된장류만 취급하는 쇼핑몰, 애견용품만 파는 쇼핑몰, 건강식품만 파는 쇼핑몰, 수제 쿠키만 취급하는 쇼핑몰, 핸드메이드 인형을 취급하는 쇼핑몰 등 전문성 있는 쇼핑몰이라는 이미지를 만들어가는 게 쇼핑몰이 성공하는 방법입니다.

당연한 얘기지만 한 아이템을 전문으로 한다는 것 말고도 해당 아이템에는 전문성을 가진 쇼핑몰이라는 이미지를 만들어 주어야 한다는 게 중요한 점입니다.

▲ 수제 쿠키 쇼핑몰 더 크림(thecream.co.kr)

② Differentiation - 차별화 전략

쇼핑몰로 성공하기 위해서는 뭐니 해도 경쟁 쇼핑몰과 달라야 합니다. 하지만 같은 유통 업계에서 비슷한 상품을 공급받을 수 있는데 완전한 차별화라는 것은 어렵기만 합니다. 그 어떤 상품도 혼자만 판매할 수 있는 제품은 없다고 생각합니다.

그럼에도 불구하고 역시 다른 쇼핑몰들과의 차별화는 만들어야 하는데요. 크게 차별화를 구분하면 제품의 차별화, 가격의 차별화, 콘텐츠의 차별화, 서비스의 차별화로 살펴볼 수 있습니다.

첫 번째, '제품(Product)'의 차별화는 흔하지 않고 독특한 상품으로 우위를 점하거나 트렌드에 맞춘 발 빠른 상품 구색으로 차별화에 성공하는 전략입니다. 자체 개발한 디자인으로 상품을 판매하는 경우는 제품 차별화로 만들어진 상태라고 볼 수 있습니다. 앞서 개인에 맞춰서 맞춤 화장품을 제작해 보내 주는 서비스도 제품 자체가 차별화가 된 경우라고 볼 수 있습니다. 핸드메이드 성격의 제품들도 모두 제품 차별화가 된 상태라고 볼 수 있지요.

일반 의류에서도 차별화가 가능한데요. 제가 자주 들리는 미시옷 쇼핑몰에서는 매드핏이라고 해서 아줌마들의 가장 큰 고민인 뱃살을 커버하는 자체 디자인을 기획하여 자체 상품 마크로 해당 용어와 제품들을 소개합니다. 다른 쇼핑몰에서는 해당 용어를 쓸 수가 없는 것입니다. 어떤 요소를 넣든지 쇼핑몰 제품이 타 쇼핑몰과 다른 점이 있다는 것을 강조한다면 이는 차별화 요소로 인식이 됩니다.

▲ 매드핏 상품 자체 개발 - 조아맘(joamom.co.kr)

평소 눈여겨보았던 쇼핑몰 중 부모님 생신 케이크를 주문하고자 봤었던 쇼핑몰이 있습니다. 바로 고급 앙금 플라워 떡 케이크 전문점 '라르고팩토리'입니다.

주문 제작으로 이루어지는데 떡 전문가와 플라워 디자이너가 만나서 탄생이 되었다는 글과 앙금 케이크의 사진과 설명이 신뢰를 주었습니다. 제품의 차별화가 스토리텔링화되어 콘셉트로 만들어진 경우입니다.

▲ 라르고팩토리(largofactory.modoo.at)

하지만 나만의 아이템으로 성공한다는 것이 쉽지 않기 때문에 직접 생산하는 제품이 아니더라도 최근 유행하는 트렌드에 발맞춰 다른 쇼핑몰보다 빨리 업데이트하는 쇼핑몰로도 차별화가 됩니다. '신상을 제일 빨리 만날 수 있는 쇼핑몰' 같은 예죠. 혹은 트렌드 리더로 제품 소싱이 가능하다면 소비자의 인기를 끌 수 있습니다.

제가 기억하는 쇼핑몰 중에는 '스타일난다'라는 의류 쇼핑몰이 트렌드 리더로 유명세를 만든 쇼핑몰이라 추천할 수 있습니다. 지금도 쇼핑몰에 들어가 보면 제 나이대로는 절대 이해할 수 없는 스타일링이 많은데 젊은 분들에게는 트렌드를 이끄는 상품들로 인지되어 있습니다.

▲ 스타일난다(stylenanda.com)

　두 번째로 '가격(Price)' 차별화도 하나의 중요한 차별화 전략입니다. 인터넷 쇼핑몰은 가격 경쟁이 심화되어 있기 때문에 가격 차별화를 만들어 낼 수 있다면 분명히 성공할 수 있지요. 가격 경쟁력에서 우위를 만들려면 어떤 노력이 수반되어야 할까요? 우선 원가를 줄이는 전략이 필요합니다. 그냥 도매상에서 물건을 떼어 온다면 도매상 마진이 이미 포함된 경우라 가격 경쟁력이 낮습니다. 아무래도 제조사에서 받아 오는 것이 좋은 가격으로 가능하지요. 농산물이라면 산지 등과의 계약을 통해 보다 저렴한 가격으로 공급받을 수 있도록 하는 것이 중요하며, 수입품이라면 최대한 외국 브랜드 본사와의 직거래 등으로 원가를 줄이는 전략을 세우는 것도 필요한 일이겠지요.

　상품 유통 단계에서 유통 기한이 임박한 상품을 저렴하게 공급하는 쇼핑몰도 있습니다. 보통은 쉽게 생각할 수 없는 상품들이지요. 아직은 유통 기한이 남았기 때문에 사실상 정상 가격에 판매가 되어도 되지만 임박했다는 이유로 매우 저렴한 가격에 구매가 가능한 상품들이 있습니다. 저는 마트에 갔을 때 '유통 임박 30% 할인'과 같은 태그가 붙여져 있으면 꼭 사는 편입니다. 오늘내일 바로 먹을 수 있다면 유통 기한 내 먹는 것이니까요. 유통 업체에게는 유통 임박 상품은 스트레스가 됩니다. 상품성이 급격히 떨어지기 때문입니다. 편의점에서도 유통 기한으로 버려지는 제품이 많아 이를 편의점 대표님들이 소진하기 위해 애쓰는 얘기도 들은 바 있습니다. 저와 같은 사람을 대상으로 저렴한 가격에 유통 임박 상품을 구매할 수 있도록 유통 업체 상품을 받아 공급하는 쇼핑몰의 예는 '떠리몰'입니다.

▲ 유통 임박 상품 쇼핑몰 떠리몰(thirtymall.com)

세 번째 차별화 전략으로 '콘텐츠(Contents)' 차별화도 매우 중요한 조건입니다. 제품 사진의 콘셉트나 상세 설명 페이지 차별화가 실제 쇼핑몰의 매출 격차를 견인합니다. 처음 쇼핑몰을 접속했을 때 쇼핑몰이 다르게 보이는 작은 차이가 중요합니다. 의류 쇼핑몰 같은 경우, 제품 사진 속 배경이 달라지는 이유가 있습니다. 예전에 유명한 의류 쇼핑몰들은 해외에 나가서 화보 촬영을 하곤 했는데

확실히 제품을 다르게 보이게 하는 효과가 있기 때문입니다. 이것이 유명 의류 쇼핑몰이 상품 사진을 멀리 해외까지 가서 촬영하는 이유이기도 하지요.

쇼핑몰의 얘기를 들어 보면 상품 구매 후기에 고객이 외국의 멋진 배경을 뒤로 하고 상품 사진을 올리기만 해도 대상 상품의 판매가 높아진다고 합니다. 사진에 공을 들여야 하는 이유는 많습니다. 성공하는 쇼핑몰은 공통으로 제품 사진과 설명, 그리고 이미지 배열, 디자인 모두 정보를 주는 곳으로 보입니다. 이 같은 제품을 표현하는 콘텐츠에 대한 차별화 외에도 상품 후기와 같은 구매 촉진 콘텐츠를 전략적으로 얻고 표현하는 것도 차별화가 됩니다.

온라인 셀렉샵이라고 불리는 일명 편집샵 '29cm'는 국내외 패션과 관련된 라이프 스타일을 종합적으로 담은 곳입니다. 수백 개의 브랜드를 취급하며, 단지 제품만을 소개한다는 느낌보다는 트렌디한 정보를 준다는 느낌을 사이트 레이아웃에서 충분히 느낄 수 있습니다.

▲ 29cm 편집샵

요즘 잘나가는 개인 쇼핑몰이 보고 싶을 때 저는 꼭 살펴보는 메뉴가 있는데요. 바로 네이버 메인에 있는 '쇼핑박스'라는 공간입니다. 네이버 메인 오른쪽 하단에 작은 섬네일 이미지들이 모여 있는 곳입니다. 총 18페이지로 구성되어 있고 한 페이지마다 가로 3개의 이미지, 세로 4줄로 구성되어 있어서 한 페이지에 12개의 쇼핑몰 섬네일 이미지가 보입니다. 아는 분도 많겠지만 네이버 메인에 노출되는 쇼핑몰은 몇억 대 이상의 매출이 나오는 쇼핑몰입니다. 이 작은 이미지 하나를 노출시키는 데 적어도 일주일에 300~400만 원에 달하는 광고비를 사용하고 있는 쇼핑몰이니까요. 한 달만 노출시켜도 약 천만 원의 광고비를 쓸 수 있는 곳입니다. 이들 쇼핑몰을 하나씩 클릭해서 벤치마킹해 보면 내 쇼핑몰은 어떤 느낌으로 디자인을 구성하면 좋을지에 대해 시사점이 생길 겁니다.

▲ 네이버 메인에 있는 쇼핑박스

마지막으로 '서비스(Service)' 차별화도 중요합니다. 어떤 쇼핑몰은 자필 서명이 담긴 메시지 카드를 동봉하거나, 고급 포장 서비스를 제공한다거나, 구매 후 1년간 무상 A/S를 해 주는 일련의 특별한 서비스를 제공합니다. 앞서 도서 추천 서비스 플라이북을 소개해드렸는데요. 이곳도 책만 보낸다는 개념보다는 정성스러운 포장에 신경을 써서 선물을 받는 것 같은 느낌을 주는 전략을 사용하고 있습니다.

브랜드 제품의 경우, 브랜드를 좋아하는 이유 중에 서비스가 다르다고 생각하는 소비자들이 많습니다. 언제든 구매한 백화점에 가면 무상 수리가 가능하다는 메리트도 있는 것이지요.

다른 쇼핑몰과 비교했을 때 우리 쇼핑몰만이 제공할 수 있는 서비스가 무엇이 있을지를 생각해 보고 이를 구현할 수 있다면 쇼핑몰은 바로 성공할 것입니다.

천연 화장품 쇼핑몰인 '시드물'은 쇼핑몰에 접속했을 때 꽉 채워진 콘텐츠로 규모가 큰 쇼핑몰인 느낌을 많이 줍니다. 매우 다양한 제품 라인업과 풍부한 콘텐츠로 사이트의 신뢰를 주는 것입니다. 천연 화장품 성분을 궁금해하는 분들을 위한 성분 사전 서비스도 제공하고 있으며 지역 사회에 봉사하는 회사 뉴스 보도 자료도 잘 볼 수 있게 설계되어 있습니다. 포토 상품평 코너를 전면에 보여 주어 천연 화장품으로 효과를 본 소비자들의 후기가 주문을 하게 만들지요. 고객과의 소통 노력이 돋보이는 쇼핑몰입니다.

▲ 시드물(sidmool.com)

3 Reliability - 감성 마케팅 전략

쇼핑몰이 성공하기 위해서는 소비자의 신뢰를 얻어야 합니다. 소호몰일수록 시스템이 아닌 감성으로 고객과 소통하고 신뢰를 쌓아야 합니다. 제가 좋아하는 책 중에 '작은 커피집'이라는 책이 있는데요. 스타벅스가 옆에 있는 데도 작은 커피집으로 향하는 고객들의 속마음을 성공 노하우로 설명해 주는 책입니다. 작은 커피집의 성공 비결은 다름이 아니라 운영자가 손님 한 분 한 분을 모두 잘 알고 있어서 별도의 주문을 받지 않고도 개인적 취향을 알고 딱 맞는 커피를 만들어 주기 때문입니다. 보편적인 맛이 아니라 개인 성향에 맞춘 커스터마이징된 맛을 느낄 수 있는 것입니다. 이처럼 작은 쇼핑몰은 감성을 보여주어야 합니다.

쇼핑몰에서의 감성(Emotion) 전략은 디지털 세상에서 아날로그식의 만남을 갖는 매개체가 됩니다. 어떤 쇼핑몰은 운영자의 일상을 그대로 보여 주며 소통합니다. 웬 쇼핑몰에 상품 설명이 아니라 주인장 일상이냐고 하겠지만 오히려 이런 일상의 모습이 더욱 가까워지는 느낌을 주고 대표를 알게 되는 계기가 됩니다. '그레이시크'라는 의류 쇼핑몰은 메인 카테고리 내에 '블로그' 메뉴가 있습니다. 앞쪽으로 뺀 이유는 그만큼 블로그 소통을 중시한다는 의미겠지요. 블로그에 들어가면 주인장의 일상을 알 수 있습니다. 일상의 스토리로 다시 한번 상품을 보게 되고 쇼핑몰의 신뢰를 증가시키지요.

이처럼 가장 좋은 감성 마케팅 중 하나가 운영자를 쇼핑몰에서 드러내는 전략입니다. 운영자를 드러낸다는 것은 운영자가 직접 고객들과 쇼핑몰 안에서 소통한다는 의미이기도 하고, 운영자가 가지고 있는 심성, 인간미가 많이 느껴진다는 의미이기도 합니다.

소호로 시작해 어느 정도 궤도에 오른 성공 의류 쇼핑몰 사례를 보면 대개 쇼핑몰 대표가 모델을 겸하고 있는 경우가 많습니다. 운영자의 예쁜 모습과 패션 리더로서의 면모가 소비자의 눈길을 끌게 하고 그냥 모델이 아닌 쇼핑몰 대표라는 이미지가 겹쳐 더욱 호감을 얻게 되지요. 대표 자신이 갖는 모델로서의 차별화는 그 어떤 쇼핑몰도 따라오지 못하는 전략이 됩니다. 꼭 의류 쇼핑몰이 아니더라도 생산자분의 사진이 나오는 농산물을 보게 되면 마구 신뢰가 생기는 것처럼 누가 이 제품을 생산하고 책임지고 있느냐를 보여 주는 것도 중요한 감성 마케팅 중 하나입니다.

▲ 그레이시크(graychic.co.kr)

또한 블로그나 인스타그램 같은 SNS 채널을 쇼핑몰 외 별도로 운영하면서 감성적 소구를 증가하는 방법도 추천합니다. 쇼핑몰 입장에서 외부의 커뮤니티를 적극 활용하는 것은 매우 중요합니다. 무료로 홍보할 수 있는 데다 다양한 잠재 고객을 만날 수 있는 채널이기 때문입니다. 쇼핑몰 안에서 보여 주지 못한 정보들을 올리고 실시간 소통을 할 수 있는 채널이기 때문에 꼭 운영해야 합니다.

더불어 쇼핑몰 내 게시판에서도 고객과 대화를 나누면서는 친근한 글투로 인사 나누기, 다양한 이모티콘을 통한 대화 나누기 등을 추천합니다. 주인장의 가족적인 모습, 자연스러운 일상 나누기는 고객과 친해지고 싶다는 의지를 담은 행동입니다. 이처럼 감성 마케팅을 쇼핑몰에 도입하고 고객과 소통하고자 하는 쇼핑몰이라면 반드시 성공할 것입니다. 딱딱할 수 있는 디지털 세상에서 아날로그 감성을 느끼게 해 주는 방법을 찾아 보세요.

On Air

LIVE
COMMI

Part **5**

가장 기본이 되는
온라인 홍보 채널

블로그, 인스타그램, 유튜브 이해하기

창업 업계에서 나오는 얘기 중에 창업자가 얼마나 많은가에 대한 정보가 있는데요. 쉽게 말해서 얼마나 많은 사람이 창업하고 있는지를 알고 있느냐에 대한 질문입니다. 자료에 의하면 하루에 사업자등록을 하는 사람은 약 1만 명이 된다고 합니다. 1년으로 보면 366만 개라고 하네요. 현재는 정부 주도 하에 창업 지원 사업이 워낙 많고 이에 따른 지원 예산도 매년 증가하고 있어서 자연 발생적으로 창업자가 많아지고 있지요. 2021년만 해도 3조 원이 책정되어 있습니다.

이렇게 많은 창업자가 창업에 나설 때 가장 해결이 되어야 할 부분은 무엇일까요? 아이템일까요? 상권일까요? 자금일까요? 물론 그 무엇 하나 중요하지 않은 요소는 없지만 제가 볼 때는 사업 전과 후에 '온라인 홍보'에 대한 회사의 기본 전략이 있어야 한다고 생각합니다.

쇼핑몰로 성공하기 위해서 창업자가 가장 신경 써야 하는 부분으로 온라인 홍보를 꼽는다면 대표자 스스로가 얼마나 홍보를 준비하고 있느냐를 점검해 보아야 합니다.

많은 창업자가 창업하기 전에 미리 사업계획서를 작성합니다. 사업계획서는 사업의 방향과 계획을 설계한 문서인데요. 사업계획서를 작성할 때도 마케팅 계획을 세밀하게 작성할 필요가 있습니다. 그중에서도 홍보 부분을요. 가령, 창업 6개월 전부터 고객을 만날 수 있는 카페나 블로그 홍보를 미리 시작한다는 계획을 세운다면 이것이 구호에 그치는 것이 아니라 더욱 구체적으로 어떻게 카페를, 어떻게 블로그를 기획하고 운영할지를 정해야 한다는 것입니다.

사업한 분이라면 더 공감하겠지만 아무리 좋은 아이템으로 준비를 해서 채널을 오픈해도 이를 적절히 알릴 수 있는 온라인 홍보 방법이 없으면 아무 소용이 없습니다. 오픈 이후의 전략이 필요하다는 것입니다. 실제로 아무도 구매하지 않는 쇼핑몰 관리자 페이지를 보는 것만큼 괴로운 일도 없거든요. 그렇다면 어떻게 온라인 홍보에 대한 방법을 찾아야 할까요?

제가 여기서 돈을 내는 광고를 설명하지는 않고 지속해서 고객, 소비자와 소통할 수 있는 커뮤니케이션의 한 방법인 온라인 홍보를 설명하고자 합니다. 사실상 광고는 짧은 시간에 매출도 높이고 브랜딩을 할 수 있어 효과적이지만 역시 돈을 써야 한다는 점과 노출이 짧다는 단점이 있습니다. 라이브 커머스를 진행하거나 활용하려고 하는 분 입장에서는 라이브 커머스로 우리 브랜드와 상품을 알리고 이를 바탕으로 지속적인 소통을 하고자 하실 텐데요. 단지 쇼핑몰을 하나 운영한다는 것 외에 회사와 고객이 좀 더 편하게 소통할 수 있는 SNS 채널을 꼭 설계해야 한다는 것을 강조하고 싶습니다.

여러분은 SNS 채널을 운영한다면 어떤 채널을 선택하실 건가요?

현재 가장 선호도가 좋은 채널은 네이버 블로그, 인스타그램, 유튜브 이 세 가지가 메인 중심 채널이라고 생각합니다. 이 세 가지를 모두 운영할 수 있다면 온라인 홍보 채널을 최고로 잘 운영하는 경우라 할 수 있습니다. 다만 저도 일을 하며 온라인 채널을 운영하면서 느낀 건 세 가지를 모두 적절히 잘한다는 것은 정말 어렵다는 것입니다. 그래서 이 중 적어도 한 가지는 확실히 잡고 간다는 생각을 가지고 계획을 세우면 좋겠습니다.

여러 채널 중에서 자신에게 맞는 채널의 성격이 있다고 생각합니다. 저는 글을 쓰는 것이 좀 편해서 블로그가 가장 쉽게 다가오는 채널이었습니다. 유튜브에도 관심이 가고 인스타그램에도 관심은 가지만 다가가기가 어려웠습니다. 인스타그램에 올릴 만한 괜찮은 이슈, 시선을 끄는 이미지를 찍고 올리는 일이 어려웠고 성격상 개인 일상을 올리는 것은 더더욱 어려운 일이었지요. 유튜브 같은 채널도 동영상 촬영을 하면서 일정 정도 자막이라도 편집을 해야 하고 얼굴이 직접적으로 노출된다는 것이 진정한 소통일 텐데 역시 도전하기가 쉽지 않았습니다. 주제를 찾는 일은 더 어려워서 도전하기가 힘들었습니다. 현재 저는 네이버 블로그만 운영을 하고 있는데요. 앞으로 인스타그램과 유튜브를 열심히 해 보려고 합니다. 유튜브 채널은 라이브 커머스한 방송으로 꾸밀 생각을 하고 있습니다. 솔직한 저의 소감을 담는 것인데요. 여러분도 자신에게 맞는 채널을 고민해 보길 바랍니다.

네이버 블로그, 인스타그램, 유튜브 이 세 가지 채널에 대한 특징을 정리해 보았습니다.

채널	네이버 블로그	인스타그램	유튜브
특징	• 네이버에서 가장 잘 노출되는 매체 • 긴 글의 정보성으로, 회사 소개도 충분히 보여 줄 수 있음 • 홈페이지용 블로그로 만들면 홈페이지로 사용 가능함 • 개인 브랜드 형성에 효과적이며 탁월함	• 감성적 혹은 재밌는 이미지와 단문으로 팔로우를 늘릴 수 있는 수단 • MZ세대에 맞는 소통 수단 • 사용법이 쉽고 간편하기 때문에 놀이터로 보아도 무방 • 해시태그에 따른 노출 확률 높음 • 고객과의 무제한 네트워크 확장 가능	• 현장감 있는 영상 소통이라 친근감이 높음 • 구독자 수가 많아질수록 채널 확대가 쉬움 • 구글로부터 별도의 광고비가 들어옴 • 방송 주제에 대한 기획이 필요하고 약간의 편집 기술도 필요한 것이 불편 요소

▲ 각 SNS 채널에 대한 특징

① 네이버 블로그

먼저 네이버 블로그는 최대 장점이 네이버에서 노출된다는 것입니다. 네이버는 하루 방문자가 4,000만 명이 넘을 정도로 국내 최대의 포털 사이트입니다. 저도 매일 접속하는 사이트이지요. 대한민국 국민 대다수가 이용하는 사이트에서 키워 드로 정보를 찾는 경우 회사 소개나 쇼핑몰 상품, 제품 정보가 잘 검색된다면 얼마나 좋을까요? 네이버가 국내 최대 사이트이기 때문에 네이버 블로그를 운영하는 것은 필수라고 생각합니다. 그리고 블로그는 담을 수 있는 정보의 한계가 없습니다. 얼마든지 긴 글의 정보를 담을 수 있습니다. 사진, 지도, 동영상 등 넣고자 하는 여러 요소도 충분히 넣을 수 있어서 효과적인 정보 전달이 가능하다는 것이 특징입니다.

또한 홈페이지를 대신할 수 있다는 점이 강점인데요. 네이버에서 '홈페이지형 블로그'라는 키워드로 정보를 검색합니다. 홈페이지형 블로그라는 것은 블로그이긴 한데 홈페이지와 같은 역할을 하는 블로그를 말합니다. 네이버 블로그가 제공하는 기능들은 그대로 활용하면서 블로그 대문 역할을 하는 첫 페이지를 홈페이지가 주는 메뉴바를 그대로 구현하여 홈페이지 기능을 할 수 있도록 디자인 편집을 리뉴얼한 블로그를 말합니다. 네이버 검색 시에는 홈페이지형 블로그 제작을 대행해 주는 디자인 회사들이 매우 많이 광고로 노출되고 있습니다.

▲ 네이버 '홈페이지형 블로그' 검색 결과

　사실 어떤 비즈니스를 하든지 홈페이지는 필수로 생각하고 만드는데요. 정식적으로 회사 소개가 필요하기 때문입니다. 쇼핑몰 사업을 한다고 해도 쇼핑몰만 있으면 되는 것이 아니라 더욱 큰 그림의 비즈니스를 외부 제휴 네트워크에 소개하기 위한 역할로 홈페이지를 활용하기 때문에 홈페이지는 모든 회사에 꼭 필요한 용도입니다. 그런데 막상 회사에 디자이너가 없다면 한번 만든 홈페이지를 보다 시의성 있게 리뉴얼하는 일이 어렵습니다. 새로운 글을 적고 디자인을 변경하는 등 운영에 변화를 꾀하고자 할 때 쉽게 고칠 수가 없어서 불편함이 너무 많지요. 네이버 블로그를 홈페이지로 사용하게 되면 홈페이지 기능도 충분히 사용할 수 있으면서 운영도 쉽고 네이버에 잘 노출되는 장점을 살릴 수 있어 좋습니다.

사례로 '스타트런'이라는 회사의 블로그를 소개합니다. 스타트업을 대상으로 강의 컨설팅을 제공하는 회사의 블로그입니다. 블로그지만 블로그 같지 않은 메인 화면을 확인할 수 있습니다. 왼쪽, 오른쪽 빈 공간에 다양한 배너들을 집중적으로 노출시켜서 알리고자 하는 서비스를 효과적으로 노출하고 있고, 메인 배너도 3개의 이미지가 번갈아 가며 바뀌어 회사 홍보가 잘 되고 있습니다.

저도 블로그를 운영하고 있는데요. 제 블로그 대문을 장식하고 있는 블로그 제목을 '라이브 멘토 황윤정 교수의 디지털, 마케팅, 유통, 창업 이야기'라고 적었습니다. 그리고 제 프로필과 학과 소개, 국가장학금 안내, 출간 저서 등의 이미지를 삽입했습니다. 해당 이미지를 클릭하면 해당 주제에 대해 적은 블로그 포스팅 글이 연결됩니다. 홍보하고자 하는 내용을 충분히 블로그 형태 안에서 구현할 수 있습니다.

또한 네이버 블로그는 개인 브랜드를 만들고자 하는 지식 서비스 전문가에게도 필수인 채널입니다. 정보성 글로 전문 블로거가 되면 해당 분야에서 이름을 알릴 수 있는 최적의 조건을 만들어 줍니다. 무엇보다 전문 블로거가 되면 네이버에서 검색이 잘 되기 때문에 그 효과가 배가 되는 셈입니다. 블로그 글을 묶어서 책으로 출간하는 블로거도 많이 볼 수 있습니다. 이와 같은 여러 이유로 온라인 홍보에 있어 블로그 운영은 필수이니 꼭 챙기길 바랍니다.

▲ 스타트런 홈페이지형 블로그(blog.naver.com/withstartrun)

▲ 황윤정 저자의 블로그(blog.naver.com/webcaster)

② 인스타그램

인스타그램은 특히 젊은 세대에게 많이 각광 받는 소통 채널입니다. 무엇보다 인스타그램은 누구든지 쉽게 시작할 수 있고 감성적이거나 재밌는 이미지만 올려도 소통이 시작되기 때문에 거부감이 없습니다. 네이버 블로그보다는 글쓰기에 어려움이 없다는 장점이 있습니다.

해시태그(#)가 있어서 인스타그램에 올라온 글들을 주제에 따라 찾을 때 도움을 주는데요. 해시태그 검색 시 노출에 있어서 팔로워 수 같은 일종의 채널 인기도와 상관없이 순수하게 키워드 검색 위주로 정보 노출이 되기 때문에 신규 채널 입장에서는 괜찮은 채널이라는 평입니다.

또한 인스타그램은 모바일에 최적화된 앱입니다. PC 버전이 없다는 것도 특징이지요. 앱을 사용하는 방식이라 평소 스마트폰으로 찍은 사진을 간단히 공유하는 것만으로도 계정이 운영됩니다. 블로그는 사진만 올리는 것이 아니라 사진에 따른 설명 글을 적절히 적어야 하기 때문에 글솜씨가 필요한데 인스타그램은 사진만 올리고 2~3줄 정도 가볍게 느낌만 적어도 되니 편리합니다. 사진 찍기에 센스가 있거나 연출 감각이 있는 사람이라면 채널이 금방 성장할 것입니다.

그리고 사진 한 장에도 여러 팔로워와 함께 일상을 소통할 수 있고 인맥 네트워크가 쉽게 확장된다는 점도 특징입니다. 수시로 지인들을 추천해 주는 알고리즘이 있어서 계정을 만들고 휴대폰에 저장된 연락처와 동기화되면서부터 팔로워가 시작됩니다.

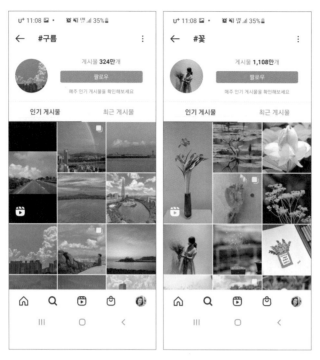

▲ #구름으로 검색, 324만 개의 게시물　▲ #꽃으로 검색, 1,108만 개의 게시물

　사실 저는 이 부분 때문에 페이스북이나 인스타그램을 별로 선호하지 않았습니다. 네이버 블로그는 이웃을 맺는다 해도 잘 모르는 분들이 많고 대화를 많이 하지 않는 구조라 인맥에 의한 피로도가 적은데요. 페이스북이나 인스타그램은 휴먼 네트워크에 최적화된 스타일로 운영되니 피로도가 생기는 것이죠. 하지만 반대로 온라인상에서 정보 교류를 활발히 하는 것, 인맥을 관리할 수 있는 도구라는 점은 인정해야겠습니다. 간단한 사진만으로도 인맥을 관리할 수 있으니까요.

　MZ 세대(Millennials and Gen Z)라는 신조어가 있습니다. 1980년대 초~2000년대 초 출생한 밀레니얼 세대와 1990년대 중반~2000년대 초반 출생한 Z세대를 통칭하는 용어입니다. 이들은 디지털 환경에 익숙하고, 최신 트렌드를 쫓고 남과 다른 이색적인 경험을 추구하는 특징을 가집니다.

특히 MZ 세대는 SNS를 기반으로 유통 시장에서 강력한 영향력을 발휘하는 소비 주체로 부상하고 있는데요. 이들이 가장 선호하는 매체로 인스타그램을 꼽을 수 있습니다.

MZ 세대는 집단보다는 개인의 행복을, 소유보다는 공유(렌털이나 중고 시장 이용)를, 상품보다는 경험을 중시하는 소비 특징을 보이며, 단순히 물건을 구매하는 데에서 그치지 않고 사회적 가치나 특별한 메시지를 담은 물건을 구매함으로 자신의 신념을 표출하는 경향이 있습니다. 또한 이들 세대는 미래보다는 현재를, 가격보다는 취향을 중시하는 성향을 가진 이들이 많아 소위 명품 소비에도 익숙하다는 설명도 있지요.

젊은 소비자와 소통하고자 하는 쇼핑몰 셀러 입장에서는 인스타그램의 사용도 필수라고 볼 수 있겠습니다.

3 유튜브

유튜브는 온라인 소비자에게는 빼놓을 수 없는 매체가 되었습니다. 하루 소통량이 어마어마한 세계 최대의 동영상 사이트니까요. 네이버가 글, 인스타그램이 이미지라면 유튜브는 동영상입니다. 라이브 커머스도 동영상이기 때문에 유튜브 채널과 궁합이 맞는다고도 볼 수 있습니다.

유튜브에는 없는 동영상이 없을 정도로 많은 영상이 있고 그 많은 영상이 현장감을 담고 있어서 그 어떤 매체보다도 전달력이 높고 친근감도 높습니다. 마치 방송을 보는 것과 같은데 개인적인 마이크로 방송하여 구독자와 소통도 가능합니다. 동영상이라 긴 영상은 인기가 없고 집중하기도 어려워서 보통 15분 이내의 짧은 영상이 선호됩니다. 핵심만 담아서 전달하기 때문에 지루하지 않게 배울 수 있는 정보도 참 많습니다. 꾸준히 영상을 업로드하고 주제에 맞는 재미있는 정보적 요소를 담으면 채널은 구독자 수가 증가하게 될 것입니다. '구독자 1,000명, 누적 시청 4,000시간'의 기준을 충족하게 되면 광고주가 붙어 광고비를 수익으로 벌 수 있는 매체입니다.

이와 같은 프로세스에서 소위 구독자 수가 많은 채널이 되기 위해서는 소비자의 눈길을 끌 수 있는 매력 있는 콘텐츠 기획이 필요합니다. 매력이 있는 독자적인 콘텐츠가 인정을 받을 수 있습니다. 이런 유튜브 운영에 있어서 주제 발굴이나 인기 있는 콘텐츠로 꾸미기 위한 편집 기술도 필요해서 초보자에게 진입 장벽이 더 높은 매체라 볼 수 있습니다.

실제로 TV도 거의 보지 않는 라이프 스타일을 추구하는 저 역시 유튜브 초창기에는 동영상 보는 일이 제 시간을 뺏는 것 같아 보지 않다가, 이제는 제 일상에서 여가를 채우는 채널로 바뀌고 있습니다. 노래를 듣거나 패션 감각을 배우거나 건강 정보를 얻거나 하는 다양한 주제의 영상을 저도 모르게 보고 있습니다. 저 같은 스타일도 영상을 보니 얼마나 많은 분이 유튜브 채널의 소비자인지를 알 것 같습니다.

제가 즐겨 이용하는 유튜브 채널을 소개합니다. 개인적인 매력이 돋보이는 채널이라 보고만 있어도 힐링되는 느낌이었습니다. 저도 저만이 가진 매력으로, 정보를 담아 소통할 수 있는 사람이 되어야겠다고 생각하게 됩니다.

▲ 유튜브 채널 '지나 찬양' 구독자 20만 명

▲ 유튜브 채널 '밀리논나' 구독자 85만 명

▲ 유튜브 채널 '닥터프렌즈' 구독자 72만 명

　실은 저도 유튜브 채널을 운영하려고 도전한 적이 있었는데요. 역시 기획과 편집이라는 두 가지 영역에 꽤 많은 시간을 투자해야 했기에 운영을 못 하고 있었습니다. 하지만 본서의 콘셉트인 라이브 커머스는 동영상이면서 라이브이기 때문에 별도의 편집이 필요하지는 않은 영상이라 소상공인 제품을 소개한 녹화 영상을 확대 홍보하는 채널로 유튜브를 만들고자 합니다. 유튜브로 실시간 생중계도 가능하기 때문에 라이브 커머스 방송을 하면서 유튜브 생중계도 동시에 도전할 수 있다고 생각됩니다.

　지금까지 소개한 네이버 블로그, 인스타그램, 유튜브 세 가지 채널을 고민하고 라이브 커머스 방송과 연결하여 확산시키는 온라인 홍보 채널로 꼭 활용하기 바랍니다.

네이버 블로그 준비하기

네이버 블로그는 누구나 쉽게 개설할 수 있습니다. 언제나 그렇지만 모든 SNS 채널이 그러하듯이 구축은 쉽고 운영은 차별화가 필요한 것이죠. 네이버 블로그는 네이버 아이디만 있으면 누구나 자동으로 주어지는 것입니다. 무료로 나만의 미디어 채널을 구축할 수 있게 되는 것입니다.

네이버 블로그를 만들 때는 이것은 '인터넷 신문이다'라는 생각을 가지는 것이 중요합니다. 쇼핑몰 대표가 편집장의 역할을 합니다. 셀러가 되고 셀러를 위한 블로그를 만든다면 쉽게는 쇼핑 블로그가 되겠지요. 운영하는 쇼핑몰과 연관된 주제로 블로그 콘셉트를 잡습니다. 쇼핑몰의 아이템, 쇼핑몰의 콘셉트, 쇼핑몰의 고객을 주제로 하여 매일매일 신문 기사를 발행한다는 생각으로 접근해야 오래도록 유지할 수 있습니다. 블로그는 고객과 지속해서 소통하는 커뮤니케이션 채널임을 잊지 말아야 합니다.

생활 공예를 주제로 주얼리 공방을 소개하면서 쇼핑몰과도 연결된 블로그가 있습니다. 바로 '루브스튜디오'입니다. 엄마공작실이란 책도 낸 블로거시죠. 2021년 7월 현재 5,328개의 글이 있을 정도로 꾸준히 블로그를 운영한 사례입니다. 하루 방문자만 해도 7,000명이 넘는 파워블로그입니다. 루브스튜디오라는 공방을 소개하며 커스텀 주얼리, 레진아트 주얼리, 보자기 아트와 같은 공방에서 하는 수업과 아이템들을 카테고리로 만들고 있습니다. 오프라인 클래스에서 수작업으로 이루어진 수업의 결과물을 홍보하는 역할도 하고 고객들과 꾸준히 소통하는 채널로 운영합니다. 이 정도로 꾸준히 포스팅을 하고 방문자가 생기는 블로그라면 온라인 홍보는 최적화되어 있다고 볼 수 있습니다.

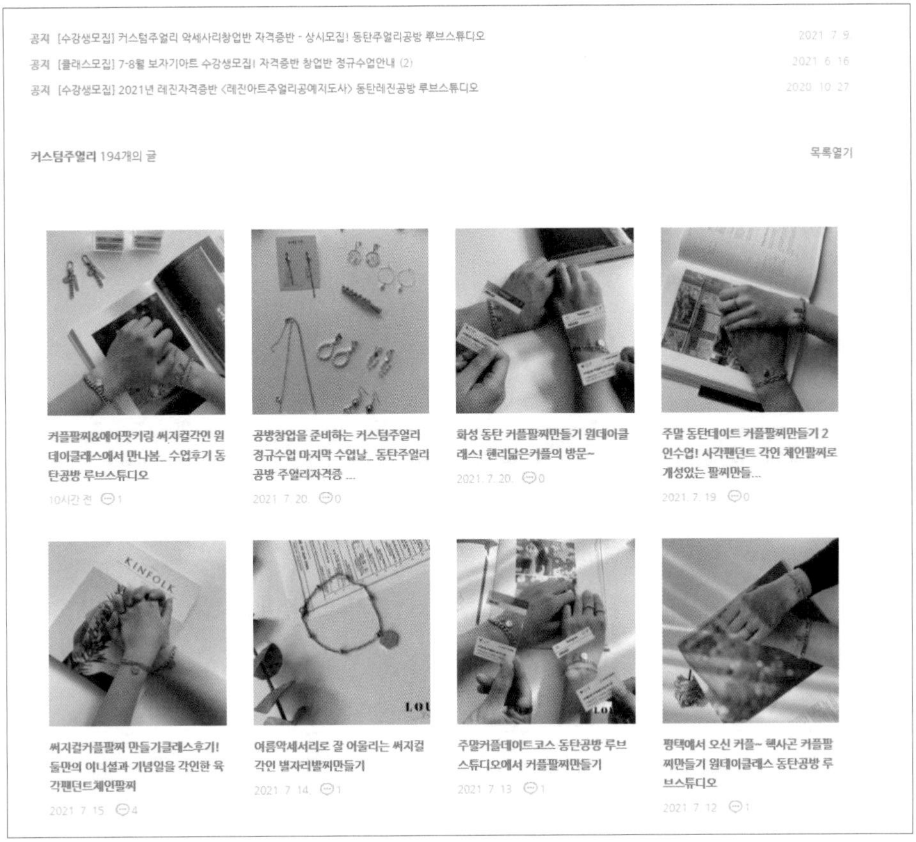
공지 [수강생모집] 커스텀주얼리 악세사리창업반 자격증반 - 상시모집! 동탄주얼리공방 루브스튜디오 2021. 7. 9.
공지 [클래스모집] 7-8월 보자기아트 수강생모집! 자격증반 창업반 정규수업안내 (2) 2021. 6. 16.
공지 [수강생모집] 2021년 레진자격증반 <레진아트주얼리공예지도사> 동탄레진공방 루브스튜디오 2020. 10. 27.
커스텀주얼리 194개의 글
목록열기
커플팔찌&에어팟키링 써지컬각인 원데이클래스에서 만나봄_ 수업후기 동탄공방 루브스튜디오
10시간 전 1
공방창업을 준비하는 커스텀주얼리 정규수업 마지막 수업날_ 동탄주얼리공방 주얼리자격증 ...
2021. 7. 20. 0
화성 동탄 커플팔찌만들기 원데이클래스! 핸리닮은커플의 방문~
2021. 7. 20. 0
주말 동탄데이트 커플팔찌만들기 2인수업! 사각팬던트 각인 체인팔찌로 개성있는 팔찌만들...
2021. 7. 19. 0
써지컬커플팔찌 만들기클래스후기! 둘만의 이니셜과 기념일을 각인한 육각팬던트체인팔찌
2021. 7. 15. 4
여름악세서리로 잘 어울리는 써지컬 각인 별자리발찌만들기
2021. 7. 14. 1
주말커플데이트코스 동탄공방 루브스튜디오에서 커플팔찌만들기
2021. 7. 13. 1
평택에서 오신 커플~ 헥사곤 커플팔찌만들기 원데이클래스 동탄공방 루브스튜디오
2021. 7. 12. 1

▲ 루브스튜디오 블로그(blog.naver.com/raonhilzo)

1 주제가 명확한 블로그

네이버 블로그를 처음 시작할 때 제일 먼저 생각해야 할 것은 바로 주제입니다. 너무 일상의 잡다한 이야기를 소통하는 것은 목적이 불명확하며 본서를 보고 있는 분들은 비즈니스와 연관된 주제를 잡으셔야 합니다.

- 블로그를 통해서 알리고 싶은 것
- 블로그에서 꾸준히 이야기를 나누고 싶은 것

앞서 주얼리 공방 블로그를 보면 블로그를 통해서 알리고 싶은 것은 공방이었기 때문에 공방에서 이루어지는 클래스와 사람들의 이야기를 꾸준히 업데이트한

것입니다. 저 같은 경우는 인터넷 비즈니스에 대한 관심이 많고 쇼핑몰 창업을 공부하다 보니 유통과 창업에 대한 이야기를 나누고 싶어서 블로그를 열게 되었습니다. 정보를 나눌 수 있으면 좋겠다는 생각이 들어서요.

이렇듯 여러분이 블로그를 통해서 알리고 싶은 정보를 찾아서 명확한 접근과 설계를 하길 바랍니다. 주제가 명확한 것이 바로 차별화가 되고 전문성이 생기는 것이기 때문입니다.

'들꽃향기'라는 요리 블로그를 본 적이 있습니다. 하루 방문자가 무려 12만 명이 넘는 블로그입니다. 블로그 이웃만 해도 현재 7만 4,584명이라고 나옵니다. 블로그 브랜드는 '들꽃향기 건강밥상'으로, 이곳의 블로그를 자주 방문하게 되는 이유는 건강식 간단 요리에 있습니다. 특히 정성스러운 포스팅이 눈길을 끌게 되고 요리에 솜씨가 없는 저도 요리 비법에 감탄하게 됩니다. 이렇게 자신이 좋아하고 재능을 나눌 수 있는 주제로 전문성을 가지고 계속 블로그를 운영하게 되면 네이버에서도 그 가치를 인정하여 블로그 중 유명한 블로그로 인정해 주게 됩니다. 매체의 파급력이 생기는 것이죠.

▲ 들꽃향기 건강밥상 블로그(blog.naver.com/kimhy004)

블로그 닉네임과 블로그 이름을 잘 지어야 합니다. 글자 수의 제한도 있어서 너무 길지 않게 짧지만 느낌이 있고 주제가 잘 전달되는 이름으로 지어야 합니다. '착한약사의 꼼꼼한 건강상담'이라는 블로그 이름은 약사로서 건강 상담의 글을 적는 콘셉트를 정확히 전달하고 있는 블로그 이름이겠지요. 여러분의 블로그 이름과 닉네임을 잘 만들어서 멋진 블로그를 시작해 보길 바랍니다.

▲ 착한약사의 꼼꼼한 건강상담 블로그(blog.naver.com/ssoogi1973)

2 블로그 레이아웃 설계

블로그의 전체적인 모양새를 결정하기 위해서는 무엇보다 벤치마킹이 제일 중요한 것 같습니다. 같은 분야이거나 혹은 이달의 블로그 같이 네이버에서 우수하다고 선정한 블로그를 살펴보며 전체적인 레이아웃을 따라 하면 됩니다.

네이버 블로그의 관리 메뉴로 들어가 상단에 있는 메뉴를 하나씩 클릭해서 모든 기능을 확인해 보길 바랍니다. 기능을 적용하여 미리보기 화면에서 확인 후 마음에 들지 않으면 다시 되돌리기가 쉽습니다.

먼저 '기본 설정' 메뉴는 소위 블로그 정보를 세팅하는 곳입니다. 블로그 주소, 블로그명, 별명, 소개글, 블로그 주제, 블로그 프로필 이미지와 같은 기본 구조를 세팅하는 메뉴입니다. 자신의 블로그 성격과 콘셉트에 맞춰 분명하게 블로그가 인식되도록 기본 정보를 작성합니다.

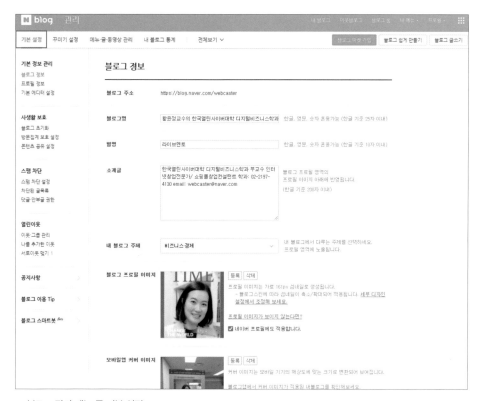

▲ 블로그 관리 메뉴 중 기본 설정

다음으로 '꾸미기 설정' 메뉴입니다. 블로그의 전체적인 디자인을 결정하는 메뉴입니다. 여러 레이아웃이 이미 등록되어 있기 때문에 자신에게 맞는 레이아웃으로 결정하면 됩니다. 처음에는 단번에 결정하기 어려워서 여러 개 스킨을 클릭해 적용하면 되겠습니다. 무료로 다양한 스킨을 적용할 수 있어서 웬만한 경우에 불편함은 없어 보입니다.

다만 저는 이 레이아웃 결정은 앞서 소개한 '홈페이지형 블로그'로 만들기 위해 디자인 의뢰를 해도 좋다고 생각합니다. 디자인 이해도가 있는 분은 레이아웃·위젯 설정이라는 기능을 통해 여러 홈페이지에 삽입되는 배너 공간을 별도로 구성하여 스스로 홈페이지처럼 만들 수 있는데요. 제가 해 보니 그냥 10만 원 내외로 전문가에게 디자인을 의뢰하는 게 더 세련되고 편하지 않을까 싶은 생각이 들었습니다. 홈페이지형 블로그를 만들기 위한 방법은 네이버 검색에서도 많이 나와 있습니다.

▲ 블로그 관리 메뉴 중 꾸미기 설정 – 스킨 선택

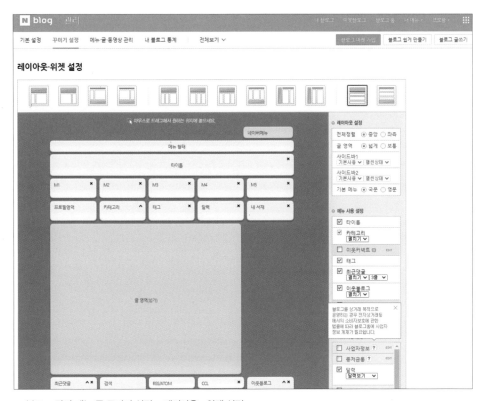

▲ 블로그 관리 메뉴 중 꾸미기 설정 – 레이아웃 · 위젯 설정

다음으로는 '메뉴·글·동영상 관리' 메뉴입니다. 이 메뉴에서 할 수 있는 기능은 블로그 카테고리를 설정하는 일입니다. 보통 블로그 카테고리를 설정할 때는 소통성 + 정보성 + 홍보성으로 구성하는 게 일반적입니다. 제 블로그의 경우를 비교하면 다음과 같습니다.

- **홍보성** : 우리 학과 이야기 / 황윤정 교수의 산학연활동
- **정보성** : 창업 정보 컨설팅 / 정부 창업 지원 정보
- **소통성** : 좋은 생각 좋은 느낌 등

▲ 블로그 관리 메뉴 중 메뉴·글·동영상 관리 – 상단 메뉴 설정

이와 같은 블로그 관리의 메인 기능들을 어느 정도 세팅하고 나면 이제 본격적으로 글을 적으면 됩니다. 검색 엔진인 네이버에 최적화된 글을 적는 것이 중요합니다.

3 블로그 포스팅하기

블로그에 글을 쓰는 것을 포스팅한다고 합니다. 포스팅할 때 제일 중요한 것은 정보의 충실성입니다. 정성껏 쓰는 것이 중요하다는 것인데요. 검색 알고리즘에서는 '정성껏'의 기준을 어떻게 매길까요?

쉽게 생각하면, 소비자가 원하는 키워드를 잘 배치하고 사진과 글을 적절히 반복하여 보기 좋은 글의 순서를 맞추고, 글의 길이는 길게 영상, 지도와 같은 부수적인 정보들도 충분히 잘 삽입하여 안내하는 것입니다. 이렇게 적다 보면 글을 쓰는 시간, 체류 시간이 길어지게 될 것이고 좋은 글이었기 때문에 공감과 댓글도 많이 달리는 그런 포스팅이 되지요. 이것이 정성껏의 기준입니다.

하지만 이것저것 신경을 쓰면서 글을 적으려고 하면 그 자체로 스트레스가 될 수가 있어서 저는 주제에 맞는 글과 검색 키워드의 매칭만 머릿속에 그리고 자연스럽게 글을 적는 것이 제일 좋은 방법이라고 생각합니다. 기계적으로는 글을 쓸 수가 없다는 의미지요.

▨ 블로그 활성화를 위한 사이트

블로그를 운영하면서 꼭 사용하면 좋은 핵심 사이트를 2개 소개하고자 합니다. 하나는 키워드 선택에 있어서 조회 수뿐만 아니라 관련 키워드에 대한 데이터까지 보여 주는 '블랙키위'라는 사이트이고, 또 하나는 내가 공략한 키워드에 따라 포스팅한 글이 제대로 노출되고 있는지를 확인할 수 있게 도와주는 '웨어이즈포스트'라는 사이트입니다.

- 블랙키위

사이트의 이용 방법은 매우 간단합니다. 오히려 너무 간단해서 고마운 사이트인데요. 블랙키위 사이트에 접속하면 우선 검색창만 보입니다. 여기에 블로그 노출을 공략하고 싶은 키워드를 검색합니다.

저는 '맛집'이라는 키워드를 검색했습니다. 해당 키워드가 최초 등장하여 사용된 시기도 나오고 PC와 모바일에서의 검색량도 표시됩니다. PC에서는 5,910회, 모바일에서는 67만 8,000회라는 어마어마한 차이를 볼 수 있습니다. 보통은 네이버에서 제공하는 도구로도 조회수는 쉽게 찾아볼 수 있는 기능이긴 합니다.

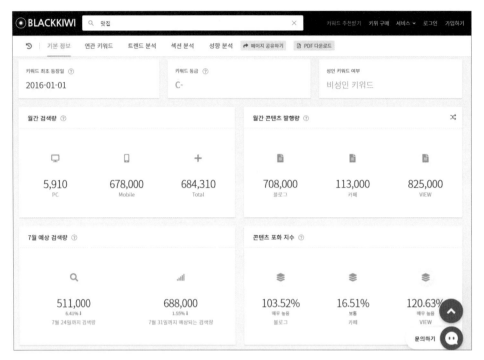

▲ 블랙키위(blackkiwi.net)에서 '맛집' 키워드 검색 결과

하지만 블랙키위에서는 단순 조회 수의 데이터뿐만 아니라 월간 콘텐츠 발행량이라는 기능이 있습니다. 즉, 맛집이라는 키워드가 68만 4,310회나 조회되고 있고 그 인기도에 따라서 관련 키워드로 노출되고 있는 콘텐츠가 블로그는 70만 8,000회, 카페에서는 11만 3,000회라는 것입니다. 이 정도가 최근 한 달 동안 발행되는 글의 키워드라는 것입니다. 이에 해당 키워드의 콘텐츠 포화 지수로는 블로그는 103.52%로 매우 높고, 카페는 16.51%로 보통이라고 알려 줍니다. 네이버 뷰도 매우 높음이라고 결과가 나와 있습니다. 언뜻 생각해도 매력적인 마케팅 키워드는 아닌 셈입니다.

이 결과로 볼 때 맛집 키워드 등급은 C-로 평가를 받았습니다. 맛집이라는 키워드가 분명 인기 있는 키워드이긴 하지만 이에 비해 발행되고 있는 콘텐츠도 포화된 상태라 노출이 쉽지 않다는 것을 분석 결과로 알 수 있습니다.

이 분석만 제공되는 것이 아니라 맛집 키워드와 연관된 키워드 20개를 자체 결과에 맞춰 블로그 총 발행량과 비교하여 알려 줍니다. 물론 결과는 엑셀 파일로도 다운로드받을 수 있습니다. 연관 키워드 중 '파주 맛집'이라는 키워드를 다시한번 분석해 보겠습니다.

키워드 ⇕	월간 검색량 (PC) ⇕	월간 검색량 (Mobile) ⇕	월간 검색량 (전체) ⬆	블로그 총 발행량 ⇕	철자 유사도
강남 맛집	14,200	98,800	113,000	1,140,000	높음
서귀포 맛집	7,040	108,600	115,640	348,000	보통
송도 맛집	10,700	108,500	119,200	281,000	높음
제주 애월 맛집	5,990	119,800	125,790	175,000	보통
원주 맛집	9,990	120,100	130,090	123,000	높음
청주 맛집	12,100	122,000	134,100	519,000	높음
냉면 맛집	4,240	130,300	134,540	1,550,000	높음
홍대 맛집	13,300	122,700	136,000	1,050,000	높음
파주 맛집	9,210	135,200	144,410	122,000	높음
내주변맛집	4,100	184,400	188,500	935,000	보통
부산 맛집	27,700	172,500	200,200	733,000	높음
여수 맛집	29,900	282,900	312,800	138,000	
생생정보통 맛집오늘	6,250	326,500	332,750	79,700	
주변맛집	6,440	335,000	341,440	2,550,000	문의하기

▲ 맛집 연관 키워드 20개 분석 결과

'파주 맛집'이라고 검색하면 월간 검색량은 PC와 모바일을 합쳐서 14만 4,410회인데 블로그 발행량은 2,430회, 카페는 55회로 콘텐츠 포화 지수가 1.68% 정도밖에 되지 않습니다. 그러므로 '파주 맛집'이라는 키워드의 정보는 많이 부족한상태입니다.

이런 키워드로 블로그를 쓰게 되면 상위에 노출될 확률이 높아집니다. 블랙키위를 사용하면 어떤 키워드를 공략해야 할지 한눈에 알 수 있다는 점이 좋습니다.

연습처럼 사용하는 데에는 무료도 괜찮으나 일일이 분석하는 일이 힘들다면 유료
서비스를 이용하여 키워드 선택에 대한 시간을 줄일 수 있습니다.

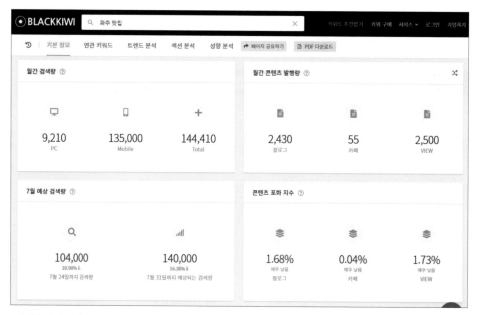

▲ '파주 맛집' 키워드 분석 결과

■ 웨어이즈포스트

블로그를 쓰는 이유는 적은 글이 많이 알려지길 바라는 마음에서인데요. 이를
위해 노출 키워드를 잘 찾아서 적는 것이 중요하죠. 그렇게 글을 적은 후 발행했
을 때 과연 내가 원하는 키워드에 제대로 노출이 되고 있는지를 확인해 주는 사이
트가 있습니다. 바로 '웨어이즈포스트'입니다. 이 사이트는 직관적인 메뉴로 구성
되어 있어서 매우 쉽게 사용 가능하며, 역시 무료입니다.

▲ 웨어이즈포스트(whereispost.com)

첫 화면에서 보이는 검색창에 여러분의 블로그 주소를 입력합니다. 예를 들어 제 블로그 주소를 입력하면 다음과 같은 화면으로 이동됩니다.

▲ 황윤정 저자의 블로그 검색 결과

확인해 보면 최근 블로그에 포스팅했던 글들이 자동으로 표시되어 있고 제목과 발행일까지 나열되어 있습니다. 중간에 '키워드'라는 칸은 비어 있는데요.

제목에 적힌 키워드가 블로그 페이지에 제대로 순위 안으로 노출되고 있는지를 확인하기 위해 '키워드' 칸에 키워드를 적어 봅니다. 어떤 키워드냐에 따라서 노출 순위는 당연히 달라집니다. 제목에도 여러 키워드가 사용되었으니까요.

/blog.naver.com/webcaster/222408223010	2021년 업종전환(업종추가) 및 재창업 사업화-최대 현안에 지원사업 안내(7월 하반기 예정)-	✓	업종전환	Q	17	2021-06-24 07:26:16
/blog.naver.com/webcaster/222401362866	[중요현실 사업안내]신신사업점포체험현장-스케치(6월 30일까지) 14개 모집	✓	점포체험현장	Q	1	2021-06-17 17:49:21
/blog.naver.com/webcaster/222400971443	[14기모집]소상공인시장진흥공단 신사업점포사관학교 '중기로 체험점포 줌' 이용 가기	✓	체험점포	Q	5	2021-06-17 10:53:20
/blog.naver.com/webcaster/222399074911	[동영상재장 스튜디오 무료 이용] 경기북부 의정부 여성창업 플랫폼 여성꿈마루 가기	✓	여성꿈마루	Q	25	2021-06-15 14:36:06
/blog.naver.com/webcaster/222390434452	[k스타트업사이트,창업역동] 황윤정교수의 '1인 창업기업 설립절차' 동영상 보기	✓	황윤정교수	Q	3	2021-06-09 00:17:41
/blog.naver.com/webcaster/222362966399	성통 구로구 소상 중소상공인회망재단, 소상공인 입주사 모집공고(5월 30일까지)	✓	중소상공인희망재단	Q	14	2021-05-23 21:23:39

▲ 키워드별 노출 순위

블로그 제목의 키워드 중 몇몇 단어를 키워드 칸에 넣어 노출 순위를 조사했더니 각각 다른 순위가 표시됩니다. 물론 다른 키워드에서는 또 다른 노출 순위 결과를 알 수 있습니다. 이처럼 내 글이 제대로 노출되고 있는지 간단히 확인할 수 있어서 대략의 블로그 최적화 상태를 알 수 있습니다.

지금까지 살펴본 네이버 블로그는 네이버와 가장 유기적으로 연결되어 있어 수많은 소비자에게 노출될 수 있다는 점 때문에 가장 필수적인 SNS 홍보 채널입니다. 간략히 블로그 운영에 대해서 알아보았는데 글을 쓰는 일이 부담스럽다는 생각보다는 하루 일기를 적듯이 정보를 나눈다는 마음으로 시작해 보길 바랍니다.

인스타그램 준비하기

▣ 인스타그램의 기본 세팅

인스타그램은 스마트폰에 앱을 다운로드받는 것부터 시작합니다. 로그인도 페이스북을 이용하고 있다면 계정이 연결되기 때문에 큰 어려움 없이 세팅할 수 있습니다. 본인의 휴대폰 번호, 이메일 주소로 가입을 진행합니다.

처음 세팅할 때 재밌는 것은 여러분의 스마트폰에 저장된 연락처를 기반으로 먼저 인스타그램을 이용하고 있는 사람을 찾아 보여 주고 연결하는 기능을 지원한다는 것입니다. 이미 연락처에 인맥이 많다면 인스타그램을 시작하는 일도 쉽습니다. 비교적 쉽게 팔로워, 팔로우를 만들 수 있을 것입니다.

그다음으로는 프로필을 편집하는 과정으로, 사진과 같은 개인 기본 정보들을 입력하면 됩니다. 개인적으로는 사용자 이름을 만드는 과정이 조금 쉽지 않았습니다. 절차가 어렵다기보다는 이름을 영어로 짓는 것과 숫자, 특수 기호를 넣을 수 있도록 안내해 주는데 딱 적합한 이름을 찾는 데 망설여졌지요. 저도 본서를 계기로 인스타그램을 활용하고 싶어서 계정 추가를 통해 '라이브 멘토'란 제 닉네임을 영어로 바꾸어 'livementor'란 단어로 이름을 지으려고 했더니 기존에 있는 계정이어서 그런지 그대로 가입을 진행할 수 없었습니다. 하는 수 없이 고민 끝에 'livementor4u'라고 지었습니다. 여러분을 위한 라이브 멘토라는 의미랍니다.

참고로 인스타그램을 이용하다 보면 좀 익숙하지 않은 단어들이 나오는데요. '팔로워, 팔로우, 팔로잉, 맞팔'이라는 용어들입니다.

- **팔로워** : 추종자라는 영어의 의미가 있어서 상대방이 나를 추가한 경우 내가 올린 글과 사진, 동영상을 볼 수 있습니다. 인플루언서는 당연히 팔로워가 많습니다.
- **팔로우** : 친구 추가, 이웃 추가, 구독과 같은 개념입니다.
- **팔로잉** : 내가 상대방을 친구 추가한 경우, 팔로잉을 한 상태라고 생각하면 됩니다.
- **맞팔** : 상대방과 서로 팔로우를 한 상태를 의미합니다.

저는 개인 계정을 프로페셔널 계정으로 운영하려고 결정했습니다. 설정에서 '프로페셔널 계정으로 전환'이라는 기능을 선택하면 쉽게 진행되는데요. 카테고리 분류와 비즈니스용인지, 크리에이터인지를 확인하는 과정을 거치면 쉽게 전환이 됩니다.

프로페셔널 계정으로 전환되면 그야말로 비즈니스 홍보 채널로 운영할 수 있는 두 가지 기능이 생깁니다. 바로 '인사이트'와 '홍보하기'입니다. 다시 말해 개인 계정이 아닌 비즈니스적으로 계정을 운영하고자 한다면 프로페셔널 계정으로 전환을 설정에서 선택해 주면 되는데 이 프로페셔널 계정은 다시 크리에이터 계정과 비즈니스 계정으로 나뉜다는 겁니다. 일반적으로 회사 입장에서 운영하는 계정은 비즈니스 계정, 인플루언서가 운영하는 계정은 크리에이터 계정입니다.

인스타그램에서는 총 5개까지 계정을 추가할 수 있습니다. 각각의 계정은 목적
성을 두고 다르게 운영할 수 있습니다. 설정에서 '계정 추가'를 통해 다른 아이디
를 추가로 만들어 운영이 가능합니다. 가령, 개인 계정을 하나 운영하고 브랜드
계정을 하나 더 운영할 수 있지요. 개인 계정은 아무래도 소통에 무게를 두고 편
안하게 접근이 가능하여 댓글이나 팔로워가 빨리 느는 장점이 있고 브랜드 계정
은 제품 위주로 필요한 정보만을 올림으로 핵심만 전달하는 면에서는 긍정적일
수 있습니다.

▲ 인스타그램 – 개인 계정 – 설정   ▲ 새로운 계정 추가의 프로필 편집
　 – 계정 추가

인스타그램의 홈 화면에는 친구들의 글이 보이게 되고 글의 노출 순서는 시간
순이 아니라 댓글이나 좋아요 등 소통된 글들이 더 위로 보이게 되는 구조입니다.

올릴 사진을 바로 촬영하여 이미지 편집 기능을 통해 보정할 수 있고 사진에 대한 간단한 설명과 해시태그를 넣으면 글을 업로드할 수 있습니다. 참고로 동영상은 최대 60초 안으로 촬영해야 올릴 수 있습니다. 짧은 시간에 짧은 문장으로도 소구할 수 있는 훈련이 필요한 부분입니다.

인스타그램에서 글을 올릴 때 주의할 점이 있습니다. 사진이랑 동영상은 최대 10개까지 선택해서 올릴 수 있고, 사진이 나열되는 게 보기 싫으면 콜라주 프로그램을 이용해 이미지 여러 개를 레이아웃으로 겹쳐 만들어 다채롭게 구성할 수 있습니다. 다만, 실수로 이미지를 하나만 올리게 되었다면 그 상태에서 이미지를 수정할 수는 없습니다. 처음에 인스타그램이 익숙하지 않아서 하나만 올렸다가 다시 다른 연관된 이미지로 올리려고 했더니 수정이 불가했습니다.

글은 간단히 몇 줄 적는 정도로도 충분하고요. 검색과 노출을 위해서는 #해시태그를 적절히 적어 공감을 받는 것이 중요합니다. 그래야 채널이 활성화가 되거든요. 글을 작성하는 부분에 '#' 표시를 하고 원하는 키워드를 찾아 넣습니다.

▲ 인스타그램 게시물 작성 - #해시태그 달기

인스타그램에서는 한 게시물당 최대 30개의 해시태그만 허용합니다. 게시물뿐만 아니라 댓글에도 #해시태그를 활용할 수 있습니다. 인스타그램에서 글을 적을 때 어느 정도 내가 적을 해시태그로 노출되는 게시물의 수를 보여 주어 적절히 선택할 수 있습니다. 또한 복사, 붙여넣기도 가능합니다. 처음 노출을 생각한다면 아무래도 게시물 수가 세분화되어 적은 키워드부터 적극적으로 활용하면 효과가 더 클 겁니다. 각 분야별로 인기 있는 해시태그 모음을 확인해 보세요.

일상

#일상 #일상스타그램 #오늘 #데일리 #데일리그램 #일상기록 #인스타일상 #일기 #daily #instadaily #instagood #소통 #좋아요 #선팔 #맞팔 #팔로우 #일상그램 #사진스타그램 #데일리스타그램 #일기장 #일기그램 #하루일과 #그냥

맛집

#먹방 #먹스타그램 #먹스타 #맛스타 #맛스타그램 #맛있다 #푸드스타그램 #또먹고싶다 #맛집 #먹방투어 #맛집투어 #카페투어 #카페스타그램 #디저트그램 #오늘뭐먹지 #좋아요 #소통 #선팔 #맞팔 #팔로우 #foodfic #instagood

여행

#여행스타그램 #떠나고싶다 #여행에미치다 #일상을여행처럼 #여행사진 #여행후기 #여행중 #여행기록 #여행일기 #여행중독 #여행앓이 #추억스타그램 #추억 #비행스타그램 #떠나자 #떠나자그램 #놀러가자 #휴가스타그램 #소통 #행복 #선팔 #맞팔 #팔로우 #좋아요

뷰티

#쇼핑스타그램 #코덕 #화장품 #화장품덕후 #코스메틱 #인스타뷰티 #오늘의화장품 #뷰티그램 #뷰티팁 #뷰티꿀팁 #인생템 #발색 #발색짱 #뷰티템 #뷰티톡 #화장품그램 #화장스타그램 #화장품추천 #코덕스타그램 #코덕그램 #존예보스 #영롱보스 #블링블링 #소통 #선팔 #맞팔 #좋아요 #팔로우

패션

#데일리룩 #데일리룩코디 #데일리룩그램 #데일리룩스타그램 #멋스타그램 #오오티디 #오늘코디 #오오티디룩 #패션스타그램 #일상룩 #일상룩코디 #옷스타그램 #신상룩 #전신샷 #미러샷 #거울샷 #소통 #선팔 #맞팔 #좋아요 #팔로우 #ootd #daily

연애

#럽스타그램 #여친스타그램 #남친스타그램 #사랑꾼 #데이트그램 #연애중 #연인스타그램 #커플샷 #기념일 #사랑해 #러브그램 #연애 #연애그램 #사랑해요 #데이트 #추억 #연애일기 #남친몬 #여친몬 #내사랑 #핑크빛 #소통 #선팔 #맞팔 #좋아요 #팔로우

소통

#소통 #소통스타그램 #팔로우 #맞팔해요 #친스타그램 #선팔 #맞팔 #좋아요 #인친 #팔로미 #맞팔환영 #선팔환영 #팔로우환영 #일상 #데일리 #fff #lfl #f4f #daily #follow #like

육아

#아주미 #아주미그램 #아주미일상 #맘스타그램 #아빠스타그램 #베이비그램 #아가스타그램 #아기스타그램 #얼짱아기 #우래기 #울애기 #아가아가 #아가그램 #울지마 #맘마타임 #가족스타그램 #초보엄마 #초보아빠 #육아 #육아그램 #육아일기 #육아기록 #소통 #선팔 #맞팔 #좋아요 #팔로우

애완동물

#댕댕이 #댕댕이그램 #냥냥이 #애옹이 #고양이 #멍뭉이 #강아지 #애완 #애완스타그램 #반려동물 #반려견 #반려묘 #펫스타그램 #집사 #집사일상 #산책 #산책그램 #동물 #소통 #선팔 #맞팔 #좋아요 #팔로우

전반적으로 인스타그램은 세계적으로 수많은 사용자가 있지만 별다른 사용법이 필요 없을 정도로 직관적인 인터페이스로 구성되어 있어서 하루 정도 사용하면 어느 정도 인스타그램의 기능들을 숙지하는 데 큰 어려움이 없습니다.

② 게시물의 다양한 기능

인스타그램에 올릴 수 있는 게시물은 여러 종류가 있습니다. 가장 쉽게 기본으로 이용하는 것은 스마트폰 갤러리와 연결된 사진과 간단한 글이지만요. 그 외에도 짧은 동영상을 올릴 수 있는 기능도 있습니다. 자신의 계정 오른쪽 상단에 '+' 표시가 있는데요. '+'를 터치하면 다음과 같은 화면이 표시됩니다.

> • 피드게시물   • 스토리   • 스토리 하이라이트   • IGTV 동영상   • 릴

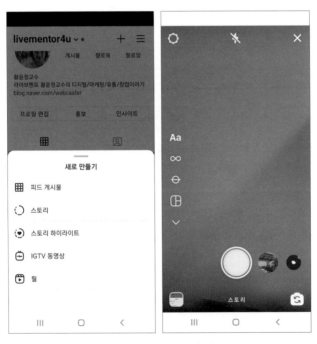

▲ 다양한 새로 만들기 기능   ▲ 스토리 기능

'피드 게시물'은 그야말로 기본 기능입니다. 사진을 선택하고 글을 올리는 게시물을 말합니다. 그런데 최근에는 일반적인 사진 업로드보다는 스토리를 통해서 소통하는 게 유행이라고 합니다.

'스토리'는 사진 말고도 영상도 편집 가능하며 별도의 꾸미기가 가능합니다. 앞서 피드 게시물이 좀 단순한 게시물이었다면 스토리는 별도의 편집 도구를 사용하여 사진이나 영상에 글씨를 쓰거나 이모티콘을 붙여 크리에이티브한 콘텐츠를 만들 수 있는 기능입니다. 사진이나 영상에 노래를 넣을 수도 있고 그림을 그릴 수도 있습니다. 사진에 필터 효과를 적용하는 것도 가능합니다. 특이한 점은 1만 명 이상의 팔로워가 있는 계정의 경우에는 만든 스토리에 별도의 링크를 걸 수 있도록 설정이 가능하다는 것입니다. 계정에서 홍보되길 원하는 외부 사이트로 사람들을 유입시킬 수 있는 매력적인 기능입니다.

이러한 스토리는 24시간만 노출되도록 설정되어 있습니다. 다만 완전히 사라지는 것은 아니며, '보관'에서 올린 스토리를 나만 확인할 수 있습니다. 24시간이 지난 스토리를 다른 사람에게 보여 주고 싶은 경우 '하이라이트'라는 기능을 이용해 원하는 스토리만 모아서 공개할 수 있습니다.

'IGTV 동영상'은 그야말로 동영상을 올리는 기능인데요. 인스타그램은 최대 60초 동영상만 기본으로 가능한데, IGTV 동영상은 1분~15분 사이의 동영상도 업로드가 가능하게 도와주는 기능입니다. 미리 촬영한 영상이 있으면 불러와 작업해도 됩니다. 영상을 불러와 커버와 섬네일 이미지 등을 넣는 편집까지 가능합니다. 인스타그램에서는 이렇게 만든 동영상에 광고를 붙여서 광고 수익을 크리에이터와 나누는 수익 모델이 생긴다고 합니다.

▲ IGTV 동영상 이용 화면 : 스마트폰 갤러리에서 60초 이상인 동영상을 찾아
커버 사진을 선택할 수 있게 지원함

'릴'은 릴스라는 이름으로 사용할 수 있는 기능입니다. 15초에서 30초 사이의 짧은 영상을 공유할 수 있는 서비스입니다. Reel(릴)은 영화 필름이나 녹음테이프를 감아 재생하거나 보관하는 데 사용하는 기구라는 뜻입니다. 반면 인스타그램에서 릴은 음악, AR 기반 효과, 앱 내에서 클립을 자르고 편집하는 등 모든 기능을 사용할 수 있는 그야말로 동영상을 위한 도구라고 보면 됩니다.

릴스 동영상 작업에 도움이 되는 4가지 기능에 대해 간단히 설명하면 다음과 같습니다.

- **오디오(Audio)** : 인스타그램 음악 라이브러리에서 동영상에 넣을 노래를 검색하고 선택합니다.
- **속도(Speed)** : 슬로 모션 또는 패스트 모션으로 촬영할 수 있는 기능입니다.
- **효과(Effects)** : 인스타그램 스토리처럼 주변의 피사체와 다양한 효과를 겹치는 등의 오버레이 및 AR 기반 효과를 적용합니다.

- **타이머(Timer)** : 춤, 공연 또는 단순히 카메라 앞에서 이야기하는 것을 촬영해야 하는 1인 동영상 제작자에게 적합한 기능으로, 촬영 시간을 선택할 수 있어서 촬영 버튼을 누르고 위치를 잡고 나면 3초 뒤 영상 촬영을 시작합니다.

▲ 릴스 시작 화면   ▲ 릴스 기능 화면

전체적으로 현재 인스타그램의 변화를 보면 유튜브 시대가 되면서 사진 위주였던 인스타그램도 동영상이라는 방식을 통해 승부를 걸어야 한다는 위기의식에서 시작된 서비스들이 많다고 보입니다.

③ 인스타그램 마케팅 활용

앞서 설명한 내용 중에서 인스타그램 계정을 프로페셔널 계정으로 전환하게 되면 인사이트와 홍보하기 두 기능을 사용할 수 있다고 했는데요. 먼저 인사이트 기능은 내 채널에 방문한 사용자들이 어떤 활동을 하는지 확인할 수 있는 기능입니다. 내 계정에서 어떤 게시물이 인기가 있는지, 혹은 없는지 등을 점검할 수 있지요. 게시물의 통계를 제공하면서 그야말로 인사이트를 얻을 수 있게 도와주는 기능이라고 보면 됩니다.

▲ 게시물 인사이트 보기와 홍보하기   ▲ 게시물 인사이트 확인

■ 인사이트 기능

먼저 비즈니스 계정으로 전환이 되면 글을 쓰고 올렸을 때 글 왼쪽 하단에 '인사이트 보기'라는 기능이 지원됩니다. 해당 글의 좋아요, 댓글, 노출 수, 도달, 참여 등 구체적인 통계치가 제공됩니다. 글의 마케팅 효과를 바로 확인할 수 있는 기능입니다.

인사이트 기능 안에서는 누가 내 계정에 들어왔는지, 어떤 키워드로 접속했는지, 접속자의 연령대, 성별까지도 모두 통계로 나옵니다.

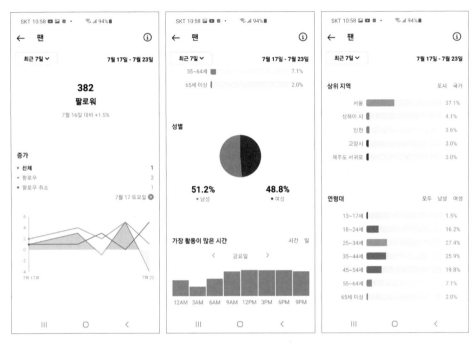

▲ 인사이트 통계 데이터

■ 홍보하기 기능

올린 글 오른쪽 하단에는 '홍보하기' 기능이 있습니다. 올린 글을 홍보할 수 있게 설정할 수 있습니다. 먼저 '홍보하기'를 터치하여 목표 선택 화면으로 넘어가면 홍보를 통해 어떤 결과를 기대하는지를 묻습니다. '프로필 방문 늘리기' 혹은 '웹사이트 방문 늘리기'를 선택합니다. 인스타그램 계정에 접속하는 사람을 많이 만들기 위해서는 '프로필 방문 늘리기'를 선택하면 됩니다.

다음으로 타겟 만들기는 어떤 연령대의 어떤 관심사가 있는 사람에게 자신이 올린 글이 노출되기를 바라는지를 세팅하는 단계입니다. 그다음으로는 홍보 게시

물 검토와 최종 비용을 결제하는 과정입니다. 도달률에 따라 비용이 높아진다고
생각하면 됩니다.

▲ 인스타그램 홍보하기 기능 – 목표 선택

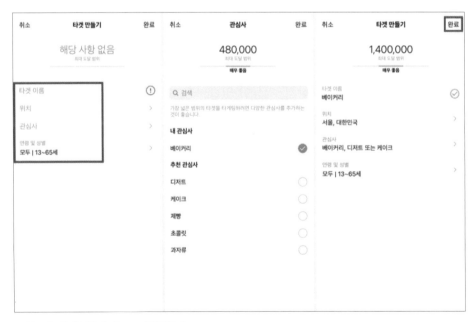

▲ 인스타그램 홍보하기 기능 – 타겟 만들기

4 이미지 제작 방법

기본이 되는 사진 올리기부터 마스터하는 게 필요한데요. 이미지 편집의 기능은 이미 인스타그램에서는 많이 지원하는 상태입니다. 중요한 것은 팔로워 친구들이 호기심을 가지고 소통할 수 있는 느낌 있는 사진을 올려야 한다는 것입니다. 여기서 자신만의 색다른 이미지를 만드는 데 필요한 팁을 확인해 봅니다.

- 이왕이면 사진의 크기는 같게 작업하기
- 제품의 사진만 올리지 말고 일상의 사진이나 메시지도 함께 올리기
- 저작권이 없는 옛 명화 작품 이미지 재장착하기
- 기존 사진을 합치거나 변형하여 또 다른 이미지로 창작하기
- 유행하는 이야기를 스토리로 활용하기
- 재미있는 패러디 사진 촬영 도전하기
- 사람들의 관심사를 해결하는 정보성 이미지 올리기
- 실용적인 일상의 아이디어를 추가하기
- 귀여운 아기 혹은 반려견과 함께 촬영하기
- 아름다움을 느낄 수 있는 이미지 올리기
- 희망, 사랑, 믿음, 감동, 그리움, 기쁨 등 감정 담기
- 웃음을 유발하는 이미지 올리기

또한 인스타그램은 팔로워가 많고 팔로워의 댓글, 좋아요 등의 공감 지수를 많이 받을 때 채널이 활성화가 됩니다. 이에 팔로워를 많이 늘리는 것이 중요한 부분인데요. 홍보하는 이유도 이러한 배경에 있습니다. 팔로워가 많은 채널 운영자를 팔로잉해 놓는 것도 하나의 방법이 되기도 합니다. 종종 '#선팔하면맞팔'이란 해시태그를 이용해 팔로우를 선팔(먼저 팔로우 신청)하면 상대방도 맞팔(같이 팔로우 신청)해 주기도 하지요.

라이브 커머스를 하고자 하고 크리에이터로 온라인상에서 브랜딩을 해야 하는 분이라면 인스타그램의 활용도 필수적입니다.

유튜브 준비하기

이미 온라인 시장에서는 메시지 전달 방식이 글에서 이미지로, 이미지에서 동영상으로 움직였습니다. 라이브 커머스도 국내에서 시작된 지 1년여 밖에 안 된 비즈니스인데도 일상에 빠르게 스며들고 있으니까요. 점차 동영상으로 상품 소개를 시청하고 주문하는 일들이 전혀 낯설지 않은 상태로 루틴이 될 확률이 높습니다. 저도 유튜브를 일상에서 본 지 얼마 되지 않은 늦깎이 세대인데요. 본서를 통해서 정말로 유튜브 채널 운영에 다시 한번 도전해야겠다는 마음으로 글을 적습니다. 유튜브 준비하기 과정을 함께 차근차근 따라 해 보시죠.

1 유튜브 채널 개설 방법

유튜버로 도전을 하기 위해서는 당연히 채널을 등록해야 합니다. 먼저 유튜브 사이트에서 회원가입을 하면 되지요. 영상을 올리고 광고까지 진행하여 유튜버가 될 마음으로 유튜브를 활용하고자 한다면 채널을 등록해야 합니다. 구글 계정이 있다면 연동되기 때문에 바로 유튜브 사이트에서 로그인하면 됩니다. 만약 구글 계정이 없다면 새로 회원가입해 계정을 만들면 됩니다.

유튜브도 여러 계정을 만들 수 있습니다. 개인 계정의 유튜브, 혹은 브랜드 계정도 하나 더 만들어 채널을 관리할 수도 있습니다. 만약 쇼핑몰 브랜드를 알리고자 하는 유튜브 채널이라면 쇼핑몰 브랜드로 계정 이름을 지으면 됩니다.

여러분도 자주 방문하는 구독 채널이 있으시죠? 저도 유튜브를 즐겨 보게 되면서 자주 방문하는 채널이 생겼습니다. 배울 점이 많아서 들리기도 하고 여유를 찾고 쉬기 위해서 들리기도 하는 채널입니다. 앞서 몇 개 채널을 소개했었는데 모두 제가 즐겨 찾는 채널입니다.

로그인을 하면 유튜브 오른쪽 상단에 프로필이 표시되어 있는데요. 기본적으로는 이름이 표시되는 작은 이미지이고 따로 개인 정보 페이지에서 사진을 설정했으면 해당 사진으로 표시됩니다. 프로필 이미지를 클릭하면 다양한 메뉴가 표시되며, '내 채널'을 선택하면 채널로 접속됩니다. 내 채널로 접속되면 '채널 맞춤설정' 버튼을 클릭합니다.

채널 맞춤 설정에서는 채널을 만드는 데 있어 가장 중요한 기본적인 정보를 설정할 수 있습니다. 순서대로 레이아웃, 브랜딩, 기본 정보가 있습니다. 사실 나중

▲ 프로필 이미지 클릭 후 '내 채널' 선택

▲ 개인 채널에서 '채널 맞춤설정' 버튼 클릭

에 수정할 수도 있기 때문에 천천히 작업하면 됩니다.

저는 먼저 '기본 정보'부터 설정했습니다. 채널 이름은 라이브멘토로 짓고 기본 설명도 작성한 다음 별도로 링크를 걸고 싶은 사이트 주소도 넣을 수 있어서 제 블로그 주소를 추가했습니다. 여기서 참고로 말씀드릴 것은 저는 2020년 초에 유튜브를 한번 해 볼까 해서 10개 내외의 간단한 동영상을 올린 적이 있습니다. 그 자료가 1년여가 지난 지금도 여전히 올려져 있는 상태인데요. 제 개인 기록이기도 해서 삭제를 하기보다는 다시 계정을 만들고 신규 영상들을 업로드하고자 합니다.

▲ 유튜브 채널 맞춤설정

다음으로는 레이아웃과 브랜딩이 남았는데요. 일단 '브랜딩'에서는 프로필 사진을 변경하거나 모든 영상에 표시될 자신의 채널을 대표할 이미지를 디자인할 수 있습니다. 채널을 기억하게 하는 요소를 디자인한다고 생각하면 됩니다.

▲ 차례대로 프로필 사진, 배너 이미지, 동영상 워터마크

프로필 사진은 여러분이 마음에 드는 사진으로 바꾸면 됩니다. 채널의 아이덴티티가 느껴질 수 있는 사진이면 좋겠지요? 그리고 배너 이미지는 동영상 채널의 대문을 장식하는 이미지입니다. 크기는 2,048×1,152px 이상, 6MB 이하의 이미지를 만들게 되어 있습니다.

제가 좋아하는 '밀라논나' 유튜브 채널 메인에 큰 막대 배너를 볼 수 있는데요. 이런 이미지를 세팅할 수 있습니다. 유튜브에서 권장하는 가이드에 맞춰 디자인해 보세요.

▲ 밀라논나 채널 상단 배너 이미지

　동영상 워터마크는 동영상이 재생될 때 영상의 오른쪽 모서리 부분에 표시되는 이미지인데요. 워터마크는 유튜버가 만든 자신만의 콘텐츠임을 증명하는 도구로 사용됩니다. 저작권을 지키는 수단인 셈이죠. 동영상 워터마크는 $150 \times 150px$의 이미지가 권장되며 1MB 이하의 PNG, GIF(애니메이션 GIF 제외), BMP, JPEG 파일을 사용합니다. 네이버에서 유튜브 동영상 워터마크 만들기와 같은 주제로 검색하면 매우 쉽게 만들 수 있다는 것을 알 수 있습니다.

 워터마크

텍스트, 이미지, 비디오, 오디오 등의 원본 데이터에 본래 소유주만이 아는 마크(Mark)를 사람의 육안이나 귀로는 구별할 수 없게 삽입하는 기술이다. 만약 일반 사용자들이 디지털 정보를 불법 복제해 정당한 대가나 허락 없이 상업용 혹은 기타 용도로 사용했을 때 원 소유자는 자신의 워터마크를 추출함으로써 자신의 소유임을 밝힐 수 있다. 이는 재산권 행사의 결정적인 증거가 된다. 흐린 바탕 무늬나 로고와 같은 마크가 디지털 이미지 원본에 삽입된다.

출처: 네이버 지식백과

'레이아웃'은 채널에 접속하는 비구독자, 구독자를 대상으로 맞춤 영상을 화면에 배치하는 기능입니다. 쇼핑몰로 생각하면 베스트 상품, 인기 상품을 구성하는 것입니다. 비구독자에게는 채널 구독을 독려하기 위한 인기 있는 영상을 세팅하거나, 구독자에게는 최신 동영상 순으로 추천 영상을 올려 주는 등의 기능을 설정합니다.

또한 개인적으로 꼭 보여 주고 싶은 영상이 있다면 추천 섹션으로 만들어 보여 줄 수 있습니다. 추천 영상은 누적 구독자가 어느 정도 생겼을 때 신규 구독자를 대상으로 "이 영상은 꼭 보여주고 싶다"라는 의미의 채널 대표 영상을 추천해 주는 기능입니다. 비구독자를 구독자로 만드는 데 효과가 있을 것입니다.

▲ 채널 맞춤설정 – 레이아웃

채널이 생성되면 오른쪽 상단에 카메라 모양의 아이콘과 함께 '만들기'라는 버튼이 표시됩니다. 이를 클릭하면 동영상 업로드 및 실시간

▲ 유튜브 만들기 기능

스트리밍이 가능합니다. 만든 동영상을 올릴 수 있으며, 요즘은 실시간 생중계를 하는 경우도 많이 있습니다.

'동영상 업로드'를 선택하여 원하는 영상 파일을 등록하며, 업로드는 모바일에서도 가능합니다. 이미 만든 영상을 올려도 좋고 바로 촬영을 통해서 영상을 만든 다음 업로드해도 좋습니다.

동영상을 업로드할 때 영상에 대한 설명을 넣을 수 있고 키워드를 삽입할 수도 있습니다. 다른 채널로도 충분히 동영상을 공유할 수 있으니 여러분이 해야 할 일은 제대로 된 동영상 콘텐츠를 만들고 홍보 전략을 세우면 됩니다.

▲ 채널 수익 창출 안내

그리고 중요한 것은 유튜브로 수익을 창출할 수 있는 조건이 무엇이냐는 것인데요. '수익 창출'이라는 기능을 선택하면 유튜브 파트너 프로그램에 대한 설명이 표시됩니다. 광고 수익을 공유하는 유튜브의 조건은 다음과 같습니다.

'YouTube 파트너 프로그램에 가입하려면 지난 12개월간 채널의 공개 동영상 시청 시간이 4,000시간 이상이고 구독자 수가 1,000명을 넘어야 합니다.'

2 동영상 제작 앱 활용

유튜브를 잘 운영하려면 무엇보다 동영상을 잘 만들어야 하는데요. 저도 스마트폰으로 동영상을 혼자 찍어본 적이 있지만 주제를 찾고 적절한 편집을 통해 정보를 전달하는 일은 생각보다 시간이 많이 들고 전문가의 손길이 필요한 일이었습니다. 지금도 이 부분은 자신이 없는데요. 주변에 보면 유튜브 영상을 모바일 앱으로 만들어서 올리는 분들이 많아 이를 활용하는 것도 좋은 방법이라고 생각합니다.

스마트폰으로 모바일 영상을 제작할 때 많이 사용되는 프로그램은 '키네마스터'라는 앱과 '멸치'라는 앱입니다. 키네마스터가 동영상 편집 기능이 많고 전문가답게 영상 편집 기능을 활용할 수 있는 앱이라면, 멸치 앱은 미리 만들어진 템플릿에 텍스트와 이미지만 간단히 편집해 넣으면 멋진 인트로 영상과 섬네일 이미지를 만들어 활용할 수 있는 앱입니다. 직관적으로 인터페이스가 만들어져 있어서 매우 간단하게 느껴집니다. 최근 인기가 많아진 앱으로, 각 앱 사용법을 찾아본 후 편한 프로그램으로 사용해 보세요.

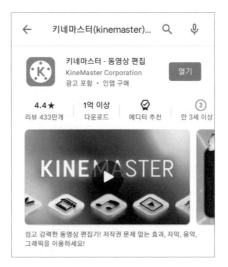

▲ 키네마스터 앱

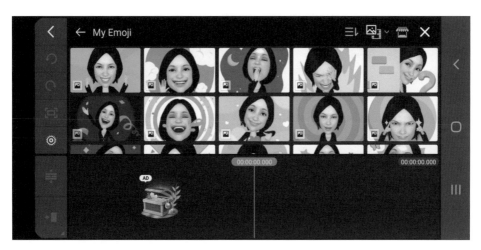

▲ 키네마스터 앱의 인터페이스 – 가로 화면 비율 구성

▲ 멸치 앱

▲ 멸치 앱의 인터페이스 – 다양한 템
플릿 선택 가능

▲ 멸치 앱에서 템플릿 선택 후 맞춤으
로 수정 – 이미지 템플릿 안에서 글
과 이미지만 변경해 사용

③ 효과적인 동영상 마케팅

유튜브에는 정말 구독자 수가 어마어마한 유튜버들이 많습니다. 사실상 인기
구독 채널을 검색하고 벤치마킹만 해도 괜찮은 영상을 만드는 데 많은 도움을 받
을 것입니다. 한국 내에서 가장 구독자 순위가 높은 TOP 100 채널을 공개하는
사이트도 있으니 참고하길 바랍니다.

▲ influencer(kr.noxinfluencer.com) – 한국 TOP 100 유튜브 채널

　많은 구독자가 있는 채널의 공통점은 동영상이 재미가 있거나 유익한 정보를 주는 채널들입니다. 내용 기획적인 부분은 채널마다 너무나 중요하지만 운영자의 기획 능력을 제외한 편집 부분으로 유명한 동영상들의 공통점을 찾아보면 다음과 같습니다.

- **빠른 화면 전환** : 지루한 동영상을 볼 사람은 없습니다. 화면 전환이 지루하지 않게 빠르게 바뀌도록 하는 것이 중요한 포인트입니다.
- **자막 효과** : 국내 구독자들이 가장 좋아하는 기법이 자막을 활용하는 것입니다. 사진이나 영상만 보여 주지 않고 화면마다 꾸준히 자막을 넣어 줍니다. 자막을 넣는 방법이나 디자인도 다양하게 접근하는 것이 좋습니다.
- **배경 음악, 다양한 효과음** : 역시 영상에는 음악 혹은 소리가 빠질 수 없습니다. 저작권에 걸리지 않는 무료 음악을 찾아 사용하거나 동영상 편집 앱에서 제작하여 사용할 수 있습니다.
- **다양한 영상 소스** : 같은 편집 느낌으로 오래 지속되는 것이 아니라 하나의 영상 안에서도 다른 편집 느낌을 살려 풍부함을 연출해 주는 것이 좋습니다. 장면 안에 장면을 삽입하거나 360° 회전 영상이 들어가거나 전체 혹은 부분으로 클로즈업하는 장면 등이 필요하다는 것입니다. 특히 방송에서 본 예능식 동영상 편집 능력이 있다면 금상첨화입니다.

그리고 기본적으로 유튜브 동영상이 더욱 효과적으로 노출되기 위해서 알아 두어야 할 요소들이 있는데요. 유튜브 검색 결과에 영향을 주는 요소는 다음과 같습니다.

- 영상 제목, 설명 내용, 태그
- 영상 시청 시간
- 영상 재생률
- 영상 조회 수
- 영상의 좋아요, 싫어요, 댓글, 공유 등
- 채널 구독자

위의 요소들을 제대로 충족했을 때 주요 키워드에 핵심 노출 콘텐츠로 여러분의 동영상이 검색됩니다. 유튜브의 자체 노출 알고리즘에 따라서 어느 날 갑자기 자신의 동영상 시청이 엄청나게 늘었다는 이야기를 들은 적이 있습니다. 본질에 충실하다 보면 구독자가 자연스럽게 늘어나는 것이 유튜브의 원리입니다.

저는 라이브 커머스 자체가 동영상이기 때문에 라이브 커머스를 진행한 영상을 유튜브 채널에 실시간 스트리밍하거나 짧은 영상으로 소상공인분들 소개 자료를 올리고 싶은데요. 그건 많은 분이 소상공인을 알고 소상공인 제품을 사용해 주시길 바라는 마음에서입니다.

자, 이제 네이버 블로그, 인스타그램, 유튜브까지 공부했으니 실천만이 남은 것이겠지요. 여러분만의 기발한 아이디어와 감동, 독특함을 담아 꼭 SNS 채널을 운영해 보길 바랍니다.

온라인 리서치 업체인 오픈서베이에서는 2021년 3월 〈소셜미디어, 검색포털 트렌드리포트 2021〉 자료를 공개했습니다. 2월, 전국 10대~50대 남녀를 기준으로 조사한 자료입니다.

조사 결과로는 1년 전 대비 정보 탐색 용도가 이용률이 가장 크게 증가한 소셜 미디어는 유튜브였으며, 수동적으로, 적극적으로 활용되고 있다는 내용이었습니다. 정보의 흥미성과 유익성 면에서 가장 긍정적인 매체로 활용되고 있었습니다. 궁금한 내용을 영상으로 볼 수 있다는 점이 가장 큰 탐색 이유였습니다. 40대~50대는 영상물로 된 정보 탐색을 위해서 SNS/유튜브를 이용하는 경향이 큰 반면, 10대는 다른 사람들의 반응이 궁금하고, SNS 정보가 더 익숙하여 SNS, 유튜브를 이용한다는 결과입니다.

또한 자료에서 유튜브는 남성과 10대~20대의 이용률이 높고, 인스타그램은 여성과 20대~30대, 네이버 블로그는 30대 이상의 주 이용률이 상대적으로 높다고 발표되었습니다.

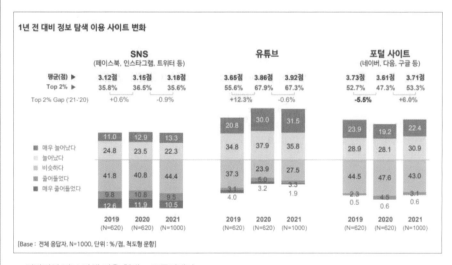

▲ 전반적인 정보 탐색 이용 형태 – 오픈서베이

Part **6**

정부의
창업 지원 사업

K 스타트업

정부 주도 하에 예비 창업자에게 지원되는 프로그램이 꽤 많습니다. 해마다 창업 자금이 증가하다 보니 인터넷이나 유튜브 같은 영상들로 안내가 많은 것 같은데요. 이 파트를 통해서 저도 다시 한번 여러분이 알아 두어야 할 프로그램을 안내해 드리겠습니다.

정부 창업 지원 프로그램을 알아보기 위해서 제일 먼저 체크해야 할 사이트가 있는데요. 바로 'K 스타트업'이라는 사이트입니다. 메인 화면에서 창업 단계별로 참고할 만한 정보들을 구분하고 있어서 정보를 살펴보기가 편리합니다.

▲ K 스타트업(k-startup.go.kr)

창업 단계에서 '예비'를 선택하고 '찾아보기'를 클릭하면 다양한 정보들이 표시됩니다. 자료 검색 화면은 언제 검색했느냐에 따라 결과가 다릅니다. 현재를 기준으로 예비 창업자가 할 수 있는 자료들을 보여 주기 때문입니다. 구성을 보면 다음의 세 가지로 검색됩니다.

- #예비 #사업화
- #예비 #창업교육
- #예비 #시설 · 공간 · 보육

▲ 예비 단계 클릭 후 정보 검색 화면

첫 번째, '#예비 #사업화'는 사업화를 하고자 하는 예비 창업자가 지원 사업에 응모하려고 할 때 어떤 지원 사업이 있는지를 보여 줍니다. 보통은 사업계획서를 작성하여 응모하고 면접을 통해 선발되며 해당 사업의 기준이 되는 사업비를 지원 받게 됩니다. 사업비도 각 사업 예산에 따라 다르며 지원 사업에서 원하는 아이템의 분야가 있을 수 있어서 참고해야 합니다.

현재 정부 주도 하에 창업 지원 사업은 대개 기술형 창업이 주도하고 있습니다. 쉽게 점포 창업, 자영업 창업으로 인지되는 사업 아이템은 정부가 주도하는 분야가 아닙니다. 가장 많이 나오는 기술형 창업은 플랫폼 개발, 앱 개발, 시스템 개발 이런 부분이라고 생각하면 쉽습니다. 이들과 연관된 아이템은 기술력을 인정받으면 이른 시일 안에 투자를 거쳐 큰 성장을 이룰 수 있기 때문에 사업의 초기 시드머니를 정부에서 지원한다고 보면 됩니다.

두 번째, '#예비 #창업교육'은 예비 창업자가 창업 교육을 받을 수 있는 프로그램을 보여줍니다. 보통은 교육만 진행하기보다 교육 이수 후 검증된 사업 아이템과 사업자를 선발하여 또 하나의 사업을 지원하는 형태가 많습니다. 아무래도 예비 창업자는 아이디어가 좋아도 사업 경험이 없어서 무작정 시작했을 때 실패 확률이 높습니다. 이를 사전에 도움주고자 창업 교육을 미리 받아서 사업자가 자신의 사업계획서를 보다 완성도 있게 작성할 수 있도록 하는 것입니다. 저는 창업 교육을 받아 보고 창업하는 것을 적극적으로 추천합니다. 당연히 창업자는 자신이 하고자 하는 일에 의욕을 가지고 창업을 하는 것이기에 자신감이 크겠지만 창업 교육을 통해 내가 생각하지 못한 사업의 방향성과 밑그림을 다시 한번 다듬어 보는 것은 중요한 일이라고 생각합니다.

세 번째, '#예비 #시설 · 공간 · 보육'은 예비 창업자에게 사무실을 얻을 수 있는 방법을 안내합니다. 사업을 생각하면 바로 떠오르는 것 중 하나가 사무실입니다. 물론 쇼핑몰 창업은 집에서도 사업자등록을 내고 할 수 있어서 불가능하지 않지만 집에서 업무와 생활이 구분되지 않아 일의 집중도를 고민하는 분도 계시거든요. 사무실을 구하고자 할 때 정부 지원으로 사무실을 무상으로 사용할 수 있게 되면 그것도 큰 힘이 됩니다. 정부에서 운영하는 여러 창업 센터를 알아볼 수 있습니다.

그리고 매년 연초에 정부에서 '창업지원 통합 공고'라는 자료를 내는데요. 이 자료를 눈여겨봐야 합니다. 창업 지원 사업의 큰 틀은 바뀌지 않지만 작은 부분에서 명칭이나 세칙이 바뀌는 경우가 있어서 매년 살펴봐야 할 자료입니다. 정부의 전체 예산에 해당되는 사업 지원 자료들이 포함된 자료라 꼭 확인해야 합니다. 이 자료는 연초에 나오면 그해 내내 K 스타트업 사이트에서 확인할 수가 있는데요. 홈페이지 메뉴 중 '사업공고'의 '모집중'에서 확인 가능합니다.

▲ 사업 공고 - 모집중 - 2021년 창업지원 통합 공고

기업마당

　창업하고 나면 바로 기업이 되는데요. 우리나라는 기업의 분류를 소상공인 – 중소기업 – 중견 기업 – 대기업으로 나누고 있습니다. 각 기업별 구분에 대해 잠시 언급하면 대기업은 총 자산 규모가 5조가 넘으면 대기업이라고 봅니다. 중견 기업은 대기업 계열사가 아니면서 중소기업기본법상 매출이 400억~1,500억 원 이상이거나 자산 총액이 5,000억 이상만 되어도 중견 기업으로 인정합니다. 중소기업은 직원 수가 300인 미만이거나 자산 총액이 5,000억 미만이고 매출액도 중견 기업보다 낮은 기업이 됩니다. 여기서 창업자 입장에서는 소상공인 – 중소기업에 대한 지원 사업에 대해 관심을 많이 가지고 계실 텐데요. 대표적인 사이트를 소개합니다.

　'기업마당'은 중소기업을 대상으로 각종 지원 사업을 모아 놓은 곳입니다. 주요 400여 개 중소기업 지원 기관의 중소기업 지원 사업 정보를 한눈에 검색하고 파악할 수 있게 만들어서 어느 정도 기업을 운영하는 기업에서는 꼭 들어가 봐야 할 사이트입니다.

메인 화면에 금융, 기술, 인력, 수출, 내수, 창업, 경영, 제도, 동반성장 총 9가지로 나누어져 있습니다. 창업 분야도 있는 것이 흥미롭게 느껴지는데요. 중소기업도 새로운 신규 아이템으로 창업을 추진할 수 있기 때문에 무관하지는 않습니다. 정부 지원 사업과 교육 및 세미나, 전시회 정보를 회원 개개인에 맞춤 서비스로 제공합니다. 인력 부분에 있어서도 중소기업이면 도움을 받을 수 있는 많은 정보가 있어서 창업하고 난 후 꼭 챙겨서 보면 경영에 도움이 많이 되실 겁니다.

▲ 기업마당(www.bizinfo.go.kr)

▲ 기업마당 내 '인력' 분야

▲ 기업마당 내 '창업' 분야

소상공인시장진흥공단

이번엔 소상공인 지원 사이트입니다. 소상공인의 정의는 5인 미만의 사업장으로 규모가 작은 기업이나 생업적 업종을 하는 자영업자를 일컫습니다. 도소매, 서비스 업종이 이에 해당됩니다. 제조업이나 건설업은 상시 근로자 9인 이하의 사업자가 해낭됩니다. 대개 쇼핑몰 창업을 하는 경우도 소매업, 전자 상거래업 등이기 때문에 시작 시에는 1인이거나 3인 미만일 확률이 높아 소상공인 규모에 해당된다고 볼 수 있습니다. 이런 소상공인을 돕는 정부 기관이 있는데요. 바로 소상공인시장진흥공단입니다.

소상공인시장진흥공단에서 취급하는 업무 중 가장 주요한 업무는 사실 자금 대출입니다. 소상공인들이 사업을 영위하다 경영상 자금이 필요할 때 이곳에 문의해 볼 수 있습니다. 나아가 창업 교육, 경영 컨설팅, 재기 지원, 신사업창업사관학교, 나들가게, 협업 지원 등 많은 지원 사업의 카테고리를 가지고 있습니다. 어찌 보면 소상공인을 위한 많은 영역의 지원 프로그램을 운영하는 곳입니다. 필수로 알고 있다가 지원 프로그램들을 한 번씩 체크해 보는 게 좋습니다.

▲ 소상공인시장진흥공단(semas.or.kr)

　또한 소상공인시장진흥공단은 전국에 소상공인지원센터를 운영합니다. 지역별
로 약 75여 개의 소상공인지원센터가 있고 주소와 전화번호, 위치 등은 공단 홈
페이지에 자세하게 나와 있는데요. 급히 자금이 필요할 때, 전문 컨설턴트의 컨
설팅을 받고 싶을 때, 창업 교육이나 다른 지원 사업을 문의하고 싶을 때 언제든
지 연락하고 찾아가면 도움이 많이 됩니다.

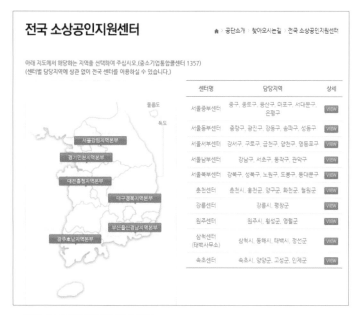

▲ 전국 소상공인지원센터 안내 지도

예비 창업자
사업화 지원 프로그램

■ 창업 사업화 지원 사업

전반적으로 정부에서 지원하는 창업을 이념적으로 구분해 본다면 청년 창업, 장년 창업, 여성 창업, 장애인 창업, 기술 창업, 벤처 창업, 사회적 기업 창업과 같은 용어로 구분할 수 있습니다. 나이에 따라, 성별에 따라, 아이템에 따라 각각 지원 프로그램이 존재합니다.

또한 2021년도 창업 지원 통합 공고를 보면 2021년에는 1조 5,179억 원의 지원금이 책정되었습니다. 참여 기관도 중앙 부처 15개 부처가 모두 창업 지원 프로그램을 가지고 있으며 총 90개 사업입니다. 여기에 광역 지자체의 창업 지원 프로그램도 17개 시도에 104개 사업이라 정말 많다는 생각이 듭니다. 정부 부처에서 지원하는 창업 프로그램도 많은데 서울시에서 지원하는 프로그램, 경기도에서 지원하는 프로그램 등 더 많다는 얘기입니다. 2016년도부터 해마다 지원금과 참여 기관이 매우 늘었다는 것을 자료에서 알 수 있습니다.

(단위: 개, 억 원)

구분		'16년	'17년	'18년	'19년	'20년	'21년
참여기관		6	7	7	14	16	32
	중앙	6	7	7	14	16	15
	지자체	–	–	–	–	–	17
대상 사업		65	62	60	69	90	194
	중앙	65	62	60	69	90	90
	지자체	–	–	–	–	–	104
지원 예산		5,764	6,158	7,796	11,181	14,517	15,179
	중앙	5,764	6,158	7,796	11,181	14,517	14,368
	지자체	–	–	–	–	–	811

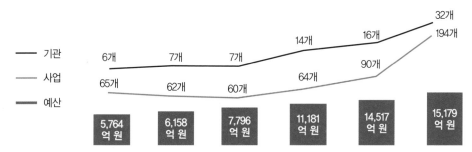

▲ 연도별 창업 지원 통합 공고 현황

(단위: 개, 억 원)

중앙			부처		
기관	예산	비율	기관	예산	비율
중소벤처기업부	12,330.1	81.23	서울시	237.0	1.56
문화체육관광부	491.6	3.24	경기도	206.4	1.36
고학기술정보통신부	457.7	3.02	대전시	77.6	0.51
고용노동부	298.5	1.97	부산시	52.2	0.34
농림축산식품부	161.9	1.06	충청남도	50.4	0.33
특허청	153.2	1.01	울산시	42.0	0.28
농촌진흥청	122.0	0.80	경상북도	38.1	0.25
환경부	120.0	0.79	강원도	24.4	0.16
보건복지부	78.0	0.51	전라북도	22.6	0.15
해양수산부	70.6	0.46	대구시	17.5	0.12
교육부	58.1	0.38	경상남도	9.2	0.06
기획재정부	16.3	0.11	세종시	7.4	0.05
법무부	8.4	0.06	인천시	7.3	0.05
기상청	1.6	0.01	제주도	6.8	0.04
국토교통부	0.7	0.01	전라남도	4.8	0.03
			광주시	0.02	0.03
소계 (15개 부처, 90개 사업)	1조 4,368억 원 (94.7%)		충청북도	4.0	0.02
			소계 (17개 시도, 104개 사업)	811억 원 (5.3%)	
32개 기관, 194개 사업, 1조 5,179억 원					

▲ 21년도 창업 지원 통합 공고 예산

정부 부처 중에서는 중소벤처기업부가 압도적으로 예산이 많습니다. 전체 예산 중 81%에 해당하는 규모입니다. 문화체육관광부, 농림축산식품부, 특허청, 법무부, 기상청, 국토교통부 등 언뜻 창업과 연관이 없을 것 같은 부서도 창업 지원 프로그램을 가지고 있다는 것이 흥미롭지 않으세요?

정부에서 운영하는 창업 지원 프로그램은 앞서 설명한 사업화를 위한 자금을 지원하는 프로그램 외에도 R&D, 시설/보육, 창업 교육, 멘토링, 행사 등으로 구분되어 예산 책정이 이루어져 있습니다.

창업을 생각하고 이 책을 보고 있는 분이라면 정부 지원 사업의 통합 공고를 보고 전체 창업 지원 로드맵을 그리길 권합니다.

2 예비 창업 패키지

예비 창업자분들에게 꼭 안내하고 싶은 창업 지원 사업을 소개하겠습니다. 먼저 가장 지원금이 크고 누구나 지원할 수 있는 '중소벤처기업부의 예비 창업 패키지'입니다. 다만 해를 더할수록 경쟁이 치열하여 선발 과정이 만만치 않아 사업계획을 자세하게 작성해야 선발 가능성이 있습니다.

또한 단순한 개인 사업 계획보다는 비즈니스 모델이 정확하고 창업 후 시장 확대성이 크며 성장 가능성도 높은 사업 계획이 점수가 높습니다. 이렇다 보니 단순 유통업에 대한 사업 계획보다는 플랫폼 개발, 앱 개발, 특허를 가진 기술, 제조 분야 사업 등이 선발 가능성에서 점수가 높습니다. 대표자의 전문성을 기반으로 한 히스토리가 있는 창업 계획도 선발 점수가 높습니다.

매년 3월 초에 예비 창업 패키지 일반 및 특화 분야 예비 창업자를 모집하고 있습니다. 2021년에도 마찬가지로 진행이 되었습니다. 제출 서류는 사업계획서이고 양식은 제공합니다. 서면으로 1차 합격자가 걸러지고 다시 발표 평가를 거쳐 최종 선발됩니다. 선발된 예비 창업자는 창업 사업화에 소요되는 자금을 최대 1억 원 이내에서 지원받을 수 있습니다. 다만 평균적으로 지원자가 받는 사업비 자금은 4,000만~5,000만 원이 일반적입니다.

▲ 중소벤처기업부 예비 창업 패키지 일반, 특화 분야 사업 공고

이러한 예비 창업 패키지 주관 기관으로는 전국에 있는 창조경제 혁신센터와 주요 대학들이 소속되어 있습니다. 2021년에는 일반 영역의 주관 기관은 35개 기관, 특화 기관으로는 13개 기관이 정해졌었는데요. 특화라고 하면 소셜벤처, 여성,

스마트 관광, 바이오, 자율 주행, 드론, 그린 경제, 데이터, 인공 지능과 같은 분야의 전문 기관들이 별도로 선정되어서 해당 아이템의 예비 사업자를 선정하였습니다. 선발 예정 지원자 수도 1,500명은 되는 규모입니다.

특화 분야 중에서 여성 부분이 있다는 것을 기억해 주세요. 여성 예비 창업자라면 예비 창업 패키지에서 여성만을 대상으로 하는 주관 기관에 신청서를 접수할 수 있습니다.

◈ 신청대상　사업공고일까지 창업경험(업종 무관)이 없거나 공고일 현재('21.3.30 기준) 신청자 명의의 사업자 등록(개인, 법인)이 없는 자

※ 사업자 폐업 경험이 있는 자는 이종업종의 제품 및 서비스를 생산하는 사업자(기업)를 창업할 예정인 경우에 한하여 신청 가능
* 동종업종 제품 및 서비스를 생산하는 사업자(기업)를 창업할 예정인 경우에는 폐업 후 3년, 부도·파산 후 2년을 초과해야 신청 가능
※ 일반분야는 신청 시, 해당 연령 구분에 맞게 신청하여야 함
* 청년 · 만 39세 이하인 시 (주민등록 상 생년월일이 '81년 3월 31일 이후인 시)
* 중장년 · 만 40세 이상인 시 (주민등록 상 생년월일이 '81년 3월 30일 이전인 시)
※ 특화분야는 연령 구분 없이 신청 가능함
※ 상세 자격요건은 공고문 참조
· 지원분야

분야	주관기관	지원 기술분야	지원규모
일반	창조경제혁신센터, 대학 등 35개 기관	全 기술분야	1,000명
특화	한국관광공사	스마트관광	30명
	벤처기업협회	소셜벤처	100명
	한국여성벤처협회	여성	100명
	한국보건산업진흥원	바이오	30명
	한국핀테크지원센터	프로토콜 경제	40명
	한국도로공사	자율주행	10명
	한국임업진흥원	드론	20명
	한국탄소융합기술원		20명
	서울과학기술대학교	그린경제	50명
	고려대학교 세종산학협력단		30명
	한국특허정보원	데이터(Data), 네트워크(Network)	40명
	한국발명진흥회		25명
	광주과학기술원	인공지능(AI)	35명

▲ 중소벤처기업부 예비 창업 패키지 일반, 특화 분야 주관 기관

③ 신사업창업사관학교

중소벤처기업부의 예비 창업 패키지가 다소 기술력을 기반으로 한 창업이라면 도소매, 서비스, 유통업 분야, 점포 창업의 아이템 중에서 새로운 아이템으로 도전을 하고자 하는 분들을 위한 지원 사업이 있습니다. 바로 '신사업창업사관학교'입니다.

▲ 신사업창업사관학교(newbiz.sbiz.or.kr)

이 프로그램은 소상공인시장진흥공단에서 만들어 운영하고 있는데요. 창업 교육＋점포 체험＋자금 지원이라는 패키지 형태로 진행됩니다. 창업 교육 1개월, 점포 체험 3개월로 총 4개월을 창업 전 시뮬레이션해 볼 수 있습니다. 물론 선발부터 사업화 계획서를 바탕으로 서면과 발표 평가를 거쳐 선발합니다. 선발된 분들은 자신이 처음 생각했던 창업 아이템을 교육을 통해 더욱 고도화시키고 실제 점포 체험 과정에서 창업 전 어려운 점, 가능성 등을 그려 볼 수 있는 시간을 버는 것입니다. 점포 체험에서는 온라인 창업도 해당됩니다. 온라인 창업의 경우에는 3개월간 점포를 사무실로 운영해 보는 체험을 하게 됩니다. 점포는 적어도 일주일에 2일 이상 출근하는 형태로 운영된다고 합니다.

신사업창업사관학교는 총 4개월의 교육이 마무리되는 시점에 다시 한번 평가합니다. 그동안의 변화와 창업 가능성 등을 평가 받는 셈입니다. 이 평가에서 최종 선발이 되면 창업 자금 2,000만 원을 받을 수 있습니다. 다만 신사업창업사관학교는 정부 지원 자금과 개인 자부담금을 일대일로 대응 자금으로 매칭을 하는 형태라 2,000만 원 지원을 받기 위해서는 2,000만 원 자부담금이 계획되어야 합니다.

4 청년 창업 사관학교

정부에서는 청년을 위한 별도의 창업 지원 프로그램을 만들고 있습니다. 만 39세 이하의 청년이 해당됩니다. 2011년 처음으로 안산에서 시작된 청년창업사관학교가 현재는 전국적으로 설립되어 18개소가 있는 상태입니다. 걸쭉한 성공 사례가 많이 발굴되어 명실공히 청년 창업의 교두보가 되었습니다. 창업성공패키지라는 이름으로 지원되기도 합니다.

이 또한 소상공인 창업 분야보다는 기술 창업 분야로 특화시켜 발전 가능성이 높은 창업 아이템을 가진 예비 창업자를 선발하여 멘토 담임제를 지원하며 입주까지 직접 도와서 창업률을 만들어 내는 프로그램입니다. 이곳에 최종 선발되면 창업 지원금을 최대 1억 원 이내 받을 수 있습니다. 정부 지원금은 총 사업비의 70% 이하이기 때문에 자부담은 30% 정도로 설계가 됩니다. 창업 자금 지원은 예비 창업 패키지와 유사합니다.

2021년 전국 18개 청년창업사관학교에서 1,000여 명을 선발했습니다. 청년창업사관학교에 지원되는 사업 예산도 지속해서 늘었습니다. 정말 창업을 꿈꾸는 청년이라면 한번은 꼭 지원해야 할 프로그램입니다.

▲ 청년 창업 사관학교 연혁

▲ 전국 청년 창업 사관학교 지역별 분포도

5 재도전 성공 패키지

국내의 경우, 창업률이 높지만 폐업률도 높은 것이 사실입니다. 통상 해마다 100만 명이 창업하면 80만 명은 폐업한다는 것이 정설입니다. 이렇게 한 번의 창업이 실패로 끝난다면 그다음은 어떻게 될까요? 실리콘밸리에서는 두 번째 창업자의 성공률이 처음 창업한 사람의 성공률보다 2배 높다는 보고가 있습니다.

그만큼 한 번의 실패는 성공을 위한 자양분이 된다는 것입니다. 이에 정부 지원에서도 재기를 위한 지원 사업들이 많이 생기고 있습니다. 대표적으로 중소벤처기업부에서 지원하는 '재도전 성공 패키지'를 소개합니다.

▲ 재도전 성공 패키지 지원 사업

재도전 성공 패키지는 폐업한 경험이 있으면서 재창업을 하고자 하는 분들을 대상으로 합니다. 예비 창업 단계만은 아니고 3년 이내 재창업자와 같은 조건이 붙어 있습니다. 창업한 후 3년이 지나지 않은 재창업자도 지원 대상이 된다는 의미입니다. 예비 창업 패키지와 마찬가지로 사업계획서로 지원하며 서류와 발표 평가를 거치는데요. 아무래도 재창업이다 보니 폐업사실증명원 같은 증빙 서류를 내야 하며 성실 경영 평가라고 해서 기존 폐업을 어떤 이유로 하게 되었는지를 중요한 포인트로 봅니다. 이 사업도 전국별로 별도로 주관 기관이 있으며 최대 1억 원 이내에서 사업비가 지원됩니다.

⑥ 장애인 창업 사업화 지원 사업

장애인을 위한 맞춤형 창업 사업화 지원 사업도 있습니다. 중소벤처기업부 산하에는 장애인 기업가를 위해 창업 교육부터 컨설팅, 시제품 제작, 판로 지원, 사무실 입주 지원, 사업화 자금 지원까지 이 모든 업무를 총괄하는 기관이 있는데요. 바로 장애인 기업 종합지원센터입니다. 보통 상하반기로 나누어 1년에 2회 모집을 합니다.

장애인 등록증을 가지고 있는 분이면 누구나 대상자가 되고 예비 창업자 상태여야 합니다. 다만 업종 전환 희망자도 대상자가 되어서 지원 사업에 선정된 후 폐업 후 신규 사업자등록증을 발급받고자 하는 경우도 지원 신청할 수 있습니다.

장애인 창업 사업화도 창업 자금을 최대 2천만 원 이내에서 지원합니다. 사업계획서를 작성하여 서류와 면접을 통해 최종 선발이 되는 방식입니다. 장애인 기업 종합지원센터는 전국에 16개 센터가 있어서 장애인 예비 창업자분들이 입주할 수 있는 시설도 제공 가능합니다.

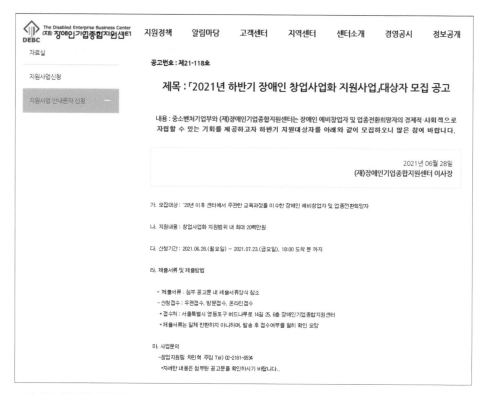

▲ 장애인 기업 종합지원센터의 장애인 창업 사업화 지원 사업

    지금까지 총 5개의 핵심 지원 사업만 설명드렸습니다. 사실 창업 지원 사업은 이보다도 훨씬 많습니다. 작게는 창업 아이템 경진 대회와 같은 대회도 많아서 아이템으로 선정되면 상금을 받는 기회도 얻을 수 있습니다.

정부 및 지자체의 창업 지원 기관

정부에서 예비 창업자를 위해 지원하는 프로그램을 아는 것도 중요하지만 정부의 창업 정책들을 수행하고 있는 주요 기관들을 알아 두는 것도 상식적으로 도움되실 겁니다.

1 창업진흥원

주요하게는 중소벤처기업부 산하의 기관들이 전체의 80%에 해당하는 예산을 통제하기 때문에 알아두는 게 좋지요. 대표적으로는 창업진흥원, 소상공인시장진흥공단, 사회적기업진흥원, 장애인 기업 종합지원센터 등이 존재합니다. 그중에서도 기술형 창업을 주도하며 예산 집행을 하는 기관은 창업진흥원입니다.

창업진흥원은 앞서 설명드렸던 예비 창업 패키지, 재도전 성공 패키지, 청년 창업 사관학교와 같은 굵직한 창업 사업들을 모두 관할하고 있습니다. 예비 창업 패키지를 거친 후 초기 창업 패키지, 창업 도약 패키지와 같은 후속 지원 사업이 있는데요. 더 규모가 커지는 지원 사업입니다. 이와 같은 성장 단계별 창업 기업 지원 체계를 중심으로 전체 창업 지원 사업을 이끌고 있습니다. 또한 기업의 입주 센터들인 창조경제 혁신센터, 1인 창조기업 지원센터, 중장년 기술창업센터와 같은 입주 시설이면서 창업 지원을 돕는 센터들도 관리하고 있습니다. 중소벤처기업부 산하에서 가장 크고 많은 부분을 관리하는 조직입니다.

▲ 창업진흥원(www.kised.or.kr)

주요 사업 분야

창업교육부터 사업화지원, 판로개척 등 사업 전반에 걸쳐 창업지원을 통해
혁신성장을 기치로 기술혁신형 창업을 적극 지원하고 있습니다.

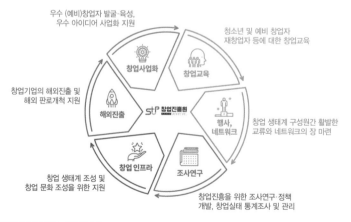

▲ 창업진흥원의 주요 사업 분야

② 서울산업진흥원

지자체 중 가장 많은 예산으로 창업을 지원하고 있는 곳은 역시 서울시입니다. 이러한 서울시의 창업 전체 지원을 총괄하는 곳으로는 서울산업진흥원이라는 기관이 있습니다. 2016년도에는 서울 공덕동에 '서울창업허브'를 만들었고 현재 서울 창업허브는 공덕, 성수, 창동 3곳에 있습니다. 이는 서울시 창업의 컨트롤 타워입니다. 글로벌 창업 기업을 육성하겠다는 목표로 역량 있는 기업들을 선발하여 입주 시설도 제공하고 투자까지 연결해 주며 각종 교육과 기술 인프라를 만들어 제공하고 있습니다. 이외에도 소프트웨어 분야 인재 양성을 위한 교육에 투자한다든지, 서울 소재 기업들이 기술 사업화를 하는 데 필요한 지원을 한다든지 하는 다양한 지원 사업들이 있습니다. 서울 시민으로 창업에 대한 지원을 받고자 할 때는 꼭 들려야 하는 곳입니다.

▲ 서울산업진흥원(sba.seoul.kr)

▲ 서울산업진흥원(sba.seoul.kr)

③ 서울시 자영업지원센터

서울신용보증재단은 신용 보증을 통해 자금을 지원하는 곳입니다. 그런데 특별히 재단 내에는 '서울시 자영업지원센터'가 있습니다. 서울시로부터 위탁 받아 운영 중인 센터입니다. 서울시 내에 있는 소상공인, 자영업자를 위한 다양한 지원 사업을 만들고 운영하고 있습니다. 창업 교육도 있고 자영업 컨설팅도 지원합니다.

자영업 협업화 지원 사업이라고 해서 3개 이상의 사업자 대표가 공동으로 시설을 운영하거나 브랜드를 개발한다거나 하는 공동의 이익을 목적으로 한 계획을 내면 5,000만 원 이내에서 자금을 지원을 받습니다. 서울시의 자영업자 혹은 소상공인들은 꼭 알아 두어야 할 지원 기관입니다.

▲ 서울시 자영업지원센터(seoulsbdc.or.kr)

4 꿈마루

경기도에서 맞춤형 취업과 창업 관련 여러 서비스를 지원하고 있는 곳이 경기도일자리재단인데요. 특히 경기도 내 총 4개의 여성 창업 플랫폼인 꿈마루라는 센터를 운영하고 있습니다. 경기 북부는 의정부와 고양에, 경기 남부는 용인과 화성에 있습니다. 여성 창업 전문으로 운영되는 곳이어서 자유롭게 이용할 수 있는 장소와 기기들이 있고 창업 교육과 멘토링도 지원합니다.

특히 저는 최근에 경기 북부 꿈마루에 있는 유튜브 크리에이터와 라이브 커머스를 진행할 수 있는 영상 스튜디오를 만든 곳을 방문했습니다. 여성 창업자 누구나 시설을 예약하고 무료로 사용할 수 있습니다. 경기도일자리재단 안에서도 다양한 프로그램들이 있어서 방문하면 지원받을 수 있는 기회가 생깁니다. 꿈마루는 여성분들을 위한 창업 지원 플랫폼이니 꼭 한번 방문해 보세요.

▲ 경기도일자리재단(gjf.or.kr)

▲ 꿈마루(dreammaru.or.kr)

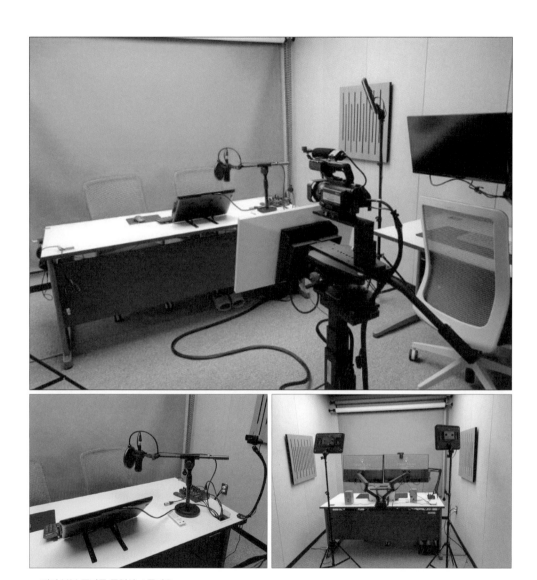

▲ 경기 북부 꿈마루 동영상 스튜디오

정부 지원 사무실 공간 알아보기

정부 자금을 찾아서 처음 창업할 때 도움을 받는 일도 중요하지만 자금 만큼이나 사무실을 지원받는 것도 창업할 때 참 많은 도움이 됩니다. 집에서 사업자등록을 내고 사업을 할 수는 있지만, 막상 상황이 여의치 않은 경우가 많으니까요. 정부에서 지원하는 보육 기능을 가진 곳들을 추천드리겠습니다. 앞서 설명했던 지원 사업과 창업 지원 기관도 입주 시설 공간 제공에서는 같은 지원을 하고 있어서 겹치는 부분을 제외한 별도 공간 지원에 대한 센터를 안내해드리겠습니다.

기관에서 운영하는 창업보육센터에 입주하게 되면 단순 입주뿐만 아니라 전담 관리 매니저가 있어서 창업의 시작부터 성장까지 도와줍니다. 다른 정부 지원 사업도 안내해 주고 자체적으로 정부 예산을 받아서 실비 지원을 해 주는 일도 합니다. 그리고 비슷한 입장의 여러 창업자를 만날 수 있기 때문에 자극도 되고 힘이 되어 완주하는 데 큰 도움이 되니 잘 알아보셨으면 합니다.

무작정 아무나 입주할 수 있는 것은 아닙니다. 지원 기관에서 요구하는 양식에 맞춰 사업계획서를 작성하고 발표 혹은 면접의 과정을 거쳐서 선발되는 경우가 많습니다. 자신만의 기획이 담긴 사업 계획을 가지고 있어야 한다는 것을 참고해 주세요.

1 1인 창조기업 지원센터

중소벤처기업부에서 지원하는 1인 창조기업 지원센터가 전국적으로 있습니다. '1인 창조 기업 육성에 관한 법률'에 의거하여 만들어진 지원센터인데요. 사무실 이라기보다는 개인 사무 공간을 지원하고 있습니다. 1인과 다인실로 구분되어 제공되기도 합니다. 서울 11곳, 경기도 8곳, 인천 2곳, 대전 충남 3곳, 강원 2곳, 광주 전남 4곳, 전북 1곳, 부산 4곳, 경남 3곳, 울산 1곳, 대구 4곳, 충북 1곳, 경북 4곳으로 지정되어 있습니다. 각 위치는 K 스타트업 사이트에서 확인할 수 있습니다. 사무 공간 지원 외에도 세무·법률 등에 대한 전문가 자문, 교육 등 경영 지원, 비즈니스 창출 및 사업화를 지원하고 있습니다.

▲ 1인 창조기업 지원센터(k-startup.go.kr) 안내

1인 창조기업이라는 정의를 어렵게 생각하지 않아도 됩니다. 점포 창업과 같은 형태만 아니어도 충분히 지원 가능한 곳입니다. 홈페이지에 보면 1인 창조 기업에 해당되는 사업자등록의 업종 분류 코드 확인하기 기능이 있으니 참고하세요.

② 창조경제 혁신센터

기술형 창업을 일컫는 스타트업 입주를 지원하는 창조경제 혁신센터도 있습니다. 전국적으로 있으며 지역마다 공간과 입주 기간, 조건들이 조금씩 상이합니다. 스타트업을 대상으로 하기 때문에 사업 아이디어가 자영업 창업에 가까운 아이템은 입주가 어렵습니다. 이점 참고해서 찾아보길 바랍니다.

▲ 전국 창조경제 혁신센터(ccei.creativekorea.or.kr) 입주 공간 안내

③ 중장년 기술창업센터

경력과 전문성을 보유한 중장년, 만 40세 이상의 예비 창업자를 대상으로 한 창업 공간 지원도 있습니다. 전국적으로 25개소가 있는데요. 1인 창조기업 지원센터와 유사하게 사무실 공간이 제공되며, 1인 공간이 많은 것으로 알고 있습니다. 센터의 위치는 역시 K 스타트업 사이트를 통해 확인 가능합니다. 센터 회원가입을 하면 창업에 대한 정부의 다양한 정보를 공유할 수 있고 자체 창업 경진대회를 통해 선발되면 사업화를 위한 시제품 제작비, 마케팅비 같은 소액의 지원을 별도로 받을 수 있습니다.

▲ 중장년 기술창업센터(k-startup.go.kr) 안내

４ 서울시 여성발전센터

창업을 희망하는 여성분들이라면 한 번쯤 사무실 공간 및 각종 사업화 지원을 받기에 용이한 서울시 여성능력개발원의 창업보육센터를 알아보면 좋습니다. 이 중에서도 여성발전센터라는 곳에서 창업보육센터를 운영하고 있습니다. 이곳에서 운영하는 보육 시설은 여성창업플라자와 여성창업보육센터로 나누어져 있는데요. 여성발전센터는 서부, 동부, 북부, 중부, 남부 총 5개 권역으로 각각 여성발전센터가 있지만 모두 창업보육센터가 있는 것은 아니고 창업보육시설은 크게 여성창업플라자(도곡동)와 여성창업보육센터(동부발전센터, 남부발전센터, 북부

▲ 북부여성창업보육센터(www.seoulwomanup.or.kr) 안내

발전센터) 3곳이 있습니다. 거의 실비 비용만 드는 것으로 알고 있으니 지역별로 문의해 보시길 바랍니다. 이 중 여성창업플라자는 동부여성발전센터에서 관할하고 있는데 공예나 디자인 업종의 여성 협동조합 예정자를 대상으로 한 사무실 지원 프로그램도 있습니다. 위치는 도곡역사에 있습니다.

분기별로 여성 예비 창업자를 선발하여 보육 시설 공간을 제공하고 있습니다. 센터마다 규모와 비용이 조금씩 다른 것으로 알고 있습니다. 비용도 저렴하고 여성만 지원하는 창업 보육 공간이다 보니 많은 여성분에게 인기가 있는 것으로 알고 있습니다.

전체적으로 서울시에서 운영하는 서울시 여성능력개발원을 필두로 하여 여성발전센터가 5개소, 여성인력개발센터가 18개소로 운영되고 있습니다. 일자리와 창업에 관심이 있는 여성분이라면 꼭 한번 지역을 기반으로 하여 찾아보길 바랍니다.

서울특별시 여성인력개발기관 분포도

◆ 여성능력개발원 1개소
◆ 여성발전센터 5개소
◆ 여성인력개발센터 18개소

▲ 서울시 여성능력개발원 이하 지원 센터 위치

5 여성기업 종합지원센터

여성기업 종합지원센터는 여성의 창업과 여성 기업 경영 활동 촉진을 위하여 창업 보육, 여성 경제인에 대한 정보 및 자료 제공뿐만 아니라, 입주 기업의 지원 역량 강화를 통한 입주 기업 보육성과 창업 성공률 제고를 실현하기 위해 설립된 기관입니다. 창업 2년 이내의 여성 기업 및 예비 여성 창업자는 누구나 대상이 됩니다. 15개 광역시·도에 여성기업종합지원센터의 지역 센터가 있고 센터 내 여성 창업보육실을 운영합니다. 자세한 지원 내용을 살펴보고 각 지역별 센터에 입주 문의를 하면 되겠습니다.

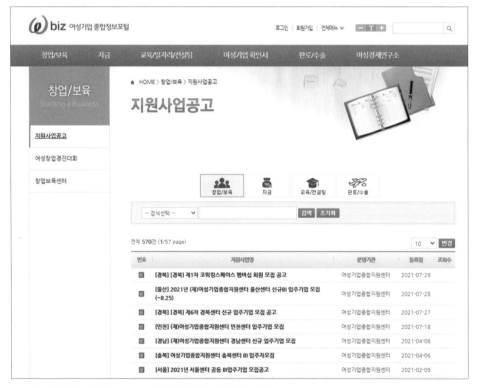

▲ 여성기업 종합지원센터(wbiz.or.kr)의 창업보육센터 입주 공고 안내

6 장애인 기업 종합지원센터

앞서 창업 사업화 지원 사업에서 장애인을 대상으로 한 기관을 소개했었는데요. 중소벤처기업부 산하 공공 기관으로 장애인 기업 종합지원센터가 있습니다. 이곳도 전국에 16개 창업보육센터를 가지고 있습니다. 잠재력 있는 장애인 예비 창업자분들은 꼭 한번 지원해 보세요. 입주 기업을 선발할 때는 서류 – 면접 과정을 거쳐서 선발합니다.

▲ 장애인 기업 종합지원센터(debc.or.kr) 지역 센터 소개

이외에도 K 스타트업 홈페이지 사업소개 – 시설·공간·보육에서 더 다양한 창업 보육 기능의 시설들을 쉽게 찾아볼 수 있습니다. 여러 지자체별로도 자체적인 창업보육센터들을 운영하는 상황이라 정보들을 찾아보면 더 많은 곳을 찾을 수 있을 것입니다. 이처럼 정부 주도 하에 지원되고 있는 다양한 영역의 지원 사업들을 알고 자신에게 맞는 프로그램을 찾아 도전하면 온라인 비즈니스에서 여러분의 꿈을 성취할 수 있을 것입니다.

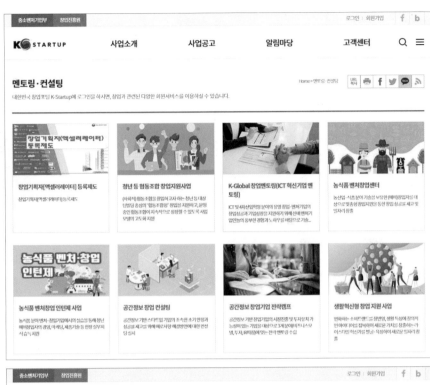

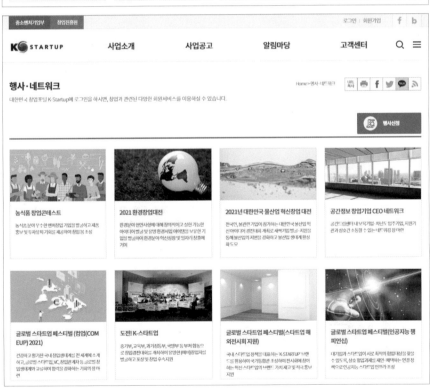

▲ K 스타트업 – 사업소개의 다양한 정보